Culture
and
Translation

翻译研究论丛

孙艺风 著

文化翻译

北京大学出版社
PEKING UNIVERSITY PRESS

图书在版编目(CIP)数据

文化翻译 / 孙艺风著. —北京：北京大学出版社，2016.10
（翻译研究论丛）
ISBN 978-7-301-27937-3

Ⅰ.①文… Ⅱ.①孙… Ⅲ.①翻译–研究 Ⅳ.①H059

中国版本图书馆 CIP 数据核字(2017)第 012625 号

书　　　名	文化翻译 WENHUA FANYI
著作责任者	孙艺风　著
责任编辑	郝妮娜
标准书号	ISBN 978-7-301-27937-3
出版发行	北京大学出版社
地　　　址	北京市海淀区成府路 205 号　100871
网　　　址	http://www.pup.cn　新浪微博：@北京大学出版社
电子信箱	bdhnn2011@126.com
电　　　话	邮购部 62752015　发行部 62750672　编辑部 62759634
印 刷 者	三河市博文印刷有限公司
经 销 者	新华书店 720 毫米×1020 毫米　16 开本　14.25 印张　260 千字 2016 年 10 月第 1 版　2016 年 10 月第 1 次印刷
定　　　价	42.00 元

未经许可，不得以任何方式复制或抄袭本书之部分或全部内容。
版权所有，侵权必究
举报电话：010-62752024　电子信箱：fd@pup.pku.edu.cn
图书如有印装质量问题，请与出版部联系，电话：010-62756370

目 录

绪 论 ………………………………………………………………… 1

第一章 文化翻译与翻译文化 ……………………………………… 1
 引 言 ………………………………………………………… 1
 第一节 并非"转向" ………………………………………… 1
 第二节 学科身份 …………………………………………… 6
 第三节 跨文化范式 ………………………………………… 10
 第四节 文化改造 …………………………………………… 13
 第五节 文化可译性 ………………………………………… 17
 结 语 ………………………………………………………… 22

第二章 文化翻译与全球本土化 …………………………………… 23
 引 言 ………………………………………………………… 23
 第一节 全球化趋势与翻译 ………………………………… 23
 第二节 全球语境下的本土文化 …………………………… 26
 第三节 本土知识与可达性 ………………………………… 29
 第四节 翻译的本土化 ……………………………………… 32
 第五节 文化意义与全球本土化 …………………………… 36
 结 语 ………………………………………………………… 40

第三章 翻译与多元之美 …………………………………………… 41
 引 言 ………………………………………………………… 41
 第一节 文化翻译 …………………………………………… 41
 第二节 文化阐释 …………………………………………… 46
 第三节 文化语境 …………………………………………… 50
 第四节 文化形式 …………………………………………… 53

结　语 ……………………………………………………………… 57

第四章　翻译与跨文化交际策略 ………………………………… 59
　　引　言 ……………………………………………………………… 59
　　第一节　谁来翻译中国 …………………………………………… 59
　　第二节　本真性与可读性 ………………………………………… 62
　　第三节　翻译的变通之道 ………………………………………… 65
　　第四节　文化移位与改写 ………………………………………… 68
　　第五节　不可译而译之 …………………………………………… 70
　　第六节　译文的接受 ……………………………………………… 73
　　结　语 ……………………………………………………………… 75

第五章　翻译研究与文化身份 ……………………………………… 77
　　引　言 ……………………………………………………………… 77
　　第一节　翻译研究学科身份 ……………………………………… 78
　　第二节　翻译的政治路线图 ……………………………………… 81
　　第三节　翻译的构建 ……………………………………………… 84
　　第四节　翻译角色的重新定义 …………………………………… 88
　　结　语 ……………………………………………………………… 90

第六章　翻译与异质他者的文化焦虑 ……………………………… 91
　　引　言 ……………………………………………………………… 91
　　第一节　他者引发的焦虑 ………………………………………… 92
　　第二节　他者性无处不在 ………………………………………… 94
　　第三节　同中有异 ………………………………………………… 97
　　第四节　自我与他者的对话 ……………………………………… 100
　　结　语 ……………………………………………………………… 103

第七章　翻译与文化的离散性 ……………………………………… 104
　　引　言 ……………………………………………………………… 104
　　第一节　翻译的可达性 …………………………………………… 104

第二节　异己视角的转换 ··· 108
　　第三节　文化变形及身份嬗变 ····································· 111
　　第四节　文化放逐体验 ··· 115
　　第五节　跨文化对话模式 ··· 118
　　结　语 ··· 121

第八章　文化翻译与情感态度 ··· 122
　　引　言 ··· 122
　　第一节　翻译态度 ··· 123
　　第二节　情感体验 ··· 127
　　第三节　情感反应 ··· 130
　　第四节　修辞再现 ··· 133
　　结　语 ··· 136

第九章　翻译的暴力属性 ··· 138
　　引　言 ··· 138
　　第一节　暴力类型 ··· 140
　　第二节　暴力性质 ··· 142
　　第三节　激进改写 ··· 146
　　第四节　文化疏离 ··· 149
　　第五节　文化改写 ··· 151
　　结　语 ··· 155

第十章　翻译的距离 ··· 157
　　引　言 ··· 157
　　第一节　文本距离 ··· 158
　　第二节　时间距离 ··· 161
　　第三节　身份距离 ··· 163
　　第四节　文化距离 ··· 166
　　第五节　审美距离 ··· 168
　　第六节　操控距离 ··· 171

结　语 ··· 173

第十一章　翻译与文本的再创作 ················· 175
　　引　言 ··· 175
　　第一节　跨文化互文性 ························· 175
　　第二节　移位与文化介入 ······················· 178
　　第三节　创造性改写 ··························· 181
　　第四节　跨越文化疆界 ························· 185
　　结　语 ··· 187

第十二章　翻译学的何去何从 ··················· 189
　　引　言 ··· 189
　　第一节　翻译的定义 ··························· 189
　　第二节　文化操纵与改写 ······················· 193
　　第三节　跨学科与学科身份 ····················· 195
　　第四节　学科蜕变与转型 ······················· 199
　　结　语 ··· 202

跋　语 ··· 203
索　引 ··· 207

绪 论

在全球化和跨文化的语境下,翻译与文化传播的相关性更为显著,随着翻译研究的所谓文化转向得到重视,"文化翻译"的概念受到日益广泛的关注。文化翻译是源自文化研究的一个概念,指在特定文化内进行的语言或其他方面的改造。由于文化的构建作用日显突出,文化形态的各种存在、变迁及改造方式,成为人文和社会科学诸多学科研究的重要方面。翻译对文化多元格局的形成,有着举足轻重的影响。在世界各国人民交往的过程中,文化翻译的重要性日益提升,其沟通不同文化脉络,增强彼此之间相互了解和尊重的作用不容忽视;由此而体现的多元之美代表着人类社会的进步与发展。随着多元文化的崛起,我们有理由期待世界多元之美的前景。

本书以全球化的视角审视翻译学的发展动向与趋势,从中西文化差异性的角度来观察各种翻译现象,在理论的层面澄清异质他者的性质,重点关注翻译的文化属性,从不同的角度和多个方面探索和讨论有关翻译的诸多复杂问题,并在不同的层面论证文化翻译的可操作性。自20世纪80年代翻译研究出现"文化转向"以来,文化和翻译的关系就变得愈加难以分割了。如今,文化翻译俨然又成了一个热门概念,具有强烈的跨学科色彩,不同人文学科背景的学者都在使用。然而,过于宽泛地使用这一概念也引起了诸多混乱、迷茫及对翻译研究本体身份的担忧。全球化的不断发展趋势,使得文化的不可译更具挑战性,但也促使了更为丰富的多样化和多元性,这不仅极大地拓展了跨文化交流空间,同时也唤起了对文化差异与沟通更多的关注。本书系统地从多个角度分析影响文化翻译的各种主要因素,全面梳理文化翻译的发展过程,强调指出译学界以"转向"为特征的盲目跟风"乱象",并着眼于解析文化翻译所引起的困惑,进一步再提出整合不同有关概念的途径与策略,旨在提升其对与文化相关的众多翻译现象的解释力。

这是一个日趋全球化的世界,本土化力量在跨文化交际的全球语境下,使得人们对翻译在跨文化交流中关键性角色的看法产生了范式性的转变。翻译活动催生了全球化的商业文化,同时也支配着翻译方式的运作。全球化商业文化的出现又触发隐忧：文化间接触的增多可引致文化殖民，并进而形成一个威胁本土文化生存的同质化世界。因此，为应对全球化而（重新）建立本土文化地域和文化身份的极端重要性毋庸置疑。同时，经由翻译，一种业已普遍化和正处于普遍化进程中的文化语言，正唤醒并强化对本土文化的身份认知。翻译活动乃本土现实的组成部分，而本土现实与跨族文化为标志的全球化浪潮密切相关。有鉴于此，文化翻译成功与否取决于本土知识，而后再通过协商的办法，产生出目标语读者可接受的并具有本土色彩的文化话语。

翻译这门学科是人文科学和社会科学的集大成者，涉及面不可谓不广，包括历史环境、文化语境、符号意义、政治宗教、美学体验、意识形态、多元杂合、性别意识、社会功能等等。翻译是人类交际不可或缺的方式，也就决定了其核心特性是跨文化的。文化间的交流又是至关重要的，起到的是缔结不同文明体之间对话的纽带作用，丰富了人们的知识和情感生活。总体而言，纵观翻译的作用和功能，翻译的文化属性是毋庸置疑的。翻译不可能绕开文化差异，各种国度和地域的文化各不相同乃至千差万别，作为跨语言交际的翻译活动，势必要面对和处理无数独特和风格迥异的文化特点。因此文化差异不容小觑，因其后面是思维方式的差异，体现在道德规范、行为准则、价值取向、审美情趣等诸多方面。全球化与本土化，历史文本与现实表现，文化价值与接受审美的冲突和差异，凡此种种，不一而足。交流、沟通、理解、尊重无一不涉及跨文化态度，而角逐、冲突、争斗也是不同文化碰撞的必然结果，所以翻译必须正视文化差异并关注各种文化的个体性和独特性，进而从事有效的协调和沟通，达到跨文化交际的目的。

翻译作为跨文化交际的主要途径，对于中国走向世界的文化战略，具有举足轻重的意义。翻译的文化纬度的重要性显得日益突出。跨文化语境下的翻译活动受制于各种因素，不可不应对（不）可译性与跨文化阅读，由于长期以来我们对文化差异所造成的障碍估计严重不足，中译外，尤其是中译英的效果，一直有些差强人意。翻译首先要解决文化跨越的问题。文化层面的不可译性，显然是我们交际的最大障碍。不可译性在很大程度上受制于对跨文化的不可读性，或低可读性。译作的接受势必涉及跨文化交际的可读性，如可读性低下，文学翻译的艺术价值则难以体现。故此，跨越不同文化的栅栏，超越狭隘的文化民族主义，就得制订有效的跨文化交际策略，探讨不同民族文学间的审美共性，以期达到真正意义上的跨文化交际的目的。

翻译必然是一种杂合的产物，把各种不协调的东西糅合进异族文化和本土文化的混合物中。文化政治和意识形态的不可通约性，其特征为各种影响稳定的效果，既确立又破坏了文化身份。在各种程度的开放中，文化优越感或自卑感决定了如何形成和重新形成规范的翻译策略。文化等同只是一种幻想，尽管在政治上是正确的。然而，现代翻译研究强调多样性、杂合性、流动与变化，并涉及翻译行为、不确定性、互文性、主体性、经纪人和经典化。由于翻译在一个具有不同文化的意义系统里运作以及阅读受到文化制约和寓意，翻译中出现了复杂的文化移入模式，极易生变却又持续不懈。因此，结合翻译和身份、杂合和嬗变等棘手问题来研究文化移入的过程成为必然。文化杂合源于对文化制约和限制的克服，并且试图通过调解、挪用来和解或者操纵跨文化差异。在跨文化参数方面，翻译意味着不断的调整和换置。其结果是：翻译研究的身份也必然是不断变动的。这也是基于跨文化和跨学科的重要性——或者不可避免性——正获得越来越多的承认。

特别需要指出的是，翻译的核心问题之一是对异质他者的文化焦虑和矛盾心理，在构成翻译基础的文化政治中，异质他者性在本质上被具体化。尽管说意识形态无处不在有些言过其实，但它显示出一种主要跟语言和艺术息息相关的倾向，并且对翻译的需要同目标语言系统的政治或文化关注密不可分。差异的文化政治跟坦言、真诚、可理解性和移情有很大关系。翻译的有效性不仅仅来自对所译信息内容的合理解读，还取决于目标语读者的能力，在于他们通过获取对异质他者在其文化政治语境中的必要了解，而将该信息同相关文化情境联系起来的能力。技巧上或者说人为的等同需要拒绝和简化原义，然而强制文化输入被理所当然地认为是一种入侵；常以意识形态冠之的文学和翻译的争论，往往围绕异质他者的建构力和破坏力来进行。尽管有时与主流政治环境相悖，翻译仍然可以接受和引入异质的政治和民族价值观。

很明显，为避免因缺少调解而导致的无效翻译，必然要在一个不同的语言文化语境中，产生出可理解和阐释的译文；即言之，原本有限的符号需要经过处理，而不仅仅是所谓的平行转移，因为符号经常同特有的习俗相关，而习俗是不能不顾及语言文化差异而强行跨越文化疆界迁入另一文化中的。必须考虑到的一个不稳定、本身也是破坏稳定的因素，可解读性的历史、文化和政治的条件在目标语中也存在差别，因此，在源文本中理所当然的理解在翻译后便成了问题。阅读的基础可能是阐释,也可能不是,如果我们接受海德格尔(Heidegger)的观点,即阐释是明晰化了的理解,就意味着隐性的理解也可能无须求助于阐释。确实,如卡曼(Carman)所论,"……我们的理解大都是隐性的和无主题的。"①最容易产生的顾虑是由差异导致理解困难的可能性,并且如果翻译不能达到语义合法化,那么这种翻译毫无疑问不具有可接受性。因此严格来说,可理解性的构造不可简化,这实质上表示差异不可简化,因为差异在本体论意义上的差异性必须得到承认和接受。翻译是理解的临时途径,通常会被用来降低语义的不确定和易变的特性。尽管存在显性和隐性两种理解交替作用,翻译更趋向于不同程度的语义明晰化。

既然没必要强求文化等同或一致,翻译就不可能避开异质他者性,因而必须涉及对它的理解、阐释和感知。此外,由于其可预知性,等同是枯燥乏味的,而与之相反,他者相对来说是未知的,因而令人兴奋。由于阅读的陌生化体验,他者性很可能会产生强大的冲击力。因此与他者的接触,尽管表面上看起来相当危险,却是一种几乎无法避免的巨大诱惑。然而,既然异质他者的旅程好像不可能那么一帆风顺,它很有可能导致不同种类和程度的误解;而这种误解或许有重大的文化政治含义。可以确信的是,我们不能预设或者引证意义的等同,并且由于很多其他方面的区别,比如形式或政治的差异,语义的等同预设在翻译中显得可疑,因此后者应该避免冒预设意义等同的风险。事实是,在异质他者中理应能找到现代性、合理性、普遍性所有这些可取的成分。因此,同中寻异、异中觅同,也就变得颇有意义了。在原文和译文之间小心翼翼建立起来相似性和可通约性的表层后面,与他者相关的、由不同文化政治价值观的差异所产生的张力,使得所有不同的创作形式成为必然,从而超越禁忌的束缚。随之而产生的文化政治碎片也很可能找到进入翻译的途径,并通过翻译影响目标语言系统的思维。

由于全球化的影响,我们目前处在一个全新的文化语境下,越来越多的国人有机会出国留学、工作、旅游。既有短期的,也有长期的。加之互联网的广泛应用,人们有了更多的文化离散经历。这种悄然发生的变化已经并正在深刻地影响着我们的文化态度,以及对翻译的认识和期待。中国或许缺乏翻

---

① Taylor Carman, *Heidegger's Analytic: Interpretation, Discourse, and Authenticity in Being and Time*, Cambridge: Cambridge University Press, 2003, pp.21—22.

译批评的传统——大概是因为缺乏学术批评的传统所致——但互联网给人们提供了翻译批评的平台。随着教育的普及和提高,愈来愈多的人通晓英语,有海外经历的人也不断增多。所以,尤其是源语为英语的情况下,翻译活动已不是少数翻译家所能主宰的了。不少目标语读者具有在英语国家生活过的离散经历,他们对西方文化的直接体验,使得他们有了"纠错"的资本和冲动,同时也体现了文化责任感。目标语读者结构的这种看似细微的变化,导致了译作质量的提高,必将对我们的翻译活动及行为产生长远和深刻的影响,并利于塑造我们应有的文化心态。

翻译态度因不同文化传统而异,有关翻译的运作流程,不同文化有着不同的基本假定,其广泛和持续的影响,不容忽视。翻译中立是一种带乌托邦性质的预设,掩盖和遮蔽了政治争拗与文化冲突。复杂的情感、态度、情绪和性格,常与目标语的文化政治和美学规范纠缠不清,故此,有意或无意地违背翻译中立的行为,并不足为奇。同时,也不难看出一味追求或固守中立的负面影响:可能引致漠不关心或冷漠超然的情况。译者干预是翻译态度所折射出的文化差异使然,虽较容易被政治化,但为了完成跨文化交际的任务,却又是不可或缺的。干预决定了文化挪用的性质及方式,与是否有情感的投入以及何种程度的投入,有着直接的关系。就翻译的对象而言,除了基本信息外,源语里的感情或情感也需要传递,并在译作里得到较为清晰和充分的体现,使目标语读者有参与跨文化体验的机会。由翻译而生的位移可能造成异位,乃至错位,故此,翻译在调整的过程中需要考虑移情。因而有必要提出一个探索翻译态度的方式,进而分析细致入微的感情或情感的传递(达),考察其对译作的产生和形成所起到的决定性作用。翻译态度和干预方式及其程度,体现和彰显了译者的主体性,并揭示出不同译作所循的差异性途径。

同时,我们还需要指出和认清翻译的暴力性质。翻译与暴力似乎有不解之缘,暴力产生的不同诱因和具有的各种形式值得探索一番。表面上,暴力似乎是由不可译引致的——无奈的解决之道。在多元文化的社会里,暴力的文化内涵与人们对翻译性质的认识息息相关。本书的目的之一,是探索和阐述暴力是如何根深蒂固地影响翻译行为的。由于翻译易受源语与目标语之间权利关系变化的影响,某种形式和程度的暴力行为必然会在翻译过程中出现。翻译暴力的不可避免不难认识,但重要的是了解和把握其类别和性质,这对我们认识翻译的本质和规律,不无裨益。

在我们当下所处的全球化时代，在协商国家与文化空间的过程中，要求对距离进行重新定义。世界在日益缩小，时空距离也随之产生变化，但在文化翻译的语境里，更为深刻的变化是形式、认知、情感和理解等诸方面的距离。局部细节变得愈加不容忽视，虽看似微不足道，但因直接关乎跨文化阅读体验，可对译作的接受产生决定性的影响。为了适应条件和环境的变化，翻译游离于不同的距离之间，在充满动态的空间里复制或制造文化意义。距离也是由差异引致，既是不可译的缘由，也是克服不可译的手段。因此有必要在认知和实践的层面上，探求距离在翻译过程中是如何运作的。距离和位移息息相关，作者和原作读者的距离与译作读者的距离在性质上可能迥然不同。距离常由错位引致，故易产生疏离感，需要不断加以调整。

翻译的移情性质亦不容忽视。翻译引起的语境转移以及随之而生的各种符指形式，会使目标语读者阐释文本的方法受到质疑。语境换置不仅在语言和文化上束缚翻译，而且为文化他者性敞开大门，使阐释和操纵成为可能。改写必然成为翻译的基础，需要某种形式上的创作和干预介入。除非直译在交际过程中是切实可行的，否则改写就会彰显出各种形式的介入，以应对由于语言和文化移位而导致的译文中的不连贯性。事实上，由于跨文化翻译中不可译性的存在，文学文本中相当大部分都未经译出或者未得到充分翻译。由此，一种新型的主体性崭露头角，尝试在忠实与自由间取得平衡，以达到两者的互补互利。因此在他者性建构过程中，一场持久的角力在本真与改造之间展开。译者不断获得授权，集中体现在决定是否介入或者如何介入目标文本，以创造一种"异域的"或本土化的阅读体验。随着跨文化意识的不断增强，研究翻译如何挑战固有文化价值以及如何转变固有文化传统势在必行。

翻译学在摆脱了对应用语言学依附的桎梏之后，获得了较为广阔的学术（科）发展空间，以突破学科限制为标志的文化转向又为译学研究注入了强大的活力。翻译学在20个世纪90年代经历了学科大发展并奠定了学科身份之后，一直以跨学科探索为研究特色，注重多元文化互补、不同学科彼此交融，逐步形成了开放性、多角度、多层次的特点。与此同时，寻求学科新突破的各种尝试使译学研究产生了此起彼伏的转向，以致对翻译本体的"偏离"似乎大有愈演愈烈的趋势，由此而来的问题是，译学研究在经过了若干范式转换后，似乎又面临学科身份合法性的挑战。如何在扩展学科领域时突出学科本体，是值得关注的问题。本属不同学科领域的研究方法和学术范式，被借鉴到译学研究领域后,其相互促进的空间又有多大,需要深入思考。历久弥新的翻译学的学术生命力和影响力取决于能否夯实持续创新的基础。

总之,翻译需要直面各种各样的差异,文化的、语言的、风格的、政治的、社会的等诸多面的差异,但首当其冲的仍然是文化差异。文化翻译的任务是把不同类别、不同性质的差异整合在一起。翻译毕竟是一个复杂的综合体,文化的多重维度在这一复杂过程中起着举足轻重的作用,而文化的不可译性是翻译最大的挑战。翻译所涉及的不同文化底蕴,以及各具特色的文化形态,构成了文化的差异性。我们为差异着迷陶醉,也为差异困惑不安,处于既吸引又排斥的矛盾心理,不免产生深刻的文化心理纠结。面对异质他者,渴望与期待似乎与文化焦虑相伴。然而,这些都是跨文化交流的正常现象。重要的是建立一种积极开放的心态,吸收和消融外来文化,以丰富和发展本土文化,同时弥补或克服我们自身文化的缺失与不足。有了积极的心态和开阔的心胸,才能更好地向世界传播中华文化。

第一章　文化翻译与翻译文化

引　言

　　文化翻译这一术语大家都在用,许多人都"染指"了文化翻译的概念,但翻译学者和其他领域的学者的具体用法大相径庭,而在实际用法中又混为一谈。人们一般就文化翻译的含义都抱有一些基本设想,往往较为含糊空泛。文化因有过多的定义,且莫衷一是,反而愈加模糊了。文化翻译一直以来都是关键性的概念工具,用来理解在一系列宽泛语境下的混合效果:从殖民主义到多元文化,一直到现代性,并频繁出现在众多学科领域里。

　　凡是具有文化接触和协商性质的翻译行为,都可在宽泛的意义上,称为文化翻译。其中的核心是各个方面及层面的协商及融合,并充分尊重文化差异。文化差异的传递是跨文化交流不可忽略的因素。做到这一点的关键是:除了持有一个开放和包容的文化态度,还需以更大的勇气和智慧,直面文化翻译的各种难题,探索出有效的破解之道,不断探索文化的可译性。文化形式或形态的翻译,一直是不容忽略的挑战,文化心理及无意识的相关心理状态影响和左右翻译的策略的选择和制订。

第一节　并非"转向"

　　文化从来就是翻译的组成部分,文化意义几乎不是固化的,不同文化背景和经历的人,对意义的解读、体验及重构也不同。共同经历和体验的缺失,使得文化层面的翻译困难重重。后殖民语境下的文化翻译,一度诱发了对翻译本体的担忧,但也加深了人们对文化因素在翻译中所起的至关重要的作用的认识。主要关注的对象是过程而非结果。20世纪80年代的"文化转向",伴随着文化研究的兴起,这一术语在巴斯内特(Bassnett)和勒菲弗尔(Lefevere)《翻译、历史与文化》(*Translation, History and Culture*)一书的

"介绍部分"里首次使用。问题是:真的是转向吗?何时转的?具体以什么为标志?似乎都没有一个确切的说法。关于转向的时间,有人说 80 年代,也有人说 90 年代。原本翻译学在 80 年代已有了"文化转向",继而"文化翻译"在 90 年代又盛行了起来,主要由后殖民理论牵引和诱发。翻译学的研究滞后,表现在其"后知后觉",90 年代初振臂一呼的"文化转向",如果说是翻译研究大幅度的转向,不如说是对 80 年代翻译研究的总结,更不如说是更早期对翻译文化关注的延续与发展。"文化转向"无非是更鲜明指出研究者把关注的焦点或重点从语言层面转到了文化层面。

自"文化转向"后,随之而来的是一系列转向,产生了恶劣的跟风效应。有时这厢刚转完,据说那边又要转了,弄得大家晕头转向。所谓转向意味着改变方向,然而实际情况并非如此,无非是跨学科尝试的表象。好多问题还没有来得及深入研究,兴奋点又转移了。如此浮躁,浅尝辄止,长此以往,学科的发展前景堪忧。好在经过了多次转向之后,人们终于清醒了一些,不再像以前那样动辄开口就提转向了,大抵是对不断转向产生了厌倦感。其实,研究倾向侧重于某方面的问题的关注与探索,未必就一定要大惊小怪地称之为"转向"。翻译研究的碎片化让人担忧,如果一个学科不间断地转来转去,而且仍有不休止的架势,那碎片化只能进一步加剧。

说"文化转向"并不准确。如阿尔伯特·布兰奇戴尔(Albert Branchadell)所指出,早在 1954 年,卡萨格兰德(Casagrande)就宣称:"翻译不是翻译语言,而是翻译文化。"① 实际上,文化与翻译的关系早已联系在一起。鲍里斯·布登(Boris Buden)和斯蒂芬·诺沃特尼(Stefan Nowotny)将文化翻译追溯到德国浪漫主义时期。当时,洪堡特(Wilhelm von Humboldt)等人在 19 世纪就要求译者忠实于原文的"异质"(Das Fremde)。② 此处的"异质"指的就是域外的文化。所以他们的结论是:对洪堡特而言,"翻译一直已经是

---

① Albert Branchadell, "Introduction", In Albert Branchadell & Lovell Margaret West (eds.), *Less Translated Languages*, Amsterdam & Philadelphia: John Benjamins Publishing, 2005, p. 6.

② Buden, Boris and Nowotny, Stefan. "Cultural Translation: An Introduction to the Problem", *Translation Studies*, Vol. 2, No. 2, 2009, p. 199.

文化翻译。"①目的是为了促进德意志民族的自新自强,德国的语言与文化能得以汲取外来文化的养料,有利于建立自己的民族精神。翻译的主要目的就是借助外来文化丰富和发展本土文化,关注的重心势必是文化层面的内容。

文化翻译的概念可以追溯到两个分支。在20世纪50年代,在一个特定意义上作为隐喻与英国人类学有密切的关系,他们主要关注的对象是文化的翻译,并以此来确定跨文化交际的感知效度。译者不仅需要具备文本知识,还要有语境知识。首当其冲的问题在于文化差异,不容回避或试图减少,不仅需正视处理,还需欣然接受并对其前景化。就人类学的表述而言,准确度是至关重要的,文化翻译的目的是要反映出不同的思维和认识世界的方式,不同的思维模式导致不同的表达形式。简言之,这种类型的文化翻译关注的重点是差异性,而不是相似性。文化人类学一直依赖于翻译作为文本实践,经常用"翻译"作为比喻来形容人种学解释和跨文化比较的过程。

霍米·巴巴(Homi Bhabha)的文化翻译不是常规的翻译概念,即涉及源语或目标语文本的概念。他所指的翻译过程,也不是人们通常理解的具体翻译操作过程。从不同的来源或源语文本的"翻译"所具备的兼收并蓄的本质,是文化翻译的一个关键性的部分。在一个较广泛的意义上,如威尔·S.哈桑(Waïl S. Hassan)所指出的,任何双语作家"介绍了一种文化到另一种文化必然是一个文化译者。如果作家懂两种语言,文化翻译就是一个双向的活动,因为他/她把一种文化向另一种文化做解释。"②由于译者面对的是具有不同文化背景的不同读者,他们需要协商不同的文化条款,以使不同及多元的文化体验可以被理解和分享。巴巴在谈文化翻译时多少有些含混,是以隐喻的方式谈的。尽管文化翻译的概念有上述两个分支,从事翻译研究的人大可不必"选边站"。文化翻译的这两个维度未必相互排斥,而无法打通与整合。

施莱尔马赫(Schleiermacher)与本雅明(Benjamin)所代表的译学传统是不可能与当代翻译理论割裂的,他们的不少洞见对于当今的研究仍有巨大的启迪意义和现实作用。二人在谈论翻译问题时,也一直给文化以持续的关

---

① Buden, Boris & Nowotny, Stefan. "Cultural Translation: An Introduction to the Problem", *Translation Studies*, Vol. 2, No. 2, 2009, p.199.

② Waïl S. Hassan, *Immigrant Narratives: Orientalism and Cultural Translation in Arab American and Arab British Literature*, New York: Oxford University Press, 2011, p. 63.

注。虽然在《狱中札记》(*Prison Notebooks*)里,安东尼奥·葛兰西(Antonio Gramsci)并未使用"文化翻译"一词,但在讨论翻译时,涉及文化和次文化,也就是文化语境下的翻译。① 他同时也讨论了可译性的问题,重心主要是文化的可译性。他认为不少牵涉美学形式的源语文本需要进行所谓"文化的"翻译,即考虑到目标语读者群体对文本的接受。② 巴巴所说的文化翻译,关注的是翻译过程的动态特性,而此特质主要体现在翻译的过程中。巴巴、安托尼·伯曼(Antoine Berman)和韦努蒂(Venuti)等人均受到本雅明翻译观的启发,始终高度重视文化的异质性。

文化翻译频繁出现在各种语境下,造成了概念的模糊与混乱,这与"文化"的定义似乎有无限多的方式不无关系。凡是具有文化接触和协商性质的翻译行为,都可在宽泛的意义上称为文化翻译。面对文化交际的困局,大家一窝蜂地套用功能主义的翻译理论,以求解套。目的论也好,功能主义也罢,确实考虑到了文化语境下的接受条件和其他相关因素,也能说明和解释翻译的某些现象和行为。然而,僵化的理论套用,实在是无趣得很,只能导致理论的庸俗化,亦为后来的无节制的疯狂转向埋下了隐患。

在隐喻意义的层面上,文化翻译的意义同样不容小觑。华裔美国文学明显是文化翻译的一种形式,虽无一个确定的源语文本作为翻译对象,但对英语的使用方式明显带有翻译性质,这是华裔美国文学写作的一个十分有趣的现象。作为移民的华裔作家,哈金是最引人注目的。他也许直接使用英语写作,但发出的声音明白无误地是中国的。其他类似作家写作的文化资料的本源也是如此,他们的写作在某种意义上可称作翻译文学,因为是文化翻译的产物。由此可见,当务之急是突破习惯思维的窠臼:如果站在一个全新的角度来审视跨文化交际的多元性,就不难看到各种翻译活动相互关联的共性与能动性。

也可以说,文化翻译为世界性翻译做了铺垫的准备,与此密切相关的是,各种文化视角汇聚在一起,对跨文化心理所产生的影响。安东尼·皮姆

---

① 《狱中札记》写于1929至1935年,一共32本,20世纪50年代出版,70年代翻译成英文。
② Birgit Wagner, "Cultural Translation: A Value or a Tool? Let's Start with Gramsci!" In Federico Italiano & Michael Rössner (eds.), *Translation: Narration, Media and the Staging of Differences*, Bielefeld: Transcript Verlag, 2014, p.53.

(Anthony Pym)认为:"'文化翻译'理论最擅长的就是把聚焦转移到翻译(无论是笔头还是口头)文本上去。所关注的是一般的文化过程,而非有限的语言产品。"①巴巴的文化翻译的最显著的特色就是特定的源语文本的缺失,文化翻译是在第三空间内形成的。此外,文化翻译可概括为直接关系到跨文化接触与交际的概念,不仅是将异质带入目标语内,而且在译者充分意识到目标语文化差异的情况下,使其在这个互动的过程里,更好地就文化条件开展协商,探索变通的方式来思考和想象隶属于另一个不同的群体是什么样的。

再者,文化翻译基于跨文化阐释,并"处于任何跨文化过程的中心"②,所凸显的是在文化层面语言间的互动。许多学者都强调并示证了建立翻译文化语言方法的重要性,同时关注异域文化中深不可测的他者。简言之,如要译出文化语言内的他者,其结果必然是文化翻译,其特点是让两种文化直接接触,把相异成分融入目标语文本,向目标语读者介绍陌生的语言习语及文化实践。在此意义上,文化翻译随处可见,文化意义蕴藏的不同文化价值及实践构成了不同的世界,唯有通过沟通协商,才能产生文化翻译。然而,文化意义的构建和生产问题不少,又因不同的年代及文化而异。显然,意义的文化生产,或文化意义的生产,少不了相关的历史文化知识。与此相关的是,因翻译而产生的相互竞争文化意义而引起的文化挪用。文化的指涉意义(reference),通常涉及出乎意料的词汇和概念,所以不为人共享,不免让人感到生疏和深不可测。翻译需要关注的不仅是语言规范,还有文化规范,而恰恰是后者为意义解读与诠释赋予了更大的空间。因此,我们所见的不仅是词汇的翻译,还有文化意义的翻译,这意味着非中介的词汇直译一般不能导致贴切合适的文化意义,表现在不同的文化价值、代码、表达与实践中。

这大抵是因为源语读者与目标语读者可能没有共同的"文化语言"。有鉴于此,译者有必要使文化知识转换成共享知识。自不待言的是,译者若没有相关的文化知识,便无从领会不甚熟悉的内容,更遑论帮助目标语读者去

---

① Anthony Pym, *Exploring Translation Theories*, London & New York: Routledge, 2010, p.149.
② Patrick D. Murphy & Marwan M. Kraidy, "Towards an Ethnographic Approach to Global Media Studies", In Patrick D. Murphy & Marwan M. Kraidy (eds.), *Global Media Studies: An Ethnographic Perspective*, London and New York: Routledge, 2003, p.14.

领会了。无论是本雅明还是德里达(Derrida),均对意义的单一解读存有警戒心理,反复强调显现多重潜在意义的必要性,其中自然也包括文化意义。鉴于文化意义必然处于文化情境之中,需要对其进行语境化,毋宁说,重新语境化。为此,承认文化差异要求某种形式的跨文化翻译,而文化语言的唯一性亦要求对其有清楚的认识,这种唯一性为翻译之不可能的观点提供了理论依据。于是乎,翻译就与"文化交际的述行性(performative nature)"联系在了一起。文化意义的所有形式皆有翻译的可能,在致力于文化翻译的过程中,开启意义的混杂场域,能够揭示文化意义在目标语文本里如何复制及传递。还需指出的是,全球化的发展导致了不同文化群体的成员愈加意识到彼此的文化规则与标准,也了解到彼此的文化习性与体验形式。

第二节 学科身份

凯尔·康韦(Kyle Conway)开宗明义地指出:"文化翻译是带有两个相互竞争定义的概念,源自两个宽泛的领域:人类学/人种学与文化/后殖民研究。"[①]文化研究学者的文化翻译与人类学者眼里的文化翻译,是很不一样的。在印度学者哈里什·特里维迪(Harish Trivedi)看来,既然"文化翻译"是一个隐喻,就不应同具体的翻译过程等同起来,因文化翻译不是翻译文化(translation of culture),即对文化的翻译。他对"文化翻译"的概念"节外生枝"地提出抗议,似乎执意要将"文化翻译"和我们所熟知的翻译活动割裂开来。他还忧心忡忡地写道:"从事翻译研究的人尚未留意到有个称为文化翻译的东西已经存在了,尤其是在后殖民和后现代的话语领域里,所代表的与他们心之所愿相差甚远。因为,如果文化翻译不是什么,那一定是对文化的翻译。"于是他大声疾呼:文化翻译把翻译给抹杀了![②] 至于如此痛心疾首吗?!他似乎有些过虑了,因为并非所有的学者都用巴巴意义里的文化翻译,他们中的不少人甚至不一定了解其确切的内涵。

[①] Kyle Conway, "Translation and Hybridity", In Yves Gambier & Luc van Doorslaer (eds.), *Handbook of Translation Studies*, Vol. III, Amsterdam & Philadelphia: John Benjamins, 2012, p.21.

[②] http://iwp.uiowa.edu/91st/vol4-num1/translating-culture-vs-cultural-translation#sthash.wSzaaWTj.dpuf

然而，特里维迪的担忧并非偶然。安德鲁·切斯特曼（Andrew Chesterman）也有类似的担忧：他认为近些年翻译概念广泛的"隐喻扩展"，包括了"非文本形式"。翻译的概念如此宽泛，其原本的意义"被稀释到什么都不是了。"①也就是翻译学科的本体身份要遭削弱乃至丧失。但诚如铁木志科（Tymoczko）所指出，身份是"述行的"（performative）是"多重与相异的。"②但这种说法似乎也嫌宽泛，不能据此又说，既然宽泛，身份就不复存在了。就跨学科如何跨法而言，既然是与翻译相关，那么就可考虑从翻译的角度切入。但如果涉及主要问题不是翻译，那又十分不公平地显得翻译理论力有不逮：明明不是翻译的领地，有问题没解决方案，追究的却是翻译的责任。人们会问：为什么翻译理论对此没有说法？但转念一想，人们有这样的期待其实不是什么坏事。翻译的确涉及的面甚为广泛，从内涵到外延式的发展，如能实现良性延伸，把相关的关注延揽入"阁"，那翻译理论的解释力就会增大，也有助于相关学科的发展，自然是好事了。

特里维迪觉得从事文化研究的人似乎应该与从事翻译研究的人携起手来，未曾想文化翻译已经"悄然成型了"，尤其是在后殖民和后现代的话语领域里，与他们的初衷可谓"大相径庭"。有鉴于此，他觉得新的文化翻译概念对翻译本身是个威胁：

> 倘若这便是文化翻译，我们大概得担心"翻译"这个词的本身的意义了。有人不明白为什么"翻译"会选这样的搭配，如"文化翻译"，用以新的含义，而这个新现象已有完全适合并且在理论上也被接受的词，如迁移、放逐或离散，这些词是现成的而且已经在使用。③

他接着又呼吁：从事文学翻译的人，甚至那些读翻译文本的人，"联合起来"，赶紧给"翻译"一词申报"专利"，尽管也许为时已晚。他又称，照此下去，我们

---

① Andrew Chesterman, "Response", *Translation Studies*, Vol. 3, No. 1, 2010, p. 103.
② Maria Tymoczko, *Translation, Resistance, Activism*, Amherst: University of Massachusetts Press, 2010, p. 109.
③ http://iwp.uiowa.edu/91st/vol4-num1/translating-culture-vs-cultural-translation#sthash.wSzaaWTj.dpuf

所知的翻译,"定命不久矣",因为文化翻译已非真正意义上的翻译。①

特里维迪担心的是,翻译研究丢掉语言,进而丧失翻译的学科身份。事实果然如此吗?当然不是。他有些危言耸听了。一直以来,从事翻译研究的人似乎不太自信。一方面,生怕遭别的领域学者的轻漫,不把翻译研究当回事。而另一方面,一旦别的学科或领域的学者涉足翻译,又觉得他人闯入了自己的领地,感觉受到了威胁。其实远非所有的学者都陷入了巴巴意义上的"文化翻译"的思维僵局。尼科斯·帕帕斯特里亚迪斯(Nikos Papstergiadis)在某种程度上定义了文化翻译:"不同文化历史和实践的人所用的方式来形成交际的模式,以及建立跨越这些不同的接触线。"②这是具体的翻译实践和文化的直接接触,但愿多少可以缓解特里维迪的担忧。问题是,在巴巴赋予了文化翻译"新"的意义后,为什么我们就不能越雷池一步,就非得在他的重新定义里打转?事实上,是可以打通的。

如上所述,人类学者早就在谈文化翻译,而他们谈的文化翻译绝不是特里维迪所担心的与实际翻译实践看似毫不相干、属于后殖民及后现代意义上的文化翻译。我们大可不必把后殖民及后现代语境里的文化翻译视为洪水猛兽,譬如杂合的理论对翻译实践是很有借鉴价值的。文化互动的结果势必导致某种程度和形式的文化杂合。我们应该超越后殖民语境,以整合的胸怀,寻找新的途径,重新审视文化翻译。毋庸否认,翻译学科的连贯性不够,是个不容忽视的问题,因为长此以往,的确可能危及学科身份。有人轻率地给人冠以"倒退"的帽子,既不负责任,又显出浅薄傲慢,系虚张声势之举。我们也不可因此而乱了方寸,要透过芜杂的表象,清醒地认识到学科的发展大都是螺旋式的,很少直线型的,倘若不是如此,显然不符合认识论的观点。有些重大的学科问题,前人未必就解决得很圆满,随着跨学科认知的不断提升和互补性交流的进一步加强,我们可能具备更好的条件来探讨悬而未决的关键性问题,有些重要的概念是有加以改造和发展的空间的。

如此看来,缺乏跨学科的知识是危险的。翻译研究学者"蒙在鼓里"那么多年,突然惊醒地意识到文化与翻译的密切关系,于是响亮地提出了"文化转

---

① http://iwp.uiowa.edu/91st/vol4-num1/translating-culture-vs-cultural-translation#sthash.wSzaaWTj.dpuf

② Nikos Papstergiadis, *The Turbulence of Migration*, Cambridge, MA: Polity Press, 2000, p.127.

向"。可是,转了没多久,发现搞文化研究的人,原本应是天然的同盟军,竟然提出了与翻译实践相去甚远的文化翻译的概念,便痛心疾首起来,渐产生了翻译回归本体的强烈愿望。翻译学好不容易从狭隘的"本体"束缚中解脱或解放出来,终于能吐口气,有了广阔的研究空间。但没有对翻译实践相关的各种角度与层面的探讨,所谓的回归本体只能是再一次自投罗网般的作茧自缚,表现的是理论视野的狭窄和研究方法的单一。真正意义上的转向意味着摒弃原先的研究方向和范式,但业已发生的"转向"不属此类。过多、过频的转向,势必稀释、冲淡翻译的学科身份。概括而言,由于文化翻译主要的双重定义分别源自人类学和文化研究,不必要地形成了相互竞争的关系,弄得翻译研究者有些无所适从。后殖民语境下的文化翻译的核心是位移引致的,人们在移居别处时承载着自己原本的文化,处于一种文化"离散"的状态。在巴巴的表述之后,在既无文本又无语言的意义上谈翻译,明显的是后现代观念的文化翻译,由此而引发的困惑也不难理解。

不可否认,由于看法不一,文化翻译的概念有些混乱和前后不一致。皮姆说过:"'文化翻译'一词往往同物质转移、译者地位、文化杂合及边界跨越相关"。[①] 值得注意但又较少得到关注的是,对文化翻译的结果产生影响的是跨文化杂合,经过了一个持续选择和适应的改造过程,并与翻译相关的两种文化进行互动,可能逐渐演变成文化世界主义。虽然巴巴使用的杂合一词的两种形式:hybridity 与 hybridization,他更倾向认为杂合是一个持续的过程,而不是已完成的结果。杂合是全球化的文化效应,只要全球化的进程不中止,杂合便要继续产生,显然这有助于文化适应,并可视为文化翻译的先决条件。作为一种重要的文化演绎形式,文化翻译与跨文化交际的效度有直接的关系。从认识论的角度看,分析文化翻译有助于我们认清以世界主义方式构建的跨文化话语是如何建构的。

现今的文化翻译讨论离不开古巴人类学家费尔南多·奥提兹(Fernando Ortiz)提出的"文化嫁接"(transculturation)概念,指的是新的文化因子大量涌入到目标语文化,其现有的文化因子要么丧失,要么发生改变。这些新的文化因子自然是源自源语文化,或多或少地丧失了原本的异质条件,原来的

---

① Anthony Pym, *Exploring Translation Theories*, London & New York: Routledge, 2010, p.149.

"他者"也就不再被视为"他者"了。① "文化跨越"现成了人类学常使用的关键术语,指的是不同文化因子的杂(融)合。以文化跨越为特性的文化翻译具有世界主义的特质。

关于翻译的本质和属性有一个大一统的理论吗?我们的硕士研究生,尤其是MTI研究生,特别希望有一个无所不包的理论可以套用,就像70年代的新批评一样。一度搞翻译理论的人颇有些介怀文学理论和语言学:我们从事的是翻译理论,要与之划清界限。但现在有的学者似乎不太介怀文化研究和社会学研究,搞的是与翻译相关的社会学研究,至少是翻译社会学。如果说这便是触及了翻译的本质和属性,可能多数人是不会认同的。如今翻译学科身份相当程度的模糊,与有些学者的跨界后的"乐不思蜀"(即虽进行了各种有益尝试,但终究没有回归到翻译研究的主要关注范围),不无关系。

第三节 跨文化范式

文化翻译本身就可以称为新的范式,归根结底揭示的是文化差异,意在让不同文化背景的人共享。遗憾的是,跨文化范式目前有些匮乏,难以为译者提供指导。无论如何,跨文化范式必须要锚定,旨在指涉某些文化价值和与源语和目标语读者相关的交际模式。无效的跨文化交际系不同的文化预设所致,涉及文化价值、规范和信仰。由国外留学或工作经历的人引入不同的跨文化范式,导致范式竞争,最终促使跨文化和功能视角方面的范式改化。不断改变的跨文化范式为目标语读者开启了新的国际视野,不断让他们直接参与跨文化交际与竞赛。文化的旅行不是单一的,带动的是不同文化的互动和融合。

跨学科的研究范式有力地推动了翻译学的发展,对全球化的发展进程也起到了推波助澜的作用。文化翻译的动因是人员的流动。现如今,全球化的进程不断加速,全球旅行的急剧增多是近二十多年不可忽视的现象,文化翻译与文化解释的活动随之与日俱增。愈来愈多的人有了不同程度的文化离散经历,塑造了文化的多重身份,至少文化局外人的身份有了极大的削弱。

---

① Ovidi Carbonell i Cortés, "Response", *Translation Studies*, Vol. 3, No. 1, 2010, p. 102.

人类文化学者早就有了到异域去探索研究文化差异的实践,巴巴等第三世界的学者,离开故园到了西方定居和写作,成了被译者。施莱尔马赫提出的选项之一,是要把读者送到作者那里去。现在是许多"读者"自觉自愿地去了作者那里,于是文化意义上的翻译和"被译",就层出不穷地上演了。就算巴巴仅仅是把翻译当作隐喻,其他学者难道就不能借用这个概念和传统意义上的文化翻译相结合并加以发展吗?这绝不是所谓学术研究的倒退。一味考证一切细枝末节,以至于不敢越雷池一步,难以产生真正的学术洞见。

为应对不同各种情景需求,更多的跨文化范式应运而生,如同一文本有不同的翻译文本所示,所代表的是原作所表达的内容,或反映出不同译者的意图。归结起来就是文化的不可译。在不同的地点和语境下,文化范式的屡次重新配置,已成为跨文化交际范式改变的一个着力点。一方面,似乎可以肯定,世界主义的翻译框架并非一定是原始状态下的文化原真性的姿态,指向重建明显地表现在原文里的语言及形式特色。另一方面,就目标语言和文化而言,传统的等值范式已不再有太大的价值或重要性。

翻译学 90 年代的蓬勃发展,是以跨学科研究为标志的,使得翻译研究走出了封闭僵化和单一模式。与此"巧合"的是,这一段时间也恰逢文化翻译的强劲发展阶段。文化翻译使跨文化范式的发展充满活力,杜绝了自我意识和某种文化自恋。为便于捕捉视角转换的充分含义,需要了解文化翻译对话性及互动的本质特征,通过接受彼此文化差异,达到培养和加强对异质他者的非我族中心主义态度的目的。目标语文化的各种需求势必导致范式改变,从而产生可以满足文化发展的不同阶段的翻译作品。对跨文化范式的清楚认识有助于分清文化里的不同点;制订出相关的应对之道,可调整适应与翻译相关的跨文化的各种需求。有关文化翻译的不可回避的结论是:一个所谓的单一范式,无论显得如何强有力,都不可能提供所有的解决翻译问题的方案。因此,其他的范式开始出现,并逐步得到接受。这些范式的出现往往拜翻译文本所赐,但专为某种目的而设的范式,一般难有发展空间。

探索和发展跨文化接触已达到如此程度,跨文化连通性也就应运而生了,迫使不同文化建立更为紧密的相互关系。随着日益增多的跨文化接触,文化间的互动产生了文化知识与实践的相互作用的交流网路。这里包含着微妙而关键的重心和方向的改变,从跨文化到文化间性,表明由外部转变为内部的可能性。跨文化交际必定需要从一种文化到另一种文化的迁移,绝不仅限于传送和接受。文化间的交际指的是，文化间的互通互换，互动性也就更为鲜明。文化翻译所唤起的是，人们对不同文化间互动的整个过程的关注。当然这个过程不必囿于两个具体的文本之间，而是所涉及的两种文化。文化翻译涉及相关的文化语境，而文化意义的产生和解读以及翻译是离不开文化语境的，因为文化是在不同的语境下传播和发展的。文化在传播的过程中不断被再度解读以及重新聚集。

差异可能导致冲突，唯有通过协商才能化解。文化翻译不是从源语到目标语的运作，而是处于一个作为隐喻的"第三空间"，看似无法调和的差异在这里得以呈现和杂合，而由于杂合是持续性的，潜在的冲突也不断有得以化解的机会。有了营造出来的空间，留出一定的缓冲回旋余地，译者方能长袖善舞，探索化解矛盾或冲突的办法。真正意义上的跨文化交际是在第三空间进行的，文化杂合（糅）取代了文化同质化。译者从介于两者之间翻译及两种语言和文化间的协商空间内，生产出一个内化了的语言。这个空间以互相关联、互动活动为主导，杂合的最终结果是跨文化参照与文化间性参照互为重叠，后者以国际主义为支撑。从跨文化到文化间性的发展变化可以理解成一个根本性的范式变化。虽说不可译一直是文化翻译的一个严重问题，而对文化的翻译持怀疑态度也相当普遍，但随着文化交流与交际的日益增多，对文化多元化的尊重与接受已是不可避免，必会演变为常态。

文化翻译为取得适当的效果，总是需要对相关内容进行调整，以适应不同的情况和语境。从这个意义上讲，文化翻译与异化翻译有所不同。诚然，文化滥用的情况时有发生，但可以说，真正要紧的是，就跨文化交际的效度而言，翻译是否实现了预定的结果。此外，对源文本的挪用和滥用，并不容易界定，总是可以有不同的解读。但主要的问题无非是，目标读者与源语文本，以这种或那种方式，产生了某种文化上的关联。值得指出的是，文化层面的翻译必然是语境化了的翻译，即是说，这样的翻译考虑到了相关的文化语境。原本处于文化坐标系的文本，必然处于跨文化的坐标系中，以突出不同的思维模式和跨文化沟通方式之间在翻译过程中相互作用、相互影响、相互渗透的机理。

第四节　文化改造

　　特里维迪在讨论巴巴的论述时着重指出："我们皆是被译者。"意指不仅是语际之间的翻译，而是借用词源上的"跨越"之意，接着又语带讥讽地揶揄他的同胞：我不是一个被译者，我是一个被运送来的人。① 文化本身就是一种翻译，所以从这个意义上说，被译者既是"被文化者"，也可说一定程度的"他者"化，被他者文化所改变（造），但又没（也不可能）彻底丧失原本的文化身份，于是杂合便产生了。在巴巴看来，杂合是一种新的自我身份，"与翻译和重新评估文化差异"有着密切的关系。② 从这个意义上说，文化改造是不可避免的。文化翻译与文化体验相关，但如果对文化因子弃之不译，谈何文化体验？

　　跨国空间里的文化杂合隐含了改造的因子。文化翻译包含对自身文化的反省，乃至批判。不少人似乎把文化翻译当成一个新的领域，源自巴巴在《文化的定位》（*The Location of Culture*）一书里对萨尔曼·鲁西迪（Salman Rushdie）的小说《撒旦诗篇》（*The Satanic Verses*）的解读。鲁西迪的这部小说本身就被视为译作，至于它的"真正"译作，反而不重要了。③ 传统翻译的界限就这样被打破了，翻译从一个文化语境到另一个文化语境转化过程，其间涉及文化价值、思维模式、行为方式，导致意义转移或变化，而不同文化的互动始终处于动态的变化中以及变化的动态过程。在文化研究里，文化翻译指的是在一特定文化里的改造过程。后殖民改写无疑属于文化改造，而且是整体性的改造。巴巴的文化翻译里的关键词是改造和过程。其实，早在巴巴之前，斯泰纳（Steiner）已经注意到翻译的改造功能：任何语言在传递过程中都有被改造的风险。④ 根本的区别在于，斯泰纳将改造视为负面，而后殖民学者

---

　　① http://iwp.uiowa.edu/91st/vol4-num1/translating-culture-vs-cultural-translation#sthash.wSzaaWTj.dpuf

　　② Homi K. Bhabha, *The Location of Culture*, London & New York：Routledge, 2004, p.252.

　　③ Anthony Pym, *Exploring Translation Theories*, London & New York：Routledge, 2014, p.140.

　　④ George Steiner, *After Babel：Aspects of Language and Translation*, New York：Oxford University Press, 1975, p.315.

则认定改造是追求的目标。女性主义译者更是将改造奉为圭臬,翻译的文化改写性质为改造源语话语,为自己表达政治主张提供了绝佳的机会。

巴巴所强调的文化适应(acculturation)是一个复杂的文化挪用过程,也是一个改变和改造过程,移居他乡的人也就成了杂合的产物,最终使杂合、跨文化、超越国界成为可能。通过改造自我与改造他者,达致文化的交融。杂合是两种文化适应的结果。与适应密切相关的是顺应(adaptation),根本宗旨也是改变和改造。这无疑与传统翻译的忠实观背道而驰,但问题的关键并不是要摒弃忠实,否认本真性的价值,而是直面在文化翻译的过程中真正发生了什么。勒菲弗尔直截了当地说:翻译即改写(rewriting),一时影响巨大,从者众多。但也有人译为"重写",似乎是在刻意冲淡"改"的成分,略可窥到背后"忠实观"的影子。按字面译,"重写"似乎无可非议,但绝不符合勒菲弗尔的本意——他不是"中性"地谈论"再写一遍",而是为顺应不同的受众所进行的改写。一般而言,重写的目的就是改变,目的是生产一个不同的文本。

文化迁移对付分离和隔离十分有用。不断的文化错位与搬迁有助于调适及克服文化抗争,只要有一个开放的文化心态,允许异质进入到目标语系统。文化的不同开放程度可以影响或决定翻译策略的制订。但此举可能产生"本体性"差异,因为译者所声称的翻译同源语已无本体性的联系。这不仅会造成身份危机,也会阻碍目标语的扩充与壮大。过度归化实际上让目标语无机会发展。译者不同程度地说着他性(alterity)的语言,虽说他(她)也有自己的主体性,这就需要对外来语言特征做出某种承诺,于是便产生了离散空间。通过使目标语读者文化和心理上的错位,翻译可以开启更大的实验空间,尽管结局是翻译腔,也就是一种新的由准确翻译而引起的杂合语言。离散提供一个自我与他者之间的中间地带,其辩证间性突出了从一个言语变体到另一言语变体改变措辞的作用,为协调跨国商议提供了一个机会。需要指出的是,在日益增多的跨文化对话的离散语境下,这类商议的必要性显著下降。

再回到拉什迪的说法:"我们皆是被译者",也就是说,我们皆是文化意义上的被改造者。布赖恩·纳尔逊(Brian Nelson)论及了有离散经历的人所具有的文化译者身份:

> 因为他们生活在不同的文化和语言之间,离散的人就是文化译者。出于同样的原因,离散文学是一种文化翻译的形式:离散作家从内部观

察他们在主人文化里的经历，同时保持了他们作为局外人的（双重）身份。①

文化迁移促使和加速了转为结缘的矛盾心态，从外部到内部，从文化抵制到文化融合。最终的文化转变是通过文化翻译来理解文化意义的先决条件，而其可及性会大为改善。文化翻译在目标语读者的双重文化身份间转换和协调，面对带有自身文化符码的自然化异质，目标语读者能够找到重新清理关于异化和文化原真性的优先顺序。所以问题并不在于被洗脑成为他性，愿意体验不同的东西，然后说的又是他性的语言，演变为目标语读者自然接受的事物。简言之，欲使异化翻译发挥功能，首先要异化的是目标语读者，至少是在一定程度上异化他们。这样他们阅读异化翻译就不必担心可达性（accessibility）的问题了。

文化翻译需要重构和解释文化意义，协商如何再现异域文化形式，以及对文化性能的描述。换句话说，文化翻译的性质，在许多情况下，诚如学者们所指出的，属隐喻性，同时还是理解和分析跨文化交际中根本性问题的一种多维方法。例如，我们时常看到语言虽流畅而文化却空泛的翻译。事实上，如果原本文化内涵丰富的内容，翻译后变得空洞乏力，相应的文化价值也就丧失殆尽了，这自然是一种极不理想的翻译结果。文化翻译要求对文化差异有更为深刻的认识和浓厚的兴趣。文化差异体现在根深蒂固的文化内涵。因此，对跨文化交际的首要关注在于，在源语言中嵌入的细微差别的文化意义是否由译者捕捉并传递到目标语内。在一般情况下，需要考虑的是如何把翻译从常规制约中解放出来，常规约束来自从源文本直接传输到目标语。但是，文化翻译的运作要复杂得多，饱受各种棘手制约的拖累。在这方面，跨文化适应是不可避免的，而这不可避免的操作又为跨文化协商打开了空间，为解决潜在的翻译问题制定适当的条款和办法。

在新的环（语）境能否保持原本的文化活力，对译者来说，是不可回避的挑战。过度归化的翻译使其丧失文化野性，本真性的降低，活力减弱，但异化的结果，又可能是文化产品难以在新的文化环（语）境里生存。作为后起的生命，存活乃是最重要的考量。文化交融无疑是最有效的生存之道，不仅是生

---

① Brian Nelson, "Translating Cultures, Cultures of Translation", *Journal of Intercultural Studies*, Vol. 28, No. 4, 2007, p.363.

存,还有可能发扬光大。相对而言,语言的差异是表象的,而文化的差异是深层的。不同文化历史和实践的人需要建立接触沟通的渠道,文化翻译突出的是异质性,减少的是同质化。但除了新鲜感之外,异质总是可能让人不舒服、不习惯。可达性与共享性(shareability)是译者必须要考虑并力求做到的。翻译的文化环境是否具备共享的先决条件,是至关重要的。

缺乏文化知识的翻译主体,难以胜任从事协商的跨文化重任。所以说,没有理由把文化翻译局限于微观的翻译技术层面。如果只是关注语言之间的差异,而忽(无)视语言转换过程中带来的价值取向、思维定式、行动模式以及情感态度等方面,真正意义上的文化翻译便无从谈起。毕竟语言不仅仅是干瘪的载体,而是有其个性和生命的。翻译促使不同文化的相融,转换之间必然出现变(数)体,进而导致形式上的改变。就文化翻译而言,差异既不应掩饰,更不该消除,而是经设法协调后,在译文里呈现出来。差异是可取的,但又难以处理。当人们试图拥抱差异的时候,更清楚地意识到可译性的限度。指涉意义(referential meaning)和指涉维度(referential dimension)大都属文化指涉的性质。指涉意义的传递应是最具挑战性的,正因为如此,相关的文化知识以及文化想象,必定是不可或缺的。

在有的情况下,暂不理会复杂的文化引用的做法,竟然可以是行之有效的。以艾兹拉·庞德(Ezra Pound)的中国诗歌的翻译为例,可说是过激去语境化的典型。庞德的做法的确有些大胆,引起了不小的争议,但显然达到了某种目的。通过缩减受语境制约的信息,文化翻译的"厚度"即可避免。无论如何,似乎要有些距离才能"理解"源语文本的异质性。在这一点上,由文化差异而生的文化距离本身就承认了欲要充分地表述植入在原文里的内容,几乎是不可能的。最初本土化的东西以及一些特定要求,为了目标语读者而被改造成具普遍性和规范性的内容,这就呈现了一个文化翻译的真正整体性的长期对策。这一过程突出体现了文化语言的异质特性,同时展示了翻译体现差异的表述行为(performativity),务求文化差异在目标语里得以清晰而充分的表述和重构。

目前中国的城市化进程的急速加剧,深刻地改变咱们国家对世界的认识。是否应进行文化层面的翻译、抑或跨文化的翻译、抑或文化间性的翻译,表明对文化翻译及其在日益世界化的社会环境中功能的认识方面的重大转变。文化的相互交际盘根错节,产生出纵横交错的互惠网络,给文化带来各种维度的长期影响,就对目标文化由此造成的变化而言,含义十分深刻。有一点是确定的,通过将本土文化的特殊性历史的特定性改造成普遍的世界主义,文化遗产变得更具共享性,文化改造或杂合正逐渐出现。文化知识如何传递与共享,需要不懈的探索。一个引人入胜的情况是,至少有部分民族文化开始被世界主义的文化所取代,在此情况下,文化差异被吸收、消费、转变成文化同质。因此,跨文化心理有必要演变成文化间的心理,因为跨文化实践正日益成为文化间的实践。由跨文化经历到文化间的学习,给予文化态度相关充满活力的文化间交际正带来强有力的冲击。

文化翻译在本质意义上属于世界主义的实践,也可以说,文化翻译通过改造,最终升级成为世界主义翻译,具有更为广阔文化间的意识和全球化的视野。文化翻译在世界主义思维里的核心地位毋庸置疑,这种思维方式需要想象和展望另类和不同的生活方式,代表不同的视角与世界观。由于文化的不相容性和文化误读难以避免,愈加迫切地需要对文化信息和知识方面的细微差异保持敏感。实质上,文化信息要求跨文化解读和在不同文化语境下的表示。文化多元性的理解根植于并非流于表面的相互尊重,并应基于相互理解。

第五节　文化可译性

语言和文化的差异性无疑是产生不可译的元凶,至少挑战了可译性的限度。差异性固然给翻译造成了障碍,给译者造成了不便,乃至麻烦,但也为目标语文化提供了丰富的养料。但无论如何,文化的可译性限度是翻译绕不过去的重要环节,虽然以描述翻译行为为标志,并将重心落在目标语的现代翻译学一直回避或淡化不可译性的讨论。虽就人们对整个文化体系抱有某种敬畏而言,似乎分歧不大,但对潜在的不可译性似乎缺乏充分的估计。简单地消除差异并不难,难的是维持差异,同时还能做到有效交际。共同经历和体验的缺失突显出文化差异作为不可译的主因。文化翻译的最终目的是将源语文化的某些特质进行跨文化传递。文化的不可译,即是文化信息的不可译,而文化信息的传递,离不开文化形式的复制或改造。文化翻译并不囿于某些细节的复制,而是注重整体的翻译模式。认识论层面上的困惑使人们对文化因子的可转换性以及可译性产生怀疑。说到底,文化翻译所涉及的不是单纯的语言层面的转换,还涉及思维及生产方式。

鉴于众多文化参照的独特性质,不同文化群体的成员不仅对其流畅阅读所产生的障碍,也对可能损失的意义心存担忧。考虑到文化语言的相对排他性,常常难以深度体验文化信息或内容。尽管如此,文化参照的范围需要以正当的方式加以缩减,只有在必要的情况下,才考虑不同程度地恢复原状,因为繁多的文化参照可能使目标语读者不堪重负,致使阅读乐趣丧失殆尽。尽管大家都知道很难充分获取文化意义,翻译中文化差异的表现形式表明了理解文化意义的可能性。一方面,为避免目标语读者望而却步和畏缩的风险,译者可能决定不在译文里加过多的注解。但正如维特根斯坦(Wittgenstein)在《哲学研究》(*Philosophical Investigations*)中所指出的一样,意义不是处于语言的表层,而是在语言之外,与其文化使用有特别的关系。此处的文化使用包括各种意义的解读,从而扩宽可译的探索空间。

以描述翻译学为标志的所谓现代翻译理论对传统的翻译等值早已厌倦不堪了,随着关注的重心从源语文本转移到目标语文本,翻译空间大开,产生了不同的运作空间与维度,新的地平线开始显现。文化翻译的可能性与限度也随之发生了深刻的变化。文化的不可译性一直困扰着译界,早在1965年出版的《翻译的语言学理论》(*A Linguistic Theory of Translation*)一书里,J. C. 卡特福德(Catford)就提出并讨论了"文化的不可译性"。除了文化层面的诸多不可译的成分外,文化参照(cultural references)的翻译尤为困难,民族或种族的差异是主要的差异源。但若对源语的风格特征(往往是文化标记的体现)置若罔闻,虽然文化的不可译性大为降低,算不上真正意义上的翻译,更遑论文化翻译。日渐明朗的是,翻译绝非仅是意义的迁移(transfer),形式与风格的迁移同等重要,而两者的同时迁移是造成不可译的主要原因。

文化间的协调,是关键性的干预手段。不同文化之间即使缺乏交集,但也可有呼应之处。虽然文化的整体迁移是难以做到的,但文化间存在若干呼应点,这些点的接触与串联,可以形成某种互动和沟通的关系。文化因子看似缺场,却又无处不在。文化间性指的是一种文化与他者际遇时交互作用、交互影响、交互镜借的内在关联。译者要善于去捕捉这样的呼应点,并凭借相关的文化知识,加以"发扬光大"。对相关的文化意义做到了然于心,知道如何再现。文化的不可译在于诸多"等值"元素的缺场或部分缺场,文化翻译需将缺场的内容传递到目标语。表面看似乎是明晰化的体现,其实质并不一样。对文化的语境化与再度语境化是提高文化可译性的有效途径,同时有助于寻找并建立呼应之处。一般而言,文本只要具有可释性,就具备了可译性的基础,至少是基本的可译性,虽可能只是低度的可译性,如文化专有项的可译性限度是十分明显的,翻译的真正挑战往往在于决定根据具体情况如何制订合理而有效的策略。

与之相关的文化知识,无疑是成功进行文化翻译的关键。对其他文化进行文化转移(transculturation)的活动具有相当大的不确定性,只能依情况而定。关于这方面,铁木志科反复着重地主张整体性的文化翻译:"整体性的文化翻译有助于在更宽泛的就译者的翻译目的而言的框架范围内,使翻译文化清晰而有效。"① 此处提到的更宽泛的框架其实是一个带世界主义性质的框架,也是一个更广阔、带整体性的认识论的框架,具有强烈的关联性特点,缘于文化翻译重要的多元性质。中国文化的外译,关注的是文化的介绍,有时也不必过多拘泥于个别细节的"完整"翻译,可考虑把目光放远一些,否则难免事与愿违。

沃尔夫冈·伊塞尔(Wolfgang Iser)曾正面地论及"文化的不可译性",就应对人们日益意识到病态文化问题的解决方案而言,主张"向受影响文化灌输某种自我反省"并指出"可译性由如何应对危机的需要所驱使,仅仅对其他文化的同化和挪用已不足以缓解这样的危机"。② 根据伊塞尔所说,这样的可译性"是作为一系列的条件构思出来的,能够实现文化的相互反映",跨文化话语的发展"为此目的建立了一个渗透关系的网络"。说得确切一点,鉴于关系的渗透特性,所说的话语应是文化间的融合(intercultural),而不仅是跨文化的,以便能更好地审查这些关系的原因和后果,"如此一来,文化的相互作用做出合理的解释,同时对此作用加以引导"。③ 积极的文化接触和交流一般会带来相互影响,能有力地调整民族主义、种族主义及种族中心主义。

---

① Maria Tymoczko, *Enlarging Translation, Empowering Translators*, London & New York: Routledge, 2014, p. 248.

② Wolfgang Iser, "The Emergence of a Cross-Cultural Discourse: Thomas Carlyle's Sartor Resartus", In Sanford Budick & Wolfgang Iser (eds.), *The Translatability of Cultures: Figurations of the Space Between*, Stanford, CA: Stanford University Press, 1996, p. 248.

③ Ibid.

显然,需要起到的桥梁作用就是要设法兼顾包括与排除,目的可以达致一种世界主义翻译,而不是受民族性影响的翻译。语境化是揭秘意义的关键所在。人们常常观察到,有时在一个语言里完全说得通的意义,在翻译后的另一个语境下,就说不通了,主要原因是语境化的缺乏。厚度翻译的概念——也被称为语境化翻译,尽管按阿皮亚(Appiah)的原意是帮助目标语读者充分理解文化意义,但并不总是最合适的翻译策略,或帮助他们获取文化意义的最佳方式。一般认为语境化与厚度翻译存在着固有的联系,暗指对常规形式翻译的某种不信任。对跨文化的不可译性的深切担忧,重新启动了回归翻译的"老式"实践方式,焦点牢牢锁定在源语文本上。但实际情形是,这已不是简单的回归,而是变本加厉的回归——文化意义的丧失因大幅增加详细的有关具体历史和文化出典语境信息而充分地得以补偿。但如此精心地锚定语境,虽然在有的情况下是必要的,却可能严重有损可读性。人们担心无法阅读外国文学作品,从跨文化交际的角度,也反映出充分捕捉文化意义的本体难度。厚度翻译实践削弱了目标语读者的作用,因为任何意义的不确定性都由译者为之化解了。但文化挪用,尤其是在操作不当的情况下,也不能解决可读性缺失的问题。惧怕文化意义表述不充分,同时又想达到即明白易懂、可读性又强的接受效果,使得文化翻译变得几乎不可能。

就文化翻译而言,作为在任何形式的交际中都占举足轻重地位的语境都不可抹杀或绕开。翻译行为至少由第一语境、第二语境组成,乃至第三语境所组成。关键在于翻译是否涉及去语境化或重新语境化。大家都知道,跟翻译相关的意识形态与语境操纵密切相关,于是可能衍生一个第三语境,对阅读经历产生影响。翻译导致重新语境化,其作用与恢复原本的语境是不一样的。一个文本所经历的重新语境化方式各种各样,其结果取决于意义是被译者如何解读和重新表述的。凡妮莎·莱昂纳迪(Vanessa Leonardi)指出:"翻译是一项生产活动,着重于去语境化或重新语境化。"[1]这似乎意味着为使翻译重新语境化,首先需要去语境化。在世界主义的翻译里,可以主要专注于去语境化的部分,不妨就将重新语境化的任务交给目标语读者去完成,考虑到当下的全球化和世界主义进程,目标语读者可能发现重新语境化的必要性

---

[1] Vanessa Leonardi, *The Role of Pedagogical Translation in Second Language Acquisition: From Theory to Practice*, New York: Peter Lang, 2010, p.20.

日益降低。

　　此外，为了更好地传递文化意义，有必要将此意义从它原来的文化语境下移出。此时，文本经历了一个并无规律的去语境化过程，随即而来的是一个暂时性的文化真空。文化的去语境化，产生了一个中立文化，从其历史和社会语境抽象而来，而这恰是当初赋予它意义的语境。全球流动性促使了文化的去语境化。换言之，语境化的原本力量制约性减少，允许随后的去语境化去抵消文化盲点，进而协调文化疆界，消除困扰跨文化思维的许多公式化看法，达到求同化异的效果。去语境化需要协商如何减少文化特殊主义，不用简单化的删减方式，而通过对话来求解决之道，能避免或减少不必要的跨文化引用或典故。

　　至于源语文本里的字（表）面意义与文化意义的差异，以及与它们在翻译里重建之间的可能差异，有必要弄清楚错综复杂的跨文化互相联系及作用的网络。在此过程中，文本性的众多层次，包括内涵的、情感的、搭配的、隐喻的文化意义，足以让译者心悸，难以恰如其分地处理各种难题。协商文化意义的即时与宽泛的含义均可归于文化表现的复杂方式。形形色色的翻译问题的根源是共同经历的缺失，体现在源语文本群体共同经历的文化意义，以及相应的文化参照，也不排除其他潜在问题，主要由于其受制于文化环境，并且似乎具排他性。此时翻译的任务就是将原本不可译的差异转化为可译的差异，唯有经过高超的变通，文化意义方能被其他文化所理解。厚度翻译的形式，只是不得已而用之。

　　不可否认，此处存在一个深层悖论：一方面，文化意义的生成取决于其语境。现实中，语境的缺失可抵消或否决文化翻译的全厚度，其微妙之处在不同的层面显现。然而，另一方面，文化意义的再度生产，在一定程度与前面提到的去语境化相关，不失为消除语境重构的有效方法。语境重构虽然常有针对性地为目标语读者量身定制，目的是方便阅读消费，但最终有损真正意义上的跨文化交际，更不必说文化间的相互交际。的确，许多翻译学者都赞同语境重构，视其为翻译的必然产物，但弊端是会引起单方面的文化情境，使文化意义遭到损害，虽如此做法可能对目标语文化在诸多方面有所帮助，但甚少促进或鼓励多元文化。无论如何，从文化翻译的相关性及价值已不难看出，其塑造和改造跨文化交际的整个性质的力量不容小觑。文化途径多元拓展的多样化路径则将进一步拓展文化可译性的空间。

结　语

　　文化翻译追求的是文化信息的传递,翻译在跨语言的同时必须跨文化,跨文化并非意味着舍弃相关的文化因子而不顾。文化翻译是意义的杂合场,杂合是全球化的文化效应。杂合导致文化改造,主要指在跨文化交流的过程中发生的文化变化,从一个文化空间到另一个文化空间,源语文化介绍到目标语文化时会产生文化变化。不同文化在互动时,产生文化交融。而"文化适应"强调的是一个从属文化从一个主导文化采纳的文化因子,只是单向的文化接触。文化间的接触与互动,并非一定相互排斥或此消彼长,完全可以相辅相成,丰富彼此。独特的视域与感受,成为共享,而视域的融合必然促使跨文化的有效交际。评估文化的相仿与差异是文化翻译必不可少的攻略进路,具体的民族、诗学、文化、政治及社会的语境,成就了关系复杂的翻译空间,包含了各种文化价值、文化功能,文化表述及文化心理。文化翻译的不同背景形形色色、五花八门,各种关系、身份及互动都在翻译的过程里彰显成形。翻译把一个文本从一个文化语境转换到另一个文化语境,不仅是文本的直接转换,而是两个文化之间不断协商的复杂过程,文化与翻译的结合似乎已经没有任何疑问了。语境信息与互文信息的交替互补,其中意义与文化冲突的风险随时存在,语言间的文化差异,在直面它们的同时,更新思维,更新范式,设法强化不同文化之间的契合度和共性,不失为破解文化不可译的有效之道。我们需要不断提升协商、调和与变通能力,使文化翻译真正成为人类跨文化交际的强有力的手段。

第二章　文化翻译与全球本土化

引　言

　　全球经济一体化使中国在全球范围内扮演着日益重要的经济和政治角色,相对而言,其文化角色则并不突出——如此"失衡"需要正视,似乎已到了刻不容缓的地步了。中国对经济全球化已表现出极大的热情——其间也保持了相对谨慎的心态,但对文化全球化却有明显的疑虑。中国对全球化文化信息(cultural information)的本土化挪用做了大量的有益探索和实践。而随着跨文化共享或共有的指涉的增多(在这方面翻译功不可没——大量的翻译积累使其成为可能),翻译外国文本、特别是西方文本时所遇到的由文化差异引致的羁绊相应减少,进而促进了跨文化交流的互动与融合。因此,文化翻译也就比以往任何时候更呈现出混同(mixedness)和杂合的特点,同时也充满文化和政治的张力,因为中国的快速全球化已经催生了对文化差异的种群中心主义(ethnocentrism)恐惧,而文化他者性的觉醒征兆在当下日益突出。由于全球与本土的力量相互影响与作用,文化差异及其如何制订翻译策略等相关问题,应置于全球/本土化的跨文化语境下审视和关注。

第一节　全球化趋势与翻译

　　在信息传播的过程中,全球化和本土化两极对立,体现了不同的观察世界的视角,但又同处于共生演变之中。全球化使不同文化的人们在生活和交往的各个层面和领域进行全面接触。本质上以体现差异为特征的翻译活动则极大地推动了普遍主义(universalism),于是也就推动了全球化进程。打破各国之间贸易壁垒相应地促使了语言和文化壁垒的坍塌,由此进一步推动全球化。作为此循环链中的重要一环,翻译对全球化起到了推波助澜的作用,更多翻译作品的产生也是全球化可以预见的结果。全球调整(restructuring)

和殖民历史均对本土身份有巨大的影响。全球化常被视为对民族精神或民族个性的攻击,因此不断引发文化焦虑。全球化的迅猛推进致使本土文化迷失和移位。很多本土危机就是由主权国家的重组(realignment)而触发的。由于全球化常被视为具有预先确定(pre-determined)和恒久不变的性质,所以有减少甚至消除本土差异的潜在危险。在这种情况下,本土文化努力重新界定自我,以在全球化的语境下重新彰显本土身份,并赋予本土文化的身份意识的重构能力。与此同时,外域或全球文化的影响也被重新解读或内化于本土化的实践之中。

应该认识到,导致同质化(homogenization)的全球一体化和旨在异质化(heterogenization)的本土抵抗同时发生,由此引发持续的政治冲突和文化张力。如乔治·瑞泽尔(George Ritzer)所言,全球化在不同国家或受到拥护,或遭遇抵抗,关键在于"该国是从中获利还是为其受损"①。发达国家和发展中国家对全球化的反应各异。柯林·斯巴克斯(Colin Sparks)在评论瑞泽尔的观点时指出:"根据这样的理论,全球化的过程,无论在什么层面得以体现,都是一个摧毁本土的过程,并代之以一个单一的、标准的、通常也是美国式的社会。"②这种美国式的文化全球化极具摧毁性的同质(homogenizing)效果,使得土著文化难以为继,并最终将把多样性的世界约简为一个沉闷乏味的同一性世界。

翻译之于全球化和本土化的关键推动作用在于其呼唤对文化他者的价值以及本土文化局限的承认。一方面,全球联系越来越紧密,文化保护主义显然行不通,而且也是不可取的。另一方面,我们也要看到,全球化或国际化的后面,却又正是本土化。事实上,"那些反对全球化的人常以支持本土文化来作为对全球化文化的替代。"③这些人还以本土化作为对抗全球化的手段,试图消解后者,使其侵扰性和争议性有所降低。但是,本土文化似乎在这场与咄咄逼人的全球化对抗中失势。瑞泽尔如是说:

---

① George Ritzer, "The Globalization of Nothing", *SAIS Review*, Vol. XXIII, No. 2, 2003, p. 190.

② Colin Sparks, "The Global, the Local and the Public Sphere", In Anura Goonasekera, Jan Servaes & Georgette Wang (eds.), *The New Communications Landscape: Demystifying Media Globalization*, London: Routledge, 2000, p. 78.

③ George Ritzer, "The Globalization of Nothing", *SAIS Review*, Vol. XXIII, No. 2, 2003, p. 199.

就算本土文化苟延残喘,也愈来愈无足轻重,远非全球化迅猛进程中的一个重要因素。本土文化未受全球文化影响的地方少之又少。因而,我们视为本土的实际上大多是全球本土的,真正意义上的、完全未被全球影响的本土,正渐渐被推挤到本土社会的边缘和缝隙之处。①

全球化无处不在,确有可能使本土文化变得无足轻重,不过本土文化中受到全球化影响的那些部分未见得就渐趋失势。应当看到,纯粹的本土性并不多见,更多是全球本土的形式。这是一个新的身份,包含了本土社会和全球化世界共同分享参与的特征。

由于英语的广泛使用,全球化毫不留情地侵蚀着本土文化及其身份,表明了由英语的全球统治地位引发的文化同质化,是人们对全球化恐惧的根源。值得注意的是,非英语本族语者对英语的广泛使用,使这门语言不是被全球化而是被全球本土化,如新加坡英语就带有典型的本土身份特征。同时,全球本土化也意味着本土语言被翻译成英语,全球本土式的英语也很有可能应运而生,特别是在目标语并非译者母语的情况下。这些本土身份在全球本土化的概念框架内获得重新界定,并通过很多方式得以强化。譬如,中国内地的年轻人为自己取英文名相对并不多见,完全不像带有殖民历史的香港人给自己取英文名那样家常便饭。但全球化已经在个体的层面得以体现,反映出跨出(中国)国门的意愿。颇具讽刺意味的是,虽然翻译推动了全球化,但也限制了英语在全球的使用,并提供使其本土化的机会。当英语被翻译成本土语言后,其全球功能在很大程度上也就被减弱了。

不断增长的商业全球化刺激了对翻译服务的需求。翻译不仅象征文化自我扩展的意愿,还招致和引进差异,并在差异中或允许或强迫自我与他者互动。为了使本土文化免于在互动中因"暴露"在全球化前而受其侵害,本土化重在对差异他者的调适(adaptation)和改造,因而备受青睐,以应对带殖民和后殖民色彩的外来文化入侵,其结果很可能是同质化。这意味着在面临被同质化的威胁时,民族国家(nation states)难逃"无地域性"(placelessness)的困境。与此同时,"去区域化"(deterritorialization)和"再区域化"(reterritorialization)之间的不断而强有力的相互作用,以至全球本土化的话

---

① George Ritzer, "The Globalization of Nothing", *SAIS Review*, Vol. XXIII, No. 2, 2003, p. 198.

语得到强化。显然,"推崇全球本土化的人将这一趋势视为对抗全球化的措施,视为一系列新的全球本土化形式的前奏。"①因此,有必要在全球本土化的跨文化语境中探究翻译过程中的文化和政治张力,并考察其中对所谓的文化全球化误生的焦虑心态。

不管人们对全球化的态度如何,其影响几乎波及每个国家。与翻译相关的是文化全球化已成为令人不安的倾向。可以想象的是,文化全球化让人极之惧怕。"全球连通性"(global connectivity)的潜在危险与对文化全球化的敌视态度相伴而存。可以说,正是全球化使我们强烈意识到了翻译所处的深刻而又无法避免的两难境况。人们认识到——尽管多少有点不情愿,用文化保护主义方式反抗全球化,并以此来应对全球化对本土文化各个方面影响,既不理智也不现实。翻译在不同文化传统间斡旋,促成全球化语境下的文化对话。跨文化对话或文化间的交流被认为在促进文化多元化上具有重要作用,而文化多元化则是克服文化同质化的绝佳选择。在全球本土化过程中,文化身份不断更新,全球主义被改造适用于本土现实。而有效的本土化也离不开相关的全球知识;且此中的悖论是本土化同时也促进全球化,因为本土化的关键是要增加可达性,从而使接受以本土条件为前提,也使自我改变和改造成为可能。

第二节 全球语境下的本土文化

如果说全球化改造国家,那么本土化则改造世界,二者均以国际合作的形式进行,从而使本土和全球互为关联,相得益彰。据此可以说,全球化和本土化既可分又不可分。用约翰·汤林森(John Tomlinson)的话说,"把文化看作对全球化有建构性作用的关键在于我们如何看待文化的影响作用。"②全球化让地球变小了,世界似乎有朝着同一性(sameness)的方向演化的趋向,而本土化则凸显差异,促使地域性、民族性的文化多元化格局的形成。汤林森进而言之:

---

① George Ritzer, "The Globalization of Nothing", *SAIS Review*, Vol. XXIII, No. 2, 2003, p.193.

② John Tomlinson, *Globalization and Culture*, Chicago: The University of Chicago Press, 1999, p.24.

个体的各种行动都折射着社会的结构及制度的特征,这样的事实意味着全球化并非由大型全球机构决定事件的单向过程,而是至少包含着本土介入于全球过程的可能性。①

在大多数的情况下,本土介入都具文化动因并由文化情景制约。它提供了一种机制,可以防止全球化与本土价值观和规范发生文化冲突,或甚至是干脆把文化或政治意义上带有冒犯性的内容隔阻在外。对异质文化的接受不是无条件的,虽然本土文化毫无疑问也促进了全球化的进程。

需要指出的是,文化差异能在本土化过程中适应于本土环境,使本土文化免于陷入停滞不前的状态。成功的本土化允许译者的个性展现及一定程度上的自主,如此一来,本土身份不仅不会丧失,反而以某种形式得以彰显。文化语境下的身份构建是跨文化翻译不可分割的组成部分。因此,本土文化身份的识别——在译本中是可以识别的——对于建立跨文化过程相交互性(reciprocity)关系,意义十分重大。阿卜贝克(Abubakre)和瑞奇姆斯(Reichmuth)强调指出:"不断扩展的通讯和运输网络,不仅提供了传播西方的信息和产品的渠道,也同样被世界上其他不同的文化社区极为成功地利用,以服务于自身目的。"②翻译中的本土铭刻(local inscription)正适用于利用全球化的这种方式。总之,本土文化并非像有些人想象的那样轻易抹去,而且令人惊讶的还有,本土文化为摆脱地方主义(provincialism)的羁绊,同时自身也在被全球化。

本土化和翻译的关系如此密切,以致安东尼·皮姆(Anthony Pym)竟声称,翻译理论"可以被重新命名为本土化理论"③。大致说来,翻译的生产,和本土化一道,是在本土跨文化的条件下进行的。翻译将文本移入到全球/本土化不间断的连续统一体(continuum)中;而全球化和本土化也经历同样的过程,甚至还表现发展为文化层面上丰富的归并(conflation)趋势。再者,全

---

① John Tomlinson, *Globalization and Culture*, Chicago: The University of Chicago Press, 1999, p. 26.

② Razaq D. Abubakre and Stefan Reichmuth, "Arabic Writing Between Global and Local Culture: Scholars and Poets in Yorubaland (Southwestern Nigeria)", *Research in African Literatures*, Vol. 28, No. 3, 1997, p. 183.

③ Anthony Pym, *The Moving Text: Localization, Translation, and Distribution*, Amsterdam, Philadelphia: John Benjamins, 2004, p. 57.

球化除其文化霸权的危险,也能使不同的本土文化相遇,这毫无疑问是构建合作和建设性关系的积极一步。全球化并不一定代表文化霸权,也可以给本土文化提供与外界联系的机会。外部文化不一定摧毁本土文化,反倒可能使后者发展充实。毕竟在这样一个变动不居且各文化又相互联系的时代,本土实践和本土利益密不可分。因此,翻译可以有选择性地遮蔽目标语读者的视现,使其看不到不可接受的文化内容。另者,翻译把本土文化移入到译入语时,产生出一个杂合的文化产品。尤其在译者由母语译出时,很可能有意或无意地在译本中留下译者本土文化的文本特征。这原本无可厚非,但这里潜在的危险是,译者可能忽略,乃至无视目标语的本土文化——当然不能排除的是译者缺乏目标语本土文化的知识——最终导致译文遭遇到目标语读者的排拒,因为不同的本土文化可能发生价值冲突,也可能是目标语本土文化一时还难以包容源语所代表的本土文化。

在一个极速全球化的时代,一个不可避免的趋势是,本土文化在全球语境下重新定位。本土文化话语和全球文化话语之间的关系随之变得更为复杂,自然体现在翻译这项跨文化交流活动中。在这一点上,翻译一方面是向异质传统中内在的文化特性开放的文化再生产,另一方面在这种再生产中持续不断地进行去殖民化。在这个过程中,本土文化为了应对外来的文化细节(specifics),需要时常彰显身份(尽管这种做法尚有争议性)。翻译不免要直接触及本土文化的方方面面,本土文化对外来文化细节尤为敏感,常视为目标语文化中的缺省,于是将其归为不可译类。全球化所带来的文化他者性如果说有什么影响的话,那便是加剧了本土文化遭受侵染的恐惧。然而,以消除异质的和陌生的文化特性,并代以明目张胆的本土化,其特点是带有明显本土特性的极端的形式,与促进或改善跨文化交流的使命背道而驰,绝非解决文化冲突的有效方式,尽管因应本土需要、要求和境况进行一定的改动的需要无可否认。具体的改动程度将是决定各种翻译本土变体的因子。

特别要注意的是,本土化并不总是以表面的抵制形式风行于世的,它也可以是温和的诱导:使全球产品成功地流入传统的本土文化疆域。而全球/本土间的众多接触点,意味着本土文化自身也是矛盾重重,反映出本土在身份范式上的微妙变化。文化策略总是具即时性和适应性的,因本土化实乃必然,不可能事先照理想的模式策划安排。就翻译来说,考虑到本土读者的实际需要,文本经由本土改写,对其进行适度的改造以适应本土文化,也是常见的现象。随着本土文化的介入,译本在某种程度上去异化(de-alienation),从而降低陌生感。需要着重指出的是,翻译本土化不同于归化,所涉及的翻译策略比归化更为广泛。归化主要是指翻译实践中技术层面上的润色操作,且一般而言,不包含激进的更改,如删除、增加或刻(有)意的改写。本土化和归化都追求与本土文化的整合,但是归化的产物在本质上或相当程度上并未被改造。归化处理几乎不大理会文化协商,主要特征是硬性替(取)代。本土化则意味着在两个文化体系间在价值、观念和经历上等方面,较之进行归化更为系统的、概念性的和充满活力的互动和交流。

翻译显现的本土化是有关全球语境下的本土文化的删除和投射行为。本土文化根植于自身传统之中,当在翻译中遭遇异域的文化表述时,不得不对文化他者做出反应并与其互动。于是源语和目标语文本中许多与文化特质相关的语境细节不可分割地交织在一起。其间所涉复杂因素及两个文化间的相互关系如此令人困惑,以至于译者需无休止地应对在跨文化协商中出现的各种困难。设想一个源文本在不同的地方和时间被译成几个不同的译本,所经历的本土化方式自然也因地、因时而异。另外,不同译者在翻译中采取的补偿方式也因人而异,同语复译便是一例,更不用说异语复译。然而,翻译必须跨越亚文化疆域;本土文化相关性和重要性通过拆解全球和本土之间貌似难以逾越的差异,代之以民族间的融合;当置于相关文化语境的框架中时,本土关联度和重要性便适时地得以突出,进而推动跨文化流通,其结果能够提升本土文化。

第三节 本土知识与可达性

对翻译进行本土化处理具有相当大的诱惑:既可使译本和本土现实产生联系,又能提高翻译与本土需要的相关度。可是本土文化与外界文化的连接并非自动生成,本土知识尽管有时阻滞对异质他者的理解,却能改善翻译效果。所以本土化如何影响翻译策略以及其译本的本土接收,是一个需要正视的问题,毕竟本土关心的话题和不同问题之间是相互关联的,并以各种方式通过作为文化对话方式的翻译与外界相联系。本土知识故而对翻译极为重要。韦努蒂写道:

> 翻译对源语文本和目标语文化要双重效忠,这就提醒人们,对任何文化群体而言,任何诠释都不可能具终极的权威性,诠释总是本土的、依

赖于外部条件的,哪怕是在极具学术严谨性的社会机构之中。①

诠释的特性使得翻译难以维持对源语文本的忠实,但如果没有必要的本土知识,翻译将缺乏诠释的框架。因此译者需具备一定的本土知识,以便目标语读者能够阅读译本,这样的预设是十分合理的。

诠释的有效性和合法性很大程度上取决于本土知识,若翻译时本土环境和条件未被纳入考虑范围,交流的效能便难得以改善。若能帮助目标语读者在阅读译本时将其与本土现实联系起来,译本被理解的可能性就会增大。下面这个比喻或许可以说明本土知识在跨文化实践中的重要性——翻译如同航海,外国船只在靠近本土港口时,由一位具有港口知识的领航员来掌舵(通常是当地人),因为船长对港口的航道危险并不了解,船上有本土领航员可让船只在进出港口时避开暗礁险石,这是出于通航安全所做的安排。另外,人们普遍认为,如若不具备必要的本土知识,作为文化产品的译本可能不被目标语读者接受,所以译入语一般是译者的母语,这也间接地证明了本土知识的重要性。诚然,如果译者具备足够的离散经历,那么他就具备相关的"本土"知识(非母语的本土知识),译出语为非母语当不会有太大问题,而译本的可达性也不会打太大的折扣。总之,有关目标语文化的知识是成功的跨文化交流的先决条件。本土可达性是首要因素,基于这个原因,翻译必须在一定的本土程度的层面上进行。我国对外宣传单位,包括新闻媒体和出版部门聘用的外籍专家,其主要职责是改稿。这里的"专家",其实主要指他们具备的文化意义上的本土知识,专业知识和技能倒是其次。在这里本土知识的价值无异于港口领航员,译文最终的接受与否,在相当程度上取决于他们的判断和对译文的修改。

因指涉性可能丢失,不同程度的本土化改写是翻译成功的必要条件。不少文本在经翻译之后可达性仍较低的情况并不鲜见。一旦出现这样的情况,翻译的基本交流任务便告失败。文化语境的变化意味着词汇层面上的翻译——这原本或许是较为容易的——造成意义难以捕捉。文化语境知识之于翻译的不可或缺在此再次得到印证。那么,翻译究竟是如何本土化的?最大的可能便是通过本土习语,可明显地帮助异质文化进入目标语系统。当

---

① Lawrence Venuti, *The Scandals of Translation: Towards an Ethics of Difference*. London: Routledge, 1998, p.46.

然,考虑到可能引起的认知偏差和错误表述,对本土知识的过分依赖对源文本是否公允仍有待商酌。毋庸置疑,有时候本土知识恰是问题的一部分,因为滥用或误用本土知识只会导致无节制的操纵。但是,为了给翻译护航,将文本送至相应的译入语文化中,以免发生文化或政治上的冲突,本土知识又是必不可少的。事实上,翻译的成功离不开本土合作或参与。再者,本土化的重要性在源文本的选择阶段就已经十分明显,本土知识无疑有助于判断评估目标语读者的需要。

显然,本土知识对于文化意义的再生成有至关重要的影响。译者对本土实践的了解认识能产生一种参与感,译者的本土知识也有助他/她确认翻译问题。因为本土知识也是"圈内人知识",译者需具备它才能进入目标语系统,以使翻译在目标语文化里畅通无阻。另外,由于非本土知识未必具普遍意义,具本土见识的视角将能减少译者直接把外部价值观强加于目标语读者的可能性。故而识别翻译中什么是可用本土语汇表达的普遍知识极为重要。跨文化翻译固有的不稳定性常被格外强调,以便翻译提供丰富了的真实的民族志(ethnography)和想象的猜测混合体。译者也必须具备对目标语系统的社会文化传统的理解,方能在文化产品的再造中,把全球关心的问题用本土习语体呈现为具体的文本细节。若要将本土体验全球化,移情于本土观点和特征,不仅对再现源文本的文化信息,而且对是否将其恰如其分地呈现给目标语读者,也是至关重要的。

本土知识指的是特定语境下有关特定本土情景的知识,而翻译在一定程度上是为本土人士量身定做的本土化文本。需要注意的是,有时普遍知识(universal knowledge)在文化意义上是相对的。本土化就是要对源文本进行一定程度上的同化。在这个意义上,译者犹如目标语社团的本土代表,考虑到具体的本土需求,针对文本的理解和接收的条件进行协商。据韦努蒂所言:

> 既然翻译总是面向某个特定的读者群,对翻译的动机和效果的界定无论有多模糊或乐观,必定是本土和偶发的,根据全球经济中的地位高低而产生变化。也许这点很清楚:翻译拥有形成文化身份的力量,创造出一种域外文化的代表,同时构建一种本土主体性,该主体性由于关照

本土符号和意识形态而使得文本可以理解并发挥文化功能。[1]

翻译必然与本土语境相关,因而是一种本土化行为,而其可读性受本土制约,所以再度语境化也就不可避免地经历一定程度的本土化。为应对文化全球化的力量,各种形式的文化挪用乃至对殖民化文化行为的抵抗应运而生,旨在降低或克服异质他者。

然而,需要指出的是,翻译的本土化总是部分实现的。意味深长的是,翻译开始摆脱本土文化和地方主义的桎梏,二者的脆弱性日益突出,而更多的是在全球/本土的界面上进行。除本土偏好之外,翻译实践因全球意识的觉醒越发蓬勃,其本土实践与文化整合的功能模式密切相关。通过在不同知识传统之间的整合,提高跨文化交流的功效和质量。另一方面,全球化本土知识的愿望也可以说明本土文化朝着以本土价值和观念为基础的普遍主义的目标而动的举措。译者凭借着本土知识,得以把信息更有效地传达给目标语读者,他们也在追求更好地理解他者。这种翻译的实际益处是同时拓展与适应本土文化。

第四节　翻译的本土化

根据皮姆的观点,本土化实践把翻译的本质错误地解读为"一种乏味的、自动地寻找对等的过程。"[2]如今,对等这个概念已经变得很成问题。然而翻译绝不仅仅是皮姆所称一定限度的"本土化中的语言部分"[3],这其实与归化无异。无可否认,归化造成的问题不仅仅是语言性质的。文化差异和语言的不协调促使翻译中的归化处理。如前所述,较之归化,本土化的适应性和改造功能更为突出,绝不限于对等原则下的语言替代。翻译的明晰化倾向是本土化而非归化的标志。除此之外,调适的策略和手段以及对全球控制的抵抗构成了反霸权的一部分。翻译作为本土化的第一步,为外来内容本土化创造了一个机会。

---

[1] Lawrence Venuti, *The Scandals of Translation: Towards an Ethics of Difference*. London: Routledge, 1998, pp.158—159.

[2] Anthony Pym, *The Moving Text: Localization, Translation, and Distribution*, Amsterdam & Philadelphia: John Benjamins, 2004, p.54.

[3] Ibid., p.57.

本土化提供了一个施为性(performative)语境,在这个语境下本土和全球交汇,使得文本产生意义,也使译本吸收本土表现形式和价值观。既然本土化意味着一定程度的改造,本土习俗、风格和细节都成了改造的一部分。挪用是本土化的一部分,以力求意义得以呈现,或者使其与目标语文化产生关联。梅尔·凡·艾尔特伦(Mel van Elteren)指出:

"旅行的文化"的理念聚焦于文化语言如何旅行到新的地域以及如何被其他文化的人们借用来述说他们自己的故事。这是一个超越稳定且一统的民族文化的过程。它专门关注文化接触中的接收方,结果倾向于过分强调文化形式的积极挪用,忽视了权利的行为和结构形式的文化强迫。[1]

此种形式的文化置换是本土阐释的暴力行为,与肩负文化剥离使命的翻译所具有的施为性(performativity)无不关系。翻译确实提供文化改造的绝佳机会。正是由于过于专注翻译的目的而导致了译者的道德过失,使得一些译作缺乏真实感。

翻译最主要的关注点仍是语义有效性的问题,但文化强制(cultural imposition)无疑也是阻碍跨文化交流的不可避免的因素。尽管文化强制的后果有时候并不容易预测,但本土化依然需要在其本土文化的语境下寻求化解这些后果的方法。然而,尽管本土化的价值已获得完全的承认,但其某些不容忽略的侵略性也有潜在的危害,并可最终导致没有生机活力的地方主义。对目标语系统需要而引发的关注自始至终都支配着本土化过程。皮姆论及本土化的具体操作方面:"本土化指的是文本的翻译和调适(比如说软件程序),以适应某个特定的接收情景。"[2]某文本对于目标语读者是否合适,甚至在选择源文本的阶段就已被考虑在内,背后隐藏着对文本本土消费的考量。与翻译相连的本土化包含着由各种原因驱动的各种形式的调适。有些调适是必要的;若再考虑到可理解性和接收等因素,翻译中带有一定程度的本土化挪用和调适则是完全正常的。只是这又意味着限制和排他,导致源文本和

---

[1] Mel van Elteren, "U. S. Cultural Imperialism Today: Only a Chimera?" *SAIS Review*, Vol. XXIII, No. 2, 2003, p.172.

[2] Anthony Pym, *The Moving Text: Localization, Translation, and Distribution*, Amsterdam & Philadelphia: John Benjamins, 2004, p.1.

译本的分离。

虽然对文本进行调适的好处十分明显,但这种做法通常被视为有碍于跨文化交流。各种各样的调适代表着以文化剥夺为特征的殖民化,使得目标语读者无从与真正的他者接触。如果调适的程度过高,译者的道德基础更将受到质疑。不过,若要对目标语文化进行渐次改造,翻译就必须历经一系列的跨文化调适阶段,以克服交流中的可能出现的问题。本土文化对于在具征服性的外来文化的重压下——通常指带破坏力和削弱力的美国文化——可能被消解的担心是完全可以理解的。于是就出现了令人进退两难的境地:一方面,在不可阻挡的全球化语境下,翻译既无可避免,对本土文化的发展也不可或缺。另一方面,具有压迫性的文化霸权可能通过翻译悄悄然渗入并颠覆目标语文化,翻译由此形成了理解具有多维文化互动性质的全球本土化的重要原型。当翻译要把一些并非普遍存在的东西译介到目标语中时,某种挪用和调适即为必要。比如,有时候逐字逐句地阅读一个文本就是一种错误,而目标语读者如果缺乏相应的互文知识就容易犯这样的错误。那么,按同样的方法翻译——逐字逐句——不也犯着同样的错误?

本土化意味着在翻译中对文本实施某种编辑式操控,其目的不仅是为了防止译本的价值观与本土文化相冲突,也是为了提高文本的可达性——可达性反映流于表面的跨文化交流的根本问题。然而,尽管本土化在翻译中要被采用,不加限制的本土化从长远看所带来的不利乃至危险,也是十分明显的。毕竟,这种表层策略只是临时用以抵消对目标语读者所造成疏离的可能性,从长远来看,则有碍于翻译跨文化交流功能的发挥。翻译对目标语读者起到的不稳定或去中心化的效果,绝非罕见。

毋庸置疑,有关目标语文化的本土知识对译者来说具有根本的重要性,但更为重要的是,在发展中国家如果译者拒绝把西方价值观作为全球化的一部分,其累积性效果不可低估。无论如何,翻译并未毫无批判地吸收并重现西方价值观。归化的策略在韦努蒂看来,"被用来强化目标语文化中的占统治地位的本土传统。"[①]这种说法乍看或许有些令人困惑,但通过举林纾翻译莱达·哈葛德的帝国主义小说的例子,韦努蒂的观点就一目了然了:"站在君

---

① Lawrence Venuti, *The Scandals of Translation: Towards an Ethics of Difference*, London: Routledge, 1998, p.189.

主思想的立场上进行的中国化翻译最终蚕食了帝国主义文化。"① 不过，临时利用外国观念制造中国君王依然受到西方人崇拜的幻觉并非韦努蒂声称的归化策略，应是一种本土化策略。这种"大逆不道"的本土化行为旨在完全改变阅读哈葛德小说的感受。不仅包括文化差异在内的众多项目被有意删除，而且译者还超乎原作者可能的想象对它们进行本土替代。如此在文化层面改造的翻译大幅改变了文化叙事。

在特定的文本生成和接受的文化情境下，重要的文化或政治要求和诸禁，限制了译者翻译策略的选择。翻译任务的完成时常取决于本土实际影响和全球与本土间的互动。据道格拉斯·罗宾逊（Douglas Robinson）的观察：

> 译者接到某客户或某机构的翻译任务工作时，他须得判断文本类型、译本最可能的用途，以及什么样的规范将最可能左右客户对译文的评价。翻译时是否需要本土化——比如化英制测量单位为公制、改月—日的日期格式为日—月，凡此种种？是否属于回译？若是译者的话，应该尽可能地在句式上与源文本靠近，以向客户展示原译本是否翻译得当。其目标读者是一般公众吗？是为了说服吗？是否总体上的表达功能对等比把所有的部分都翻出来更为重要？②

翻译实践的条件受制于全球化带来的与日俱增的压力。在很多情况下，本土化确实可取，只是翻译的可靠性也随之产生了疑问。当然，很有可能一般普通读者更关心的是译本的可达性和可读性，而不是准确性。

如果前景化（foregrounding）本土作用，需要进一步考虑的问题是本土化翻译变动不居的特性。本土化对替代的注重胜过再造。两者自然也不是一回事：前者暗含目标语系统中存在可以轻松"匹配"源文本项目的选项，而后者则认为这种对应项并不存在，需要重新创造出本土替代项来填补相应空缺。此外，本土化也不同于迁移，尽管翻译行为本土化的对象是外来内容，也可能是相应的形式。语言民族主义（linguistic nationalism）便是翻译的本土化操作内容之一。据皮姆所言，"翻译常被视为本土化中很小的一部分，而本

---

① Lawrence Venuti, *The Scandals of Translation: Towards an Ethics of Difference*, London: Routledge, 1998, p.189.

② Douglas Robinson, *Becoming a Translator: An Introduction to the Theory and Practice of Translation*, London: Routledge, 2003, p.149.

土化偶尔则被看作翻译的细腻形式。不过,两者代表了两种潜在的对跨文化交流而言的对抗性方法。"①但还是要看如何协商复杂多样的标准,如何判定各种相关因素。毕竟本土化是对翻译的自然反应,只是必须抵制其将自身制度化的同质化倾向,因为从长远来看,对本土化进行制度化对本土文化弊大于利。

第五节 文化意义与全球本土化

人们日益感觉到翻译不应局限于纯粹的语言转换而忽视其跨文化维度。翻译似乎是一个自相矛盾的游戏:同时促进而又阻碍全球化。一方面,正是翻译使信息获得自由流通,进而快速推进全球化的进程;另一方面,它的功能又相当于文化过滤器,通过隐瞒和挪用的手段,阻隔抑或进行更为直截了当的跨文化交流。然而,也许可以说,本土化并非对异质他者性进行制度性的审查,在相当大的程度上,只是一种措施,帮助作为着重于目的的翻译策略得以顺利运作,其特征是强迫性的文化涵化(forced acculturation),实际上可以隔阻有意无意地文化一体论化。不过,翻译活动是一种整体(holistic)行为,同时包含了全球化和本土化,结果便是扩大了文化流通。各地的本土文化包含了威殊(Welsch)所言的文化跨越性(transculturality)。民族文化的概念也因此由文化跨越性和去区域化取代,随之更有可能体验到身份弹性。与翻译特别相关的是,关注文化意义的传递,更确切地说,文化意义的(再)创造的选择方式。

文化意义由联系(association)而生,具有不确定性。在不同的文化中,联系意义也常不相同,且由于翻译的缘故,文化意义常有变动的可能。据肯尼斯·艾伦(Kenneth Allan)观察,"文化意义的核心在于其'契约性现实',人们集体约定了某个特定的限制性意义。"②而这种(在源语文化)约定俗成的意义在目标语文化中又需经过再次集体约定,也就需要再次协商,意义也可能因此获得不同的阐释,文化意义的阐释也可能出现错误。找出和再生意义的困

---

① Anthony Pym, *The Moving Text: Localization, Translation, and Distribution*, Amsterdam, Philadelphia: John Benjamins, 2004, p. xv.

② Kenneth Allan, *The Meaning of Culture: Moving the Postmodern Critique Forward*, Westport, CT: Praeger Publishers, 1998, p. 88.

难正如雪莱·西蒙(Sherry Simon)所言,"文化意义并不存在于文化本身中,而在于协商的过程中,而这个过程又不断重新激活文化。"①

此中牵涉的是与翻译相关的两个文化系统间复杂而富有活力的互动。译者须理解"语言牵系于本土现实、文学形式和身份变动的方式"②。本土现实的变化因不同文化而异,且很大程度上决定着文学形式,这些形式与文化价值观和审美取向不无关系。文化意义归结到魅力十足却又令人困惑的文化细节。由于文化意义的指涉架构和文化形式的传统有关,译者似乎几乎难以克服这种文化意义的障碍,因为"每个文化的指涉点是独特的,某个特定的事件的意义因观察者的不同而不同"③。特别是翻译的殖民和殖民化的特性,使得它可能同时改造着两种文化。所以可以说,翻译一个蕴含丰富文化意义的文本不免有如临深渊之感。

翻译包含替代的表达形式的选择,在此过程中文化意义给人瞬息即逝和虚幻不定的感觉。正因为如此,对他者文化意义的离散想象必不可少,从而能让目标语读者感知并体验他者现实。为了这个目的,文化疆界被不断跨越,源语和目标语文化的本土特性的差异终至消失。

翻译在力求舒缓全球化中的世界主义(cosmopolitism)和民族主义之间日益增多的张力时,越来越显示出其连贯性和变化的特点。尽管如此,译者的多重属性意味着,哪怕最主张世界主义的译者也要留意牵涉民族眷恋的部分,结果便导致了文化全球本土化。译者置自身的文化翻译行为于全球语境下,以此来增加共有或共享的外部指涉,并开启了更为世界性的跨文化交流眼界。

然而,如果有些翻译涉及的是全球化的(一般是西方)和殖民化的文化,殖民和被殖民两者之间必定产生冲突。无论如何,翻译可能导致不同的交流形式出现,进而产生淡化了的单一文化。从另一个角度看,翻译的世界性眼界有助我们修改对本土与全球之间关系的认知。雷内·布姆肯斯(René Boomkens)在提到流行音乐与翻译的关系时谈道:

---

① Sherry Simon, *Gender in Translation*, New York: Routledge, 1996, p.138.
② Ibid.
③ Claire Villareal, "Cultural Relativity: My World, Your World, Our World", Vol. 64, No. 3, 2007, p.231.

流行音乐源自把各种本土文化内容和风格或流派以不同的版本形式翻译给全球受众，或把全球性的文化风格和内容，以及/或者把全球性的和全球化的音乐风格和内容翻译成本土的或区域性的音乐语言给本土受众。流行音乐家无须直接面向全球性的受众，但若要一直流行，就必须能用国际的或全球性的文化影响去改变、丰富或重组那些他们在新的"流行"演绎中所使用的本土传统。[①]

在全球语境下，目标语读者的构成也有相当大的变化。这种本土—全球—本土的连接影响深远，表明了全球化使各种形式的文化在互动中碰撞交融，然后再丰富本土文化。由全球到本土，再由本土到全球，如此往复若无严重阻碍，将能产生文化杂合，可以为解决全球和本土之间的张力和冲突带来多元化的解决方式。

文化差异给翻译带来持续性的挑战，而随着日益增高的全球意识，文化概念也不时地要修改和变化。全球化的文化后果，无论从正面还是反面来看，常归结到译本所致。看似如洪水猛兽般的文化全球化至少有一种实质性的积极影响——约束同质化的民族主义。毕竟，从中国的跨文化交流实践来看，民族文化从外来（常指西方）专业知识获益，又不至于经历文化意义上的流离失所，是完全可能的。相反，单一同质文化的隐患十分明显：中国曾长期隔离于世界之外——即使偶尔引进外来文化，也是被本土化到面目全非的地步。显而易见，过分强调文化保护主义从长远来看对本土文化是有害的，而支持文化改造无疑才是丰富、扩展本土文化的理性选择。

由翻译引发的从本土视角出发的重新语境建构能激活目标语文化应对异己知识系统的潜能。要使译者"发现"并激发目标语的潜能，积极的跨文化态度必不可少。关于这点，戴维·赫维（David Harvey）有关他自身体会的论述值得一提："翻译要求我尽可能忠实地表达别的语言中所表达的意思并同时丝毫不放弃本人母语的表达力。恰到好出的翻译可以展露母语的潜能，从而改变其意义的平衡。"[②]语言和文化上或大动干戈或温和微小的改动能对目

[①] René Boomkens, "Uncanny Identities: High and Low and Global and Local in the Music of Elvis Costello", *European Journal of Cultural Studies*, Vol. 7, No. 1, 2004, p. 73.

[②] David Harvey, "Considerations on the Environment of Justice", In Nicholas Low (ed.), *Global Ethics and Environment*, London: Routledge, 1999, p. 122.

标语文化产生或明显或隐蔽的效果。在同化和调适之间翻译必须求得某种平衡,同时对文化意义的细微差别做出区分。在目标语文化中原本不加鉴别的情景可能由此产生语义和文化的争端场,伴随的是译者对可供选择的或相互竞争的翻译方式的敏感度提高。细节要求愈多,则区分愈细,目标语就有可能由此变得更丰富和精确。

翻译创造了对不同现实的不同体验,这些现实又折射出不同的信仰和文化价值。在全球化的语境,文化翻译的真正挑战就在于既要调和这些不同的需要、利益、欲求和传统,又要在具体的翻译过程中考虑到本土所关切的内容。尽管文本的生产总是基于本土的,但其消费则可能面向全球。因此,如果源语文本被译成多种语言,或者翻译是在不同历史时期产生的,所经历的可能是不同的本土化方式,也就是说,翻译在某方面真正地象征了异质性和多元化。一般来说,目标语读者是抱有对另一种本土文化具体项的阅读期待的本土读者;阅读译本时,文化意义源自对文本中的文化现实的主观以及情感的体验。所以几乎可以肯定,文化意义高度依赖于跨文化交流,相异的文化传统间的互动使目标语读者——通过跨文化想象——分享他者的经历和感受他者体验。不容否认,分享另一个文化系统的人们的主观体验并非易事。随着全球化的不断深入,不同民族的人们接触日益增多,在特定时空中产生的翻译不断修正,甚至互逆"圈内人—圈外人"的视角。

翻译代表了文化再生的现实,其特征为日益的全球化而非美国化。异域影响在本土的可达度关键在于互文关系的重构,而普遍主义与特殊主义(particularism)之间的交锋可以同时振兴本土和全球文化。强势的全球影响对本土文本生产提出了巨大的挑战,本土对其应对的结果便是文化杂合。杂合的可能性之所以存在,是因为当一个知识体从源语文化转移到目标语文化时,对于目标语文化来说未必是全新或格格不入的。全球和本土之间的链接,一方面降低了身份的僵化性和排他性;另一方面也在全球本土化的影响下催生了多语境、多维度和多视角的环境。文化预设的不断变更,意味着翻译有时倾向本土化,有时倾向全球化。由于文本的文学性有时体现在典故引用,翻译中的意义建构行为就不免有生硬约简处理文化和文学指涉的风险。然而,随着全球本土化不断深入,以全球化时代本土操作的典型文化模式的翻译也因此获得了更好的生产条件。

结　语

全球化引发本土化,而本土化又常反映出对文化霸权的恐惧,同时又对全球化有着推波助澜的效应。显然,在很多本土语境下,全球性的解决方案并不可行,故此,反霸权的本土知识的重要性更为受重视。根深蒂固的文化取向以参与的方式在译者的改写实践中得以彰显。本土知识和实践减少了源文本中固有的文化上令人反感的特征。但翻译意味着文化改变,不管这种改变多细微或难以察觉,还意味着通过全球化促进本土文化的改造,以及通过本土对全球做贡献。全球和本土之间充满生机的互动以协商和调和文化差异为主要特征,以缓和文化张力,从而体现了在不断全球化进程中仍根置于本土历史的新的杂合的文化现实。

第三章 翻译与多元之美

引 言

　　翻译的历史之生命力源自何处？人类对跨文化交流的自然需求，其实是人类谋求生存和发展空间的需求，也是文化繁荣和社会进步的需求。对现代化、现代性及后现代的关注都催生了文化转向的主题的反复出现，理所当然的，现代化的文化形态成为学界关注的命题。20世纪80年代以来翻译研究的文化转向，并非偶然，除了自身学科发展的需要之外，与整个人文和社会科学的发展趋势也是相吻合的，众多的人文社科领域都不约而同地出现了文化转向。在某种意义上，"文化转向"可说是文化回归，因为整个人文学科在20世纪后半叶由文化的主题所占据，自欧洲的文艺复兴以来，文化的课题，及其形态、价值、历史等一直是知识界关注的对象。在更深的层次上，文化转向不仅代表着工具理性的选择，更是出于价值理性的需要。

　　毫无疑问，翻译有力地推动了中国现代化的进程，主要体现在对本土文化传统的改造和发展，其中最关键的是对文化思想的冲击，在以文化主题为经纬的当代思想领域里，呈现出冲突或消解后衍生的隐含异质并呈异变的杂合形态，无形中进行了一种跨文化、跨学科，多元互补的整体历史对话。翻译也使中国成功地走向世界，在更为广阔的国际舞台上，展示我们灿烂的民族文化。我们所处的是一个众声喧哗、多元共生的时代，故必须以跨文化的视野，才能有效地推进翻译事业的蓬勃发展。

第一节 文化翻译

　　虽然翻译对推动人类文明进程的贡献巨大，但却屡遭轻视，甚至歧视，这与跨文化交流的发展历程格格不入。究其缘由，可能主要是其复杂性和重要价值仍然不为人充分认识。翻译的挑战在于，在跨文化传播的层面上，提出了文化的传统性、当代性等问题,而文化翻译和文化传播又担负着文化启蒙和政治启蒙的双重任务,其中涉及文化政治的复杂性和不平等的话语权力。对文化翻译的性质进行审视和展开讨论,是当务之急的话题。与之相关的诸多问题也就不能回避了。譬如文化因素的在场与缺场,不仅是叙事的方式差异,更有文化政治的考量。一方面,狭隘的种族民族主义、文化民族主义、地域民族主义情绪,严重地阻碍了跨文化交流的进程,但另一方面,对可能渗入了殖民主义因素的西方近现代人文科学我们应该如何应对?把他者话语内化为本土话语后,会有什么样的潜在意义?这一切都无不与文化翻译有着密切的关系。再者,由于普遍的文化价值的可能性一直备受质疑,对文化全球化的担忧也不绝于耳,文化翻译的重要性也就凸显出来了。如果要做到既要促进国际文化发展的多元化趋势,又要抵制文化霸权主义和文化部落主义,文化翻译的任务十分艰巨。文化翻译面对的是文化之间的相互竞争,以及文化民族主义和多元文化主义之争,由此而生的文化身份的复合性与异质性,可使文化翻译陷于深刻的危机。

对于人类学者来说,重构语言的文化意义至关重要。当然历史语境和社会情境对于考察文化过程(cultural processes)的方方面面也是必不可少的,因为"社会是话语者行为及被行为的文化条件"[①]。然而,有关文化翻译定义,至今尚不明确。最初的说法是,文化的翻译(the translation of cultures),是社会人类学的常用语,自20世纪50年代起就成了描述社会人类学主要任务的代名词。早在1954年,戈弗雷·伦哈特(Godfrey Lenhardt)在《思维方式》(*Modes of Thought*)一文里便使用了社会人类学的核心词——翻译。但他指的并非语言本身,而是指蕴藏在语言里的"思维方式"。语言与文化当然不可分离,但亦不可混同。于是后来"文化翻译"(cultural translation)在人类学里成了核心概念。不同的文化群体对某一特定文本有不同的解读和反应,因为无论准确与否,在现实中,往往译本的意义成了真正的意义,所以阿萨德(Asad)称:"一切成功的翻译"都是以"一个具体的生活方式为前提"。他又进

[①] Talai Asad, "The Concept of Cultural Translation in British Social Anthropology", In James Clifford & George E. Marcus (eds.), *Writing Culture: The Poetics and Politics of Ethnography*, Berkeley: University of California Press, 1986, p.155.

一步指出"这个生活方式越远离原作,再度生产也就越不机械僵硬"①。这就意味着文化翻译与传统的语言翻译相距甚远。有关翻译的实证研究也能证明这一点,尤其是以目的论为核心的功能主义翻译观更可以支持相关的说法。正如阿萨德所言,翻译毕竟是让"读者阅读另外一种生活方式,而不是去掌握采纳一种生活方式"②。译文采用机械的直接对应似无必要,亦于事无补。在这个意义上的"文化翻译"还是传统的以目标语为主导的翻译途径,与归化翻译殊途同归。

当下意义上的文化翻译,是完全不同的。据特里维迪观察,这个术语是如此之新,乃至在任何一本翻译百科全书都无其条目,而且从事翻译研究的人甚至没有注意到"文化翻译这个术语已经存在了,尤其是在后殖民和后现代的话语里……"同时他又指出,文化翻译与"文化的翻译"(the translation of culture)毫无共同之处③。然而,他又追溯到霍米·巴巴《文化的位置》(*The Location of Culture*)里所提到的有关翻译与文化的关系:"翻译是文化交际的施行本性(the performative nature)。"④特里维迪坚持认为巴巴的文化翻译是一个宽泛的概念,不囿于来自两种语言文化的两个文本。⑤

问题在于我们如何解读巴巴对文化翻译的定义,进而判断我们讨论问题的语境是否和他的定义一定有关联或有一定的关联。按照特里维迪的理解,巴巴的"文化翻译"无非指的是迁徙(migration)和离散(diaspora),⑥他把文化翻译与翻译的文化转向对立起来,哀叹道:非但没等到文化转向,等来的却是文化翻译,⑦而文化翻译预示的是跨语翻译的终结。⑧ 特里维迪如果不是刻意

---

① Talai Asad, "The Concept of Cultural Translation in British Social Anthropology", In James Clifford & George E. Marcus (eds.), *Writing Culture: The Poetics and Politics of Ethnography*, Berkeley: University of California Press, 1986, p.156.

② Ibid., p.160.

③ Harish Trivedi, "Translating Culture vs. Cultural Translation", In Paul St-Pierre & Prafulla C. Kar. (eds.), *In Translation—Reflections, Refractions, Transformations*, Amsterdam & Philadelphia: John Benjamins Publishing, 2007, p.282.

④ Ibid., p.228.

⑤ Ibid., p.286.

⑥ Ibid., p.277.

⑦ Ibid., p.282.

⑧ Ibid., p.277.

地危言耸听,至少也有故作惊人之语之嫌。事实上,许多学者并没有被巴巴的特殊定义束缚,仍然在跨语翻译的框架内讨论文化翻译。文化翻译由翻译的文化转向自然演变而成。如有学者在另一广义的层面上使用文化翻译的概念,阿肖克·贝里(Ashok Bery)所指出:"任何理解另一文化概念性系统的企图——即使是所论及的文化在文化、政治和经济实力大致相当——都会涉及翻译。"[①]卡波内尼(Carboneli)称"需要一个文化翻译成系统的理论",同时也认为"文化之间的接触"便会产生文化翻译。[②] 后殖民翻译理论尤其关注文化翻译,重点考察文化差异和权力关系的不平衡。文化翻译不仅仅是文化传真——其实严格意义上的文化传真是做不到的,也不是简单地传递文化信息,或重建文化形式。关注翻译过程中的文化变迁和对相关文化现象进行比较,构成了文化翻译的主要特征。思想信仰、价值取向、社会观念、行为方式在不同的文化脉络和意义系统中,可能大相径庭。

伴随文化翻译的是一个复杂的谈判过程,但凡是谈判,不免讨价还价,不做出一定限度的让步是不成的。不同的译者自有不同的谈判策略,妥协的方式也不尽相同:有的看似咄咄逼人,铢锱必计,有的则显得含蓄婉转,以退为进。但从交际效果计,必有一定程度的协调和回旋,于是便挥师到巴巴所言的"第三空间"。取舍之间不易平衡,难免不费一番斟酌,不同程度的文化杂合也在所难免。但巴巴所论是以后殖民研究为出发点的。作为当今跨文化研究中最为盛行的理论,后殖民主义大有取代从意识形态角度看翻译之势,而且凡是与翻译政治相关的内容似乎都可理所当然地纳入后殖民理论框架内,实际的情形当然远非如此简单。巴巴反对泾渭分明的二元对立的理论模式,揭示了文化之间复杂的互动、越界及改造方式。他对殖民者/被殖民者相互渗透的状态的论述对翻译研究颇具启发性,但无视本土历史环境,动辄不分青红皂白将文化翻译置于后殖民语境下对待,似不足为训,无助对有关问题的深入探究。

翻译的政治与特定的文化、政治方面的需求有着或多或少的联系。不同

[①] Ashok Bery, *Cultural Translation and Postcolonial Poetry*, New York: Palgrave Macmillan, 2007, p. 6.

[②] Ovidio Carboneli, "The Exotic Space of Cultural Translation", In Román Álvarez & M. Carmen-Africa Vidal (eds.), *Translation, Power, Subversion*. Clevedon: Multilingual Matters Ltd., 1996, p. 79.

国家和民族的历史发展和社会环境以及道德伦理和民俗风情等方面都存有差异。有时尽管也许不乏相似之处，但由于文化传统和政治生态方面不可避免的差别，简单等同彼此间的文化价值显然是行不通的。把翻译视作一项政治任务或文化使命颇为常见，并可能在一定程度上造成强化或淡化文化翻译。而另一方面，把文化翻译视作和谐的多元撒播之行为，未免过于理想化，但不失为各国之间交流的追求目标。翻译经常处于中间状态（in-betweenness），是游走于不同文化间的空间符号。这种状态提供了文化杂合的先决条件，亦是不同文化间互动互补的表现形式。杂合、内化、改造、重构是文化翻译的必经过程，而文化翻译加强各种文化间的互为参照、互为补充、互为逾越，逐步建立起平等对话的机制，以实现不同文化的多元共存。文化翻译涉及非常复杂的动态过程，跨文化理解的重要性也就不言而喻了。一切取决于文化心态及如何调整文化心态，而无论是罔顾及淡化文化色彩和对源语文化形态的"忠实"复制都不是文化翻译。

文化翻译最为关注的是文化差异，以及由文化差异产生的误读、误解和误差。第三世界的知识分子从后殖民的角度看文化差异，因为切肤的体验，对差异的感知更加敏锐，对不平等的从属或附庸的模式具有更强烈的批判精神。但对文化翻译的讨论似可以摆脱出后殖民理论的窠臼，至少不必局限在其框架内。无论是文化层面的对话还是对抗，在全球化的语境下，翻译势必扩大到文化领域，成为文化的信息载体。通过文化的交往和对话，能够获取丰富的异域文化意义。文化对话充满了张力，其中不能不涉及政治性因素，包括文化价值、身份认同、文化属性等。翻译作为跨文化交流的主要手段，很难想象可以游离在外，不受复杂文化政治的影响和约束。翻译研究的文化转向，决定了人们关注的焦点转移到文化翻译的性质、过程、规律等相关方面，可以更好地揭示文化与翻译之间的密切关系。

文化翻译与跨文化翻译，虽一字之差，但有重大区别。如果说后者注重的是跨越文化差异，前者的重点则在直面差异，更为直接地涉及文化冲突与融合。在文化全球化的影响之下，文化普遍主义和文化相对主义的认识论经历了大幅的调整与修改。对文化差异的正确认识，有助于推动多元文化的发展，并通过文化参与，促进多元互补、互动，有力地克服狭隘的文化民族主义。文化的多元共存并不容易，文化霸权主义以及文化殖民主义仍有当道的可能，文化翻译的使命，无论是实践还是理论，意义都十分重大。但随着翻译活动的普遍开展,跨文化视野得以逐步建立,外来文化与本土文化进一步杂糅融合,聚沙成塔,集腋成裘,就可能形成世界多元文化格局。

第二节 文化阐释

一般而言,翻译要译出意义,这似乎最明显不过了,但源语文本里所蕴含的文化意义符号矩阵,在翻译过程中除了易遭忽略外,还难以复制和重构,故此常有损失。毋庸置疑,文化解读是译者的重要任务。在与文化关系最为密切的文学翻译里,尤其是诗歌翻译中,要翻译的绝不仅是意义。其中的难度在于,表象意义固然重要,但未必自动唤醒文化意识,从而产生相应的文化意义,因为沟通和审美的障碍大都由文化差异而生。跨文化交流的一项重要内容在于文化体验。许多文化形式是生动鲜活的,却往往让译者束手无策。若勉强译出,目标语读者的认同体验肯定大不相同,文化审美的落空标志着文化翻译的失败。故此,翻译必须进行文化阐释,以便于对文化意义的透视和重构,而文化意义的获取则必须基于文化参与和互动之上。

严格地说,任何意义本身都是值得怀疑的,文本的准确意义可能难以破解,或者即使意义被解码,要通过翻译表达出来仍然十分困难,因为所涉及的两种文化未必共享这些意义的体系。解构主义对意义稳定性的怀疑态度使翻译变得尤为困难。倘若原作本身直接明了的话,阐释的不确定性及模糊性也就消除了,翻译也因此而较为直截了当。对译者而言,第一要务是确定翻译的对象,即译什么,然后再确定更为重要的翻译策略,即怎么译,然而二者均与意义以及意义的产生(再现)紧密相连。意义的根本在于阐释(字面或表面意义除外),阐释的目的是为了获取和解码意义,至少接近意义,同时还要考虑到已知的源语读者反应和预期的目标语读者反应,以及他们之间由于文化语境的差异可能产生相左的解读张力。目标语读者如果缺乏必要的互文视野——已是司空见惯之事,便无法靠想象力去填补"意义空白",但如果译者因此而越俎代庖,目标语读者的阅读体验,就打了折扣,跨文化对话也难以展开。

阐释与翻译有着密不可分的关系。阐释是为了信息的有效播散,使文本意义变得更清晰一些,从这个方面来看,阐释与翻译有所不同。意义本来已经够复杂了,翻译又使其变得更为复杂,除非为了好懂而把译文弄得平铺直叙。在翻译过程中,由于文化语境以及阅读期望和条件的改变,植根于原文的一般意义演变为文化意义。脱离了原来的文化语境的文本,置身于不同的文化语境下,往往会产生不同的文化意义。一般而言,语义难以传达之处往往是跨文化交流的难点。然而如果翻译的对象仅仅是对语言形态的诠释,那语言形态本身就可以忽略不计吗?文化阐释不能绕过蕴藏着文化价值的语言形态。肯尼斯·艾伦指出:"文化意义的核心在于'协议现实',人们集体地就一个具体而有限的意义达成协议。"[1]在文化意义上的翻译,即使采取异化的策略,也不可简单从事,只顾及表象意义,而需以小心翼翼的阐释为基础,或者谨慎估量目标语读者对于阐释的接受情况,因为文化现实发生了改变,而原有的"协议现实"在目标语文化中自然不存在。故此,需要强调的是,异化并不等于字面翻译或逐字翻译。翻译的适当与否在很大程度上取决于阐释是否合理可靠,同时还要给目标语读者留出适度的阐释空间。但由于在不同的文化和语言环境下,要体会言外之意或许不太可能,因原来的时空和阐释条件已不复存在,故译者适度的文化干预是必要的,以做到意义或大致相同的意义在译文里再现。翻译对历史文化语境的不断修正,表明话语生产权力的转移以及表述方式的修正。在许多情况下,翻译活动需要重构而不是简单的意义再现。翻译不再以所谓的客观同一性为基础,而是一个主体间性的交流过程,在此过程中,身份的建构以及主体之间的关系,被诸多潜在的文化政治因素所激活。

　　文本中某些部分出现的词汇或语法的不确定性需要通过阐释和评估来消除,译者也就不得不应对这些不确定性。然而,译者应意识到因翻译而造成的语义改变的可能性,并设法帮助目标语读者捕捉相关的文化意义。因此,译者在有关翻译行为的现实情况下鉴定相关施行参数时,甚至需要阐释自己的译作。此外,在体现文化价值的目标语内在限制内,对预期出现的结果进行灵敏度分析。正如塞缪尔斯(Samuels)和迈克冈(McGann)指出:"如果说编辑是表述学问方面的范式,那么翻译也许就等同于对阐释的批评。"[2]既然解码符号常常是一种发生在主体间的行为,在决定翻译策略之前,我们就应该首先明确译文可能产生的令人不安和招惹是非的后果,做到心中有

---

[1] Kenneth Allan, *The Meaning of Culture: Moving the Postmodern Critique Forward*, Westport, CT: Praeger Publishers, 1998, p. 88.

[2] Lisa Samuels and Jerome McGann, "Deformance and Interpretation", *New Literary History*, Vol. 30, No. 1, 1999, p. 34.

数。翻译的根本在于阐释,而阐释无论是在翻译之前,还是翻译的过程中,都扮演着举足轻重的角色,也许还能决定译作的接受状况。

实际上,译者寻找意义的行为是一项关键性的(再)阐释活动,不可否认,意义或许会独立于原作者的意图。作者与译者的意图各异,这显然意味着两者在各自的文本里的行事方式往往有所不同,并且由于各自的意识形态、政治动机,甚至由于语言和文化的需求不同,两者的行事方式更可能大相径庭。如果作者与译者的意图存在本质上的差别,乃至不可调和,后者较容易占上风,具统摄性作用。这一切与接受的文化环境不无关系。有关译者主体性的讨论始终是学者们关注的课题,原因正在于此。但相关的文化环境以及人文传统对译者和其行为方式的约定和影响,同样不可小觑。

文化语言可能多变并具欺骗性,然而在某一特定语境下,无论是历史的,还是社会的,抑或是文化的,意义具有相对的稳定性,其可驾驭性使翻译成为可能。翻译的复杂性部分源自译者作为读者和翻译文本的作者之双重身份,其读和"写"的行为均以对原文的阐释作为基础。译者处于与作者和目的读者的双重对话中,因而译者既是个人读者,又是大众文本的(再)创作者,其身份带有文化和语言的双重性,这又恰好反映了翻译的双重性质:既可被视为原文的延伸,又可被视为原文的"复制"。即使我们认为意义不能完全与意图分离,但简单地把意义与作者意图挂钩显然是站不住脚的,因为语言很容易超越作者的原意,况且在作者意图无法证实或复现的情况下,原文的线索也许只能支撑某种解读,进而为某种适当的翻译策略提供支持。基于同样的理由,不管译者意图如何,译文的解读也需要借助目标语文本的表面形式进入。文字几乎不可能变为私有形态被作者、译者据为己有。文字既可能不足以让作者和译者充分表达其意,但同时又可致成赘疣:要么言过其实,要么词不达意。此外,原文与译文的产生过程截然不同,各自目标读者的文化背景也有差异。但无论如何,不管是作者还是译者意图,都影响并决定文本的阐释和解读方式。

作者与译者之间的关系是相互依存的,但并非一定很融洽。译者偶尔会有意无意地决定断绝或中止这种关系。翻译如阐释性过强,文本中的某些细节也许不能得以充分再现,这些地方要么不可译,要么被刻意抑制,或者遭大幅改动。阐释可能是任意和多变的,倘若如此,所产生的译本文本可能较为粗糙拙劣,好似经过简化处理。所以阐释性的翻译往往不被看好,因为这样的翻译几乎与释义无异,阅读所固有的直接感降低了,也让关乎外界的语义指向受损。译者作为一名积极参与的读者,在阐释过程中的作用至关重要,他(她)必须考虑目标语中有何种修辞手法可以供其调遣,并决定在多大程度上保留或再现或改造原文特有的表达方式。在现代翻译研究中,译者不再被边缘化或视为被动,因为他/她具有双重身份,既是读者,又是代理作者(至少是作者代理)。翻译不一定次于原文,译文也许更胜于原文,更确切地说,仅仅是个跟原文不同的版本而已。原则上译文仍须再现原文的内容和形式,以表明两者的呼应关系。随着作者与读者的权力关系发生变化,译者的地位也相应地在改变。

翻译不但与字面和文化意义的表达与再现相关,也与意义在各自文化体系内的认可度和可接受度相关。由于规范既是公开的,又是存在于主体间的,翻译自身的复杂性要求译者尤其关注文化政治语境。由于历史和文化的因素,原文某部分的预期或推定的"真实"意图无疑会超出其字面意义,此刻译者有责任"解释"这部分字面意义以外的意图。就算原作的部分只有片鳞半爪可作依据,而且真伪莫辨,在通常情况下,译者难有回避的机会。另外,由于同时需对源语与目标语文化负责,译者的阐释不仅存在风险,而且在一定的文化政治语境下(无论是源语还是目标语),阐释都可能出现差错,风险可说是文化翻译的常态,而文化翻译又不可能回避文化碰撞,即直面文化异质,所以常常举步维艰,进退维谷,但文化的建构、丰富和发展恰是与文化探险相伴而行的。

译者意图与其自觉的文化政治敏锐性不可分离,引致不经意的所有权复杂化或发生改变。译者主体性被政治化的程度有所不同,而文本又受到带有政治动机的阐释影响,于是阅读演变成为一项政治活动,其文化约束力随之明显减少。草率的阐释可以说有双重的危险:(1)错误阐释及不足或过度阐释;(2)目标语读者由于被剥夺了解原文直接并带异质表达的阅读体验而造成将整个文化意义弄拧。译者仅仅顾及文本的表面意义显然不够,如要深入钻研,他/她还应仔细推敲。尽管存在互文性,但每个文本都有自己的建构范围,这就意味着它并不完全容许天马行空的任意阐释,无论其阐释在目标语读者看来在文化和政治上有多么可取。正如阅读或阐释一样,翻译也易于变成政治行为。外来文本的表面特征不仅能被立即发现,有时候甚至是"强加"给读者的,尤其是当文本经历异化翻译的时候。在获取文化价值方面,异化是强制读者接受异质和差异的一种方式。

此外,阅读必然带有文化寓意,如果字面意义被赋予与作者设计意图完全不同的解释,文化误读的问题就会随之而来。在跨文化交际中,基于不同的文化或政治价值观的各种阐释纠缠不清、互不相让的现象司空见惯。我们还要时刻谨记文本总是在一定的社会和文化环境下产生的,其作者必然受其影响和限制,译文又是在一个不同的社会和文化环境下产生的,故也受到文化和政治因素的影响。译者解读文本应超越表面意义,不受原文表现意义干扰。译者潜在的设想以及态度会影响其阐释与翻译。但无论如何,合情合理地阐释特定的原文是可能的。简言之,阐释不足会导致翻译不足,而阐释过度又会导致翻译过度。翻译引致并推动跨文化交际,译文从原来的语境被移植到另外的语境中。故此,在翻译的过程中,译者应对产生原文的文化语境给予足够的重视和尊重。

第三节 文化语境

阐释必然在一定的语境下进行,语境在催生阐释的同时也在限制阐释。意义会随语境发生改变,翻译置文本于不同的文化语境下,由此引发不同的文化阐释。语境决定意义的功能,也与跨文化交际密切相关,既然翻译提供了不同的文化语境,对这一新语境的再定义功能决不可忽视,因为意义或许会因此而发生改变,导致对译文产生不同的解读,进而关系到译本的接受。另外,阐释多是把文本中的某一部分与同一文本(或其他相关文本)的相关部分联系起来。就此而言,跨文本和跨文化知识至关重要,译者必须加以了解和掌握。在探求(跨)文化知识和相互理解的进程中,不可避免会碰到文化局限性的阻力,需加以辨认或设法消除。

如果历史、文化、政治和文本(所有的这些因素都直接与跨文化交际相关)语境或上述之和都是由作者提供的,那么我们可以合理地认为作者意图至少能部分得以再现。即使翻译需要重构语境,也应以至少部分还原原文的历史和文化语境为目标。当然在翻译史上也出现过罔顾原文历史语境的例子。这样目标语读者在阅读译作时就不必重构文化历史语境;但另一方面,语境重构也易于使阅读脱离历史——并因此产生时代错误(anachronism)。尽管如此,认为作者与意义毫无关系仍然是难以想象的。赫施(Hirsh)所竭力推崇的意向论的极端情况,就是文本意义显然与作者意图相一致,为了证明阐释的有效性,他还暗示作者意图可以完全复现。无可否认,在某些个别和直截了当的文本中,不排除上述可能性。鉴于该论点有时的确显而易见,情况变得异常复杂棘手:作者意图及改变了的文化环境,加之进退维艰的译者,还有思维定式有所不同的目标语读者,所有这一切可使得翻译的结果缺少稳定性,使之愈加复杂微妙、变幻难测。翻译包含了外来文化的移植与本土文化的承传,其结果不可避免的是两种文化的叠加与交融,译文中的话语混杂逐步构成了多元文化的特质。

在诸多因素中,译者应考虑其目标语读者的阅读态度是同情、中立还是含有敌意的。他们是见识广博、懵懂无知,还是持怀疑态度呢?与此相关的跨文化阅读心理也是十分重要的。正如原作者那样,译者对作品负有社会和政治责任。他/她翻译的是其所理解的,为了弄清楚原文的意义,他/她会使用一些阐释的手段以进行翻译。然而这需要超越文化相对主义,并建构文化间的联系。在跨文化交际活动中,有关主体性和权力关系的关键性问题需要加以重视。不同的文化语境表明作者和译者的关系从来都不是一成不变的。尽管受到文化和政治上的种种牵制,译者还是有一定的回旋余地,整合源文化中的异质元素,形成具连贯性和可读性的目标语文本。若同一原文被翻译成不同语种的译本,因文化语境的不同,不同译本的出现可说是不同文化的必然产物。翻译本身就是从原文语境剥离出来的——这里指原文的历史、文化和社会语境,然后通过再造语境,使之再度产生意义。翻译几乎不可能完整再现原文的历史和文化语境,而要在目标语文化体系中呈现异质的文化视角也绝非易事。

译作的接受涉及对所谓外来的"糟粕"经过文化、政治上的再调整,甚至摒弃,无论基于什么理由:在文化上不合时宜,在政治上不受欢迎,或者在商业上无利可图。可以说,真理总是相关的(relational);即是说,真理总是与主体间活动的社会和历史定位有关,唯有在与目标语读者特定的文化政治现实中方可显现。意义产生于主体间的交流,因为没有什么言论是彻底独立的。不论原文实际讲了什么,译文意义完全由目标语读者来建构或判定。这不仅仅是跨文化所谓对等的问题,即在目标语的文化参照系中找出适当的对等相似部分。在一特定的语境下,如果抓不住原作意图的意义与不把原作者的意图太当回事不无关系。故此,大多数译者或许无法完全逃避这样一个问题:"文本究竟讲了什么?"这个问题也许显得很幼稚,但指出了文字的功能——

它们必定会扮演相应的角色,交流或表达某种东西,不管其内容如何。

语境化即本土化,同时也是界限划定,因为意义仅能在特定的语境中得以确定。正如伯克(Burke)所言:"语境往往被认为是本土的,但'全球语境'的观点也大行其道。也许我们该问,那什么不是语境?"[①]文本有时候只提供最低限度的语境和说明,此时译者必须仔细思考,在复杂的文化语境之下该做何种处理。然而从广义上说,当一个文本被译成目标语时,一个不同的文化语境,无论多么不明显,往往应运而生。意识到这一点对于理解翻译如何运作尤为重要。按照伯克的观点:

> 虽然语境化思维总是明智的,但在分析文化或思想史时,语境化应被视为其中的一种而非"唯一"的方法。无论如何,我们对于语境的思考应是多元的。这不仅意味着语境是当复数用的,而且要谨记发问:该词语、行为、对象可被置于其他什么样的语境下?某些意见、对象、陈述或者事件,当初均认为其置身的语境是"唯一"的,后来又是怎样被赋予多重语境的?[②]

无论如何,翻译促成了文化语境的多元化,而语境的定义功能使文化阐释和理解成为可能。首先,语境化使译文在字面的层次上具可阐释性。其次,翻译不可避免地与文化语境化相关联,而语境化的建构方式又必然影响意义及其解读,最终影响到文本的接受。翻译可能建构出完全不同的文化语境,因而产生其他的阐释或理解。在特定的语境下,某些原本可接受的东西也许就变得难以接受了,反之亦然。阅读译作的体验也许会改变读者的文化身份,当然不一定就能使其变成该文化的局内人,因为文化知识的欠缺情形不可能在一夜之间得以改变。正因为如此,某些观点从一种文化语境被转移到另一种文化语境时,由于缺乏恰当历史和文化语境,有可能被完全误解。翻译需要运用另外一种包含现有文化指涉的语言。我们需要一种分轻重缓急重新安排的方法来启动文化阐释,旨在建立起译文的关联度,并使其达到一定程度的通顺和晓畅。

幸而在多数情况下,原文的文化语境与目标语文化语境往往有足够的相

---

① Peter Burke, "Context in Context", *Common Knowledge*, Vol. 8, No. 1, 2002, p. 171.

② Ibid., p. 174.

似点或相通处,因此我们在阐释时至少有可能不必太费劲。目标语读者在没有译者的帮助下也许无法阐释某些方面。这些活动必然是在特定的文化语境下发生,更确切地说,是发生在从单一文化环境转化为多元文化环境下。翻译需要重构语境以避免移植语境,因大量提供额外的历史和文化信息的做法是不现实的——对目标语读者是一项难以承受的文化负担。与此同时,人们易于夸大植根于文化特殊论(cultural particularism)里的差异,这也许表明我们不情愿寻求共同点,甚至会产生危险的看法,认为别人跟自己根深蒂固地不同。然而,在许多情况下,毕竟人类之间是同多于异的——如在文化和社会方面。从根本上重新语境化引致失真和规避,因为语境线索有助于获取联想信息,进而使我们获取并解码潜在的互文指涉。

当目标语读者需要弄懂晦涩的语言和克服文化障碍时,语境化或/和语境重构是必需的。由于语境在很大程度上取决于文本的线索,各语境因素可以从历史、社会、文化、政治以及全局的方面加以考虑。通过(重新)建构语境以获取文化政治意义为(再)阐释译文创造了条件。关键的问题在于,变化了的文化政治语境是如何塑造并改变意义以及译作的文化政治内涵。语境的改变削弱了潜在的抵抗,同时也使翻译中的文化复杂性永久存在下去。对于文化语境的考量不能脱离全球化的大语境,也不可忽视长期的文化霸权所引发的严重后果,即代表着趋同单一性的文化全球化。我们的文化自觉应该有一个全球的视野,唯其如此,方能对自身所处的文化环境有足够清醒的认识。只有把握好文化语境,翻译才能帮助目标语读者捕捉和体验文化变迁的多重丰富含义。

第四节　文化形式

不可否认的是,在一段相对较短的时间内,某种文化究竟能够吸收多少外来影响而不至于被淹没是有一定限度的。某些外来影响即使初时被视为有益并大受欢迎,后来也可能变得难以容忍。对外来文本的文化开放程度取决于意识形态或政治因素。同样,尽管文化和政治上的挪用与同化无所不在,而且看似不利于跨文化交流,但这种挪用与同化实际上有助于增加外来文化的接受。有鉴于此,为了改善译文的文化接受,译者需发挥文化主体性,进行跨文化交流调整的协商。多元主体性塑造个体理解,了解这一点,有助于阐明文化政治意义的不确定本质。概而言之,翻译的对象其实不是信息,而是经过解码的信息,以便让目标语读者发现以前没有经历或体验过的事物。面对翻译的文化心态是充满矛盾的,既有被动因循的一面,也有求新求变的一面。

作为一种文化的局外人,目标语读者也许很难理解翻译文本中所表现的某些令人困惑的历史和文化指涉,以及某些奇特的语言结构。语境重构,在某种程度上,能允许目标语读者保留其局外人的身份,译文的意义要么不那么明显,要么呈现出不同的(可能是令人耳目一新的)意义。文化疏离感表明了目标语读者在总体上缺乏欣赏源文化特质的移情共鸣。即使在政治禁忌和文化保守的敌对环境下,译者为了帮助译文读者弄懂那些初始看似难以理解的内容,以获取译文的接受度,就要进行一定程度的文化改造。这是一个去陌生化的渐进式嬗变,并在原文和译文之间建立必要的文化关联的过程。翻译是文本的再读,目的是将其转移到不同的文化和政治环境中。文化意义是在特定的意识形态和文化语境下产生的,因此阅读译作是一种独特的文化体验。一旦目标语读者在阅读译作的过程中碰到文化或意识形态方面不合意的东西,他们立即面临挑战。有人说人类的文化见解都是严格意义上相对的。虽然我们知道这一观点如果不是明显的不实之词,就是被不适当地夸大了,但由于不同的文化历史,某些"特定文化"的确没有普遍性,况且在目标语读者看来,植根在译文中的这些内容在文化上是不合时宜的,这又促使人们走向文化相对主义。

在一定程度上,可把翻译比作一项破坏和改造活动。需要破坏的正是不可译性,使其为目标语读者群所接受;当然有时候译者要承担起教育目标语读者的责任。然而,译文的文化和政治上可接受性,以及其翻译的方式,在很大程度上取决于相关文化政治的条件。因此译者在必要时不顾翻译的使命,用文化政治因素作遁词也纯属正常。巴斯内特指出,"本源(origin)经过了详查,德里达和坎普斯(De Campos)在重读了本雅明的文章后,形成了有关翻译的概念,翻译因翻译诞生于原作之后,变成了原作。"①在其著名的《译者的任务》一文中,本雅明提出的著名论点是,文本的生命延续要依靠翻译。他认为

---

① Susan Bassnett, "The Meek or the Mighty: Reappraising the Role of the Translator", In Román Álvarez & M. Carmenfrica Vidal (eds.), *Translation, Power, Subversion*, Clevedon: Multilingual Matters Ltd., 1996, p.22.

如果没有某种"改变"(transformation),即"原作经历了某种改变(the original undergoes a change)",就谈不上原作的"后起的生命"(afterlife)。① "改变"也许包含自然的"变化",但更多是主动的"改变",因为本雅明在同一语境下还用了"更新"(renewal)一词。延伸开来,此处的"改变"亦可有"改造"之意。

但该生命是否可能,其生命力又如何,则必然与译者的主体性有直接的联系。译者的能力如何,他/她是否愿意尽职等,这一切都是相关的问题。transformation 既可以是形式的改变,也可以是性质的改变。但就文化翻译而言,首当其冲的便是形式的改变。把文本从一个能指形式变换到另一个能指形式,并把它从一个文化语境输送到另一个文化语境,于是便可能使同样的能指形式负载不同的所指意义。移入在翻译中默默运作的机制,有时不免与源语文化的基本文化政治价值观发生对抗。文化和政治的态度和关系清晰可见,不同的文化和政治设置规定了翻译策略的形成。凯瑟琳·海勒斯坦(Kathryn Hellerstein)主张"翻译行为是取舍的最高艺术形式",而且"译者必须不断地周旋于冒险和妥协,原创和合作,个性和群体之间。"她进一步指出:"与其选择直译还是意译,做爱国者还是叛国者,不如说译者必须创造更多词汇……"②这些新词汇为译者创造更广阔的文化和政治空间去表达自身群体的文化和政治关切,并从不同的政治视角审视跨文化问题。

文化形式的改造意义是多重的:为克服不可译性,进行文化形态的改造,使其与目标语的规范系统趋于吻合。朗吉诺维克(Longinovic)声称:"与全球持续的接触允许某一特定的文化翻译行为,重点放在搜寻那些某些文化认为不可译的地方。"③外来文化形式,无论经过怎样的本土化改造,总会对目标语文化造成冲击,即使不是直接的,也是间接的,不是即时的,也是长远的。且不说文化形式本身,对文化价值、思维模式、行为情感、政治信仰和社会观念,都可产生持久的影响。原作的不完全性(incompleteness)给翻译提供了改写、

---

① Walter Benjamin, "The Task of the Translator", In Harry Zohn (trans.), *Illuminations: Essays and Reflections*, New York: Schocken Books, 1968, p.73.

② Kathryn Hellerstein, "Translating as a Feminist: Reconceiving Anna Margolin", *Prooftexts*, Vol. 20, Nos. 1 & 2, 2000, p.192.

③ Tomislav Z. Longinovic, "Fearful Asymmetries: A Manifesto of Cultural Translation", *The Journal of the Midwest Modern Language Association*, Vol. 35, No. 2, 2002, p.11.

改变、改造的空间。无论原文还是译文的所谓自给自足的文化状态都被翻译打破。翻译促成了不断的文化碰撞与磨合,跨文化交流的非均衡性决定了冲突和张力的不可避免,但因而引起的张力本身就是生命力和创造力的源泉,也使译文在一个打碎了时间顺序的跨文化空间里,得以存活和延续生命。

文化翻译需要做的是,既不要使不同文化丧失其特色,又要考虑文化间的通约性,这就需要通过各种改造的手段,消除壁垒,化解冲突,打通疆界,不断挑战和改变文化的不可译性,促成文化的改造与更新。文化条件决定传送模式及改造方式,不同的文化政治考量和议程都会相互角力,构成权力关系的改变或对其进行改造。故此,文化改造不仅难以避免,而且几乎无处不在。文化改造在一定程度上为功能主义翻译观开启了方便之门,同时也会潜移默化地影响对文化他者的审美态度。文化翻译的目的是搭建文化对话的平台,其结果势必开拓新的文化空间,通过文化批评和文化批判,激活目标语文化,产生新的活力与创造力,在跨文化交流的基础上,推进文化创新,而创新往往是通过借鉴他人的经验和对其进行改造所取得的。

与此同时,原本遮蔽了的身份政治,可经文化翻译显现出来,致使译者文化归属转化为全球/本土二元对立的束缚;若要加以摆脱,需要文化的重新定位。在这个意义上,文化改造是双向的:既有对外来文化的质疑,也有对本土文化的反思,文化批判也是在双重意义上进行的。文化改造中不能排除文化暴力的倾向,文化对话和协商的必要性也就尤为突出。文化翻译的先决条件是跨文化,换言之,成功的文化翻译必须是有效的跨文化翻译,否则达不到文化交流的目的。跨文化翻译的"跨"字其实是可圈可点的。目前对 cross-cultural 和 inter-cultural 通常都译作"跨文化","cross"的确是"跨",如此翻译无可厚非,大抵是单向的,但"inter-"前缀,比"跨"要进了一大步,指的是文化间的交流,无疑是双向的,强调的是文化"间"的互动与交际。如此翻译反应的是背后的文化预设,但公平地说,在英文里有时这两个词也互用,并无明显的区别,但无论如何,其含义是不同的。"inter-cultural"有合作交流的意味,而"cross-cultural"是设法理解和表述另一个文化。自然,汉译"跨文化"亦有搭配、节奏等修辞的考虑,若有另一形式,需要一个约定俗成的过程。文化间的交流将不同的文化形式组合在一起,结果可能因杂合产生新的文化形式。文化翻译既包括某种程度的文化传真,也不可避免地导致文化改造,二者看似背道而驰,但并非南辕北辙。首先,适度的文化改造本身便是"文化传真"的必不可少的先决条件。其次,具一定可靠性和可检验性的"文化传真"同时也更具文化改造的功效(就接受的本土文化而言)。

如前所述,文化改造的结果是新的文化体的产生,杂合和流动的文化身份也会得以彰显。文化再生产的过程中开启了改造的可能性,亦可引致文化身份的改变与改造。文化民族主义和政治实用主义都可能以文化相对主义为幌子,而文化翻译的操作性也与译者的文化立场(position)和政治动机不无关系。在跨文化互动中,译者面对的是源语与目标语文化中主导的表现形式之间的权力关系可能出现的不对称。在缺乏语境参照系或只有部分参照系的情况下,认真考虑翻译中的意义及其表现(再现)不是没有问题的。跨文化交流的产物虽不一定受意识形态的驱使,但文化政治的在场或缺席,能使跨文化交流活动中出现的各种本体论上的困境更为难以摆脱。另一方面,面对外来文化的移植,本土文化的免疫功能似乎并不像想象的那样不堪一击。本土文化和外来文化不断碰撞交融,互动互补,相得益彰,体现了不同地域性的多元文化特质,这一切有助于我们在多元文化的视野下建构文化翻译的体系,更为有效地进行跨文化交流。

结　语

全球间的文化流动,带来的是角度日益多元化,增大了多元文化的生命空间。为了达到和提高跨文化交际的功效,翻译必须注重对文化意义的把握与阐释,把关注的重心从语言的转换转向文化的交流上,结合相关的历史文化语境,进行文本的再生产。人们愈加认识到,只有在多元文化视域中,本土文化才能接受外来文化的挑战和冲击,而凸显文化翻译的改造性质,对提高译作的文化适应力是大有裨益的。翻译代表着人们对知识的渴求,而文化意义上的翻译,则反映了人们对不同的思维方式和新的文化形态的向往。异域风情的确可能美不胜收,但也不乏文化解读的陷阱,需要谨慎从事。翻译无疑直接推动了文化的跨国旅行,文化的异质性既是对翻译的挑战,又为文化创新提供了借鉴。文化翻译充满了碰撞与交融,张力与杂合。随之进行的文化改造,意义十分深远:除了突破以往文化思维惯性,还丰富本土文化资源,又促使现代社会变革。同时,多元文化视角给翻译研究带来勃勃生机并注入强大活力。随着人们审美观念趋向于多元化,翻译活动的大力开展有助于打破文化的趋同与单一,演绎异域之美,融合之美,多元之美,促使人们勉力构建世界各民族和谐共存的文化生态。

第四章 翻译与跨文化交际策略

引 言

目前有关中译外的讨论已经启动,并得到了各方关注。但若要取得实质性推进,似乎有必要重新审视当下跨文化交际的条件与环境。尽管在全球化语境下的跨文化交际遭遇了广泛的不可译问题,但似乎总有办法将其译出。问题的关键是效果如何?许多译出的作品拘谨、生硬,过分强调原汁原味,结果事与愿违。翻译似乎总是在尝试不可为而为之的事,不可译的结果往往使译作令人不知所云或不忍卒读,译作的可读性便成了紧要的问题。而实际阅读效果和对译作的接受程度又是不可分割的。从这个意义上讲,我们甚至可以说可读性的重要性并不亚于准确性。不可译性困扰译界由来已久,虽然人们关注的焦点已不在技术层面的准确或字面上的异质性,但原语文本固有的特质及内涵仍难让译者割舍。在跨文化语境下,复杂的文学性尤为凸现,需要小心协商,创造性翻译也随之应运而生,否则译作的文学性会明显式微或丧失殆尽。因此,如果重构文学性并重新赋予其功能不得力的话,自然会影响接受。毋庸置疑,由于译入语的审美架构有别于原语的审美架构,如果译者一味埋首于形式重构,原作的文学价值未必受到欣赏。逐字翻译冒的是读者看不懂的风险,异化翻译亦得冒接受不佳的风险,如此情形,并不鲜见。如何做到艺术性、可读性相统一,是译者面临的重大课题。中国文化"走出去"的壁垒何在?需要我们深入思考和制订相应的对策,积极应对跨文化交际中遇到的各种困难和挑战。

第一节 谁来翻译中国

2010年11月20日,在杨宪益先生逝世一周年之际,伦敦大学亚非学院举办了一次纪念活动,众多的与会者对这位向世界传播中国文学的翻译巨匠表达了由衷的敬意。有几位大会发言的英国人,回忆起与杨先生相处和在中国外文出版社工作、生活的点滴,竟几度泣不成声。英国知识分子一般感情很少外露,在场者无不为之动容,身历其境,感受到的不只是翻译家的人格魅力,更有翻译本身的强大感染力。此景此情不由得使人联想到,前一段时间不断有人在问:杨宪益之后谁来翻译中国?的确,中国文化怎么才能有效地"走出去"?这已是一个不容回避且刻不容缓的问题了。人们一般倾向于寄希望于西方汉学家,认为他们是把中国文学作品介绍到所在国的理想人选。

然而,毋庸讳言的是,西方汉学家的首要任务是自己做研究,当然,有些翻译任务,其挑战难度,不亚于任何研究工作,如斯碧瓦克(Spivak)将德理达的《论文字学》(Of Grammatology)译成英文,使之风靡欧美学术界,自己也因此一举成名。只是这种情况实在不算普遍。一般而言,翻译同研究毕竟不是一回事。翻译家妮基·哈曼(Nicky Harman)从伦敦大学帝国理工学院提前退休了,如此一来,可以安心翻译。她与我谈起此事时,如释重负地说,这样可以摆脱研究和教学的压力,专事翻译。当年霍克斯为了能译好《红楼梦》,也是毅然辞去牛津大学的教授职务,返回家中,心无旁骛地做翻译。但不容否认的是,这样的情况只属于个例。全职做文学翻译,不足以此为生。如真要靠这个养家糊口,那就只能译得飞快,如何保证质量,产出精品?

前一段英国大学进行各个学科评估,分为几个等级 其中最高的的一项是"世界领先"。就算霍克斯译的《红楼梦》是"世界领先",那也不是一个评估周期内可以完成的。从这个意义上讲,翻译的"风险"太大,让人望而却步。其实,在目前的评估机制下,费时长的研究也难以为继。20世纪伟大的哲学家维特根斯坦在世时只出版了一本小册子,不足70页,当然来头很大:罗素作序,凯因斯给联系的出版社。按现在的量化标准,他肯定提不了教授,非但如此,还会拖了整个评估单位的后腿,把大家的总分给拉下来,直接的严重后果是研究经费的减少。为了译一篇值得译的东西,译者要花费极大的代价,但还是可能因为没有"原创性",不能计作研究成果。有些翻译任务,如上述斯碧瓦克翻译德理达的《论文字学》,是要通过大量研究完成的,不加区别地对待,显然不公平。然而,毕竟探索和发现,是原创性学术研究的标志。所以翻译大抵被排除在外,并不足为奇。如此看来,指望西方汉学家去完成我们"走出去"的文化使命,似乎不太现实。

再者,从实际效果出发,西方汉学家是否就是翻译中国文学作品的最佳人选,还值得商榷。有相当多的汉学家在翻译时,小心翼翼、亦步亦趋,翻出来的效果好像比中国译者更为生硬、拗口,因为他们大都从学术的角度看翻译,唯恐被人诟病为译得不准确,或不可靠。从目前现实情况来看,译入语为非母语的译者恐怕就要承担这个艰巨的任务了。

中译外的空间有多大?操作性又如何?我们目前翻译专业硕士汉译英部分的培训跟"走出去"的文化战略有关系吗?如果有(当然也应该有),是如何体现的?有什么切实可行的措施来保证我们培养人才的质量?质量是中译外的生命线,否则翻译中国只能是一句自欺欺人的空话。但无论如何,若翻译要和学术挂钩,就要有学术的严谨。粗制滥造的翻译和急功近利的学术一样,是站不住脚的。

虽然中国已经融入了全球化的进程,但由于对中国的文化背景缺乏了解,西方铺天盖地的有关中国的报道和分析,充满了偏见和误解。在全球化的时空条件下,我们需要很好地参与其间,有效地展开对话,用他们的语言讲我们的事情。此处指的是他们真正的语言,而不是我们想象的语言。英美人士对书面语言的质量是极为挑剔的。他们虽然可以对能对付几句英语的人,大加称赞。但大多出于礼貌,当不得真。这本是人之常情,我们不是也夸能讲几句中文的老外,说人家的语言功底如何了得?回到基本的层面,译入语要地道、规范。从现实考虑,我们还远没有做到异化翻译可以让人家接受的程度。但归根到底,如韦努蒂所指出的,西方读者大抵已被惯坏,早已习惯阅读归化式的翻译,动辄便抵制和阻抗异化翻译。同样的,缺乏活力、没有灵魂的翻译,打动不了读者。早在1985年的一篇文章里,李欧梵批评几位中国译者,"译得虽正确,但缺乏文采。"[①]可说是点中了要害,缺乏文采的翻译,仅仅是意义正确,是远远不够的。生动活泼的性格语言译不出来,交际的效果定要大打折扣。

对异国的文化语境重视不够,甚至忽视,通俗地说,就是"翻"的程度不足,译得还不到位,接受的效果自然要打折扣。无须回避的是,有的译作,在句法上无懈可击,全无漏洞,但读起来感觉就不是英文。更糟糕的是,如此译作,会严重误导初学者。谨以汉译英为例,中式英语,久治不愈,竟成了顽疾。

---

① Leo Ou-fan Lee, "Contemporary Chinese Literature in Translation: A Review Article", *The Journal of Asian Studies* (*pre*-1986), Vol. XLIV, No. 3, 1985, p.561.

不仅是词不达意,表述也十分混乱。我们满大街令人汗颜的公示语英译足以说明,我们完全不顾及交际的效果。一看就知道是从某本汉英词典查到的"对应词",按照学校教的语法规则,拼凑而成的。这种想当然的拼凑式英语,不出"洋相"才怪。用洋文出洋相,直截了当地损害了我们的国际形象。坊间劣质译文充斥,原因当然很多,但无论如何,我们不能忽视跨文化交际的主要目的,关键在于一个"跨"字。跨不出去,自然谈不上交际。我们经常看到的是,原文里几乎所有的东西都"忠实"地保留了,但翻译语言显得笔力孱弱,生硬刻板,毫无生气,读起来如同嚼蜡,兴致全无,虽无明显的施暴痕迹,原文的艺术生命就在看似不动声色中被谋杀了!跨文化交际的效果,必须要认真对待,只是工匠般的逐字译出,译文就难有生命力。

另一方面,一定程度的异国情调,译入语读者不仅可以接受,而且还会欣赏。我们有些用非母语写作的作家,就是因为写的英语不够地道,不经意地产生了"陌生化"的效果,反而成了优势,感觉是在听带了口音的英语,倒是增加了几分真实感。但是,也有个平衡问题。如口音过重,弄得人家听不懂,或听得太吃力,影响了审美体验,阅读的兴致自会锐减。说到底,跨文化交际的态度是至关重要的。若将文学翻译带入民族主义的褊狭,就不大考虑及正视接受的环境及条件是否满足异化翻译的最基本标准,于是只能造成自己津津乐道的东西,别人无动于衷。这大多是文化的自我中心心理在作祟,其结果只能造成变相的自我封闭。

第二节　本真性与可读性

夏志清在他那本影响深远的《中国现代小说史》的初版序言里,提到西方读者对中国文学的忽视,那是20世纪六七十年代的事了。时至今日,中国已发生了巨变,国际地位和影响力也日益提高。但西方读者似乎仍对中国文学大致采取了不闻不问的态度。就在当时,夏氏已在强调"文学记录"的巨大价值,以及其"对现代中国思想和政治的深刻影响。"[①]其实,英美读者不大待见翻译作品,由来已久。想当年,阿瑟·韦利(Arthur Waley)为了减少阅读阻

---

① Chih-tsing Hsia, *A History of Modern Chinese Fiction*, Bloomington: Indiana University Press, 1999, p. xiv.

力,伤筋动骨地对《西游记》施暴,凡是遇到"文化专有项",一律决不手软,大刀阔斧地连删带改,原作因此被弄得面目全非,书名也改成了《猴子》(Monkey),副标题是《中国的民俗小说》(Folk Novel of China)。单就改名来看,就可窥见节译本对可读性的刻意追求。

从小喜读《西游记》的余国藩对此大为不满,且痛心不已,公开质疑这种以真实性为代价的可读性。① 实际上,问题的关键并不在于节译本身——韦利在序言里就已交代清楚了,而在于"对语言根本性的改写和大量省略字句、片段和段落"②。在余国藩看来,如此处理原语文本代表了一种文化简约主义的方法,不足为训。有鉴于此,余国藩虽然赞赏韦努蒂的异化翻译方法,但还是主张一定程度的可读性,因为与可达性密切相关。他又写道:"可将异质与不同改变为熟悉和可理解的。"③然而他却又支持韦努蒂对可读性的责难,认为对可读性的追求必会造成"不可饶恕的归化罪孽。"④诚然,为提升总体的可读性而进行过度归化,在跨文化交流的层面,显然不合时宜。但问题在于,原语中不可译的部分,如若不加妥善处理,结果便是不可读。的确,在翻译中保留异质有可能造成对阅读的干扰,故此,异化所产生的问题不容回避。异化翻译有利于跨文化交际,但不太顾及可读性,译者用的不是地道的译入语,可能制造交际障碍。余国藩拿出了自己的全译本,尽量做到挽回损失,但每页差不多都有半页的篇幅作注解,阅读过程变得支离破碎,想必一般读者是难以忍受的。

饱含文化意蕴的细节有时被视为必要性不大,也无助于增强可读性,从而为一些翻译暴力提供了合法性。然而,内容残缺的译作,无论有何种理由,终究难逃尖锐的批评。萧乾虽承认韦利的"文字很好",但指出错误也不少,所以认为余国藩的译本"好得多了"⑤。至于究竟怎么个好得多,萧乾并未点明,但似乎是指错误少多了。当然,由于是全译本,而且提供了大量的注释和汉英专有名词对照表,无疑是更好地体现了《西游记》原著的全貌。《猴子》翻

---

① Anthony C. Yu, "Readability: Religion and the Reception of Translation", *Chinese Literature: Essays, Articles, Reviews* (CLEAR), Vol. 20, Dec., 1998, p.94.
② Ibid., p.94.
③ Ibid., p.89.
④ Ibid.
⑤ 《萧乾选集》(第二卷),成都:四川人民出版社,1983年,第422页。

译失真情况严重,但行文畅达易懂,在具体的历史语境下,起到了推动中国文化在西方传播的作用。学者自然推崇余国藩那样的学术性译作,但一般读者恐怕不免望而生畏。但是二者难以兼顾,妥协之道并不好找。中国文化要走向世界,必须要有足够的读者群体,要吸引各类读者,而不只是某一类读者。吸引不了读者的译作生命力及影响力是有限的。一般译入语读者需要愉悦,虽然有时痛苦的愉悦也是愉悦,甚至是更大的愉悦,但终归不是大多数人能消受得起的。

晚清时期,中国人在翻译外来作品时,大都随心所欲地进行归化,过度归化如同家常便饭。仅仅是删除也就罢了,还要往里加内容、发议论,乃至创造人物,同时还给小说里的原有人物安排新的台词,对中国的历史与现状发泄不满。虽然此举在五四时期备受诟病和抨击,现在也难以想象有人去如法炮制。但在特定的历史时期,那样的翻译实践有其道理。那时人们对外来文化缺乏开放心态,译者要设法诱使他们阅读译作,首先要解决跨文化的障碍问题,所以王佐良谈论严复的翻译方法时用了"糖衣"做比喻。在译入语读者原本拒服的苦药上裹上一层糖衣,他们就会吞服下去。我们今日对外翻译也可考虑包裹糖衣的策略。或许未必是王公所称的"雅",而是我们所强调的可读性。① 既然可用"糖衣"向中国输入外来文化,我们何不也裹着"糖衣"向外输出我们的本土文化?对外交流时过度强调原汁原味,无异于难以下咽的中草药,若人家没有喝这苦汁的习惯,那也只好作罢。要想突破僵局,取得预想的效果,需要了解译入语读者的审美习惯,要想变逆为顺,不妨投其所好,做出适度妥协,向译入语读者提供他们可接受的跨文化产品,这听上去虽不无偏执,却也是道出了译作求生存的残酷法则,否则效果只能适得其反,让读者流失。

跨文化语境下的可读性问题刻不容缓地摆到了我们面前。被无数次重复陈述的事实是:翻译是一件吃力不讨好的事。随心所欲断然不行,一味迁就译入语读者也未必行得通。译文的可接受性是个棘手的问题。不可回避的是:为谁所接受?纽马克(Newmark)指出:在翻译评论者的眼里,一般读者

---

① 王佐良:"严复的用心",《论严复与严译名著》,北京:商务印书馆,1982年,第27页。

所能接受的译作,如果准确度打了折扣,则是不可接受的。① 从接受美学的角度出发,在功能上全然没有问题的译作,在艺术风格上又难以被接受。难怪译者经常左右为难,处境十分尴尬:可谓是哄住了外行却又骗不过内行。内行虽认可了,却又不卖座。畅销的译作,在评论家眼里,可能又是错漏百出。

翻译处在"瞻前顾后"的两难之中:前面要顾译入语读者的接受,后面要提防批评家挑毛病,大有腹背受敌之虞,极容易顾此失彼,首尾不能并顾。在网络世界里,读者和评家的界限也变得日益模糊,经常是读者也是评家,动辄在网上发表批评意见,对译作品头论足一番。尽管如此,在新的阐释框架下,以变通为手段的改造、变形与再组合,是成功翻译的重要保证。一味只求忠实,不加任何调剂与协商,原封不动译出,不免拘泥于只翻译表面的语言结构,反而事与愿违。好的译作往往是大胆实验的结果:重组词句搭配,梳理语境关系,游刃有余地进行跨文化交际。

第三节　翻译的变通之道

如前面所提到的,译文的活力十分重要。在发表于 1995 年《纽约人》(*NewYorker*)的一篇译评里,当代美国著名小说家和评论家约翰·厄普代克(John Updike)指出:"美国的当代中国小说翻译似乎是一个人孤独的领地,他便是葛浩文。"②为何是"孤独的领地"? 葛浩文(Howard Goldblatt)难能可贵之处在于把现、当代中国文学以生动、鲜活的状态,介绍给西方读者,意义十分深远。安德里亚·林根费尔特(Andrea Lingenfelter)就曾指出:"葛浩文与其他无论是过去还是现在的译者的不同之处在于他注重英文的风格。在葛浩文登台之前,想探究中国小说的读者常常得忍受毫无生气的翻译,原作的活力很少得以体现。"③显而易见,缺乏活力的译作缺乏竞争力,打动不了读者,销路也就无从谈起。葛译的成功之处在于极好的灵动性与可读性。

然而,可读性的获取不是没有代价的。有评者在高度评价了葛浩文译文的可读性后,还是质疑译文欠准确的地方,认为葛译的可读性"有时是以原作

---

① Peter Newmark, *About Translation*, Clevedon: Multilingual Matters, 1991, p. 23.
② http://www.newyorker.com/books/page-turner/john-updike-on-mo-yan
③ http://fulltilt.ncu.edu.tw/Content.asp? I_No=16&Period=2

的历史与文化所指为代价的。"①但同时也承认,如要兼顾二者,在没有脚注的情况下是难以做到的。② 葛浩文是不赞成脚注的,认为会破坏阅读的效果。③但有的时候,必要的代价是需要付出的,取决于翻译的具体目的和功能。无论代价如何,譬如准确和充分度打了折扣,可读性有着特殊的重要性。翻译策略的制订,要有的放矢,对症下药,同时也要权衡得失,有时也需要做出迫不得已的决定。

译者的苦衷,外人未必清楚。译者有限的自由度有时还会使他们蒙受冤屈。如果发现原作有错,译者该怎么办?如果不纠正原作的错(如一个明显的数字错误),译入语读者通常会认定是译者的错(尤其原著是经典作品),而不会想到是原作者的问题。如果译者实在看不过眼,动手改了错,在评者眼里,又犯了擅自改动的忌,落下个不忠实的骂名。此外,在西方,除了大学出版社以外,一般商业出版社都要考虑利润。所以他们的编辑,为了阅读的效果,时常不顾译者多次的严正交涉,对中国文学原文大肆删改,不明就里者自然容易把账算到译者头上,实在是冤枉了译者。④

然而,既然是翻译,基本的准确性和真实度还是不可或缺的。在这方面,葛浩文的翻译实践对我们也有启示。事实上,他对准确性的追求是不遗余力的。根据莫言当年的回忆,自1988年他与葛浩文合作以来,他们之间的通信超过一百封,电话更是不计其数。目的就是要弄懂原作的意思。⑤另外,追求可读性并不意味着不加节制的归化。1999年葛浩文接受香港英文报纸《南华早报》(South China Morning Post)时就表明,他在重视读者接受的同时,对归化的分寸拿捏是否得当,也非常注意。⑥

文学翻译的一个常识性道理,似乎往往被人忽略,就是加强译者的文学修养,包括文学语言的修炼。很难想象一个阅读有限的译者能在译作里有效地提高可读性。葛浩文在这方面是身体力行的。当年他第一次中国内地访

---

① Zhang Jingyuan, "Virgin Widows by Gu Hua; Howard Goldblatt", *Chinese Literature: Essays, Articles, Reviews* (CLEAR), Vol. 19, Dec., 1997, p.178.
② Ibid.
③ 2012年葛浩文教授在香港岭南大学工作访问时与本书作者的一次交谈。
④ 同上。
⑤ Mo Yan, "My Three American Books", *World Literature Today*, Vol. 74. No. 3, 2000, p.473.
⑥ 1999年6月《南华早报》。

问时拜访了杨宪益夫妇。戴乃迭把原本自己已开始翻译的张洁小说《沉重的翅膀》让给葛浩文来译,理由是:"文革和牢狱之灾使她与世界脱节多年,若她翻译,恐怕会译成 1950 年代那种老派英文,相信由葛浩文来译会让文字更有当代感,能更好地让外国了解中国。"①戴乃迭坦荡的为人境界自不待言,但的确也道出了阅读的不可或缺性。杨宪益夫妇所处的是动荡的历史时期,从事对外翻译的时间压力又大,相对而言,留给自己的空间不多。其实,他们完全有可能译出更高质量的译作的。毕竟,精品是要不惜费时费力去打磨的。或许,这是历史的局限留下的历史的遗憾。

葛浩文曾对有志于从事中国文学翻译的美国年轻人说过:"学好中文固然重要,但别忘了加强英文写作……"②他本人虽从未脱离过西方文化环境,但仍不间断阅读英美文学名著,以丰富自己的词汇和表现方式。③ 知识需要不断更新,语言何尝不是如此?对于英语不是母语的中国译者来说,加强英语阅读与写作,更是必不可少的功夫。一个英文写作没过关的人,谈不上胜任汉译英的工作。缺乏跨文化素养和相关的知识,容易漠视文化异质性,翻译容易是自娱自乐的行为。唯有下功夫培养跨文化交际能力,善于汲取促使自我生长的语言养料,才能获得广阔的发展空间。还需要想方设法拓展跨文化交际视野,切实可行地解决文化层面上的不可译或译不好的问题。

还有一个从事汉译英的人员可能习焉不察的问题,就是译者的气质。仅以诗歌翻译为例。一般在提到只有诗人才能译好诗作的时候,更多指的是技巧方面,很少涉及诗人的气质和激情。译作不能打动读者,不能简单归咎于翻译水平不高。如果说,干瘪的诗人大概难以创作出打动人的诗篇,干瘪的译者大概也难译出热情澎湃的诗作,除非让干瘪的译者去译原本就是干瘪的诗作。译作需要感染读者,从而引起他们的共鸣。译者挑选译本,犹如演员挑选适合自己的角色,如能从本色演员到性格演员转变,胜任饰演多重角色,译者适应面宽,变通灵活,就能更好地完成各种翻译任务。此外,调动出和调

---

① 葛浩文:首席且唯一的"接生婆",《南方周末》,2008 年 3 月 26 日。http://www.infzm.com/content/6709/1

② 葛浩文:首席且唯一的"接生婆",《南方周末》,2008 年 3 月 26 日。http://www.infzm.com/content/6709/2

③ 李文静,"中国文学英译的合作、协商与文化传播",《中国翻译》2012 年第 1 期,第 57 页。

整好自己的情绪,也是行之有效的。一时难以译好的部分,换一个时间,以不同的心态,困难似乎迎刃而解,因为无论是无动于衷的翻译,还是勉为其难的翻译,都产生不了好的交际效果。

第四节 文化移位与改写

对可读性的期待,使改写进一步合法化。改写的英文 rewrite,既有重写,也有改写之意。改写自然有改动的含义。改写的动因自有不同,直接间接、内在外在、主观客观、有意识无意识,令人莫衷一是。文学翻译越来越体现出跨文化的交际性特质,而跨文化交际则对认识文化差异和纠正对文化差异的边缘化具有重要作用。翻译中许多微妙的语义变化源于根深蒂固的文化倾向性。文学翻译试图把两种文化的阅读体验有机联系起来,这种尝试能有效加强文化间的相互关系,促进对文化差异性的尊重。必须指出的是,虽然译入语读者阅读时在情感上会有不一样的体验,然而逐渐发展的跨文化移情会使情况发生显著的变化,并且翻译也利用重构(re-configuration)来消除文化陌生化和不必要的异国情调。归根结底,文化翻译是一种文化互动而不是简单的同化。翻译的衍生性和调节作用意味着跨文化翻译是阐释的具体化,而不是文化形式的直接转换。

毋庸置疑,文化移位对文学翻译来说是一项巨大的挑战,其中势必涉及改写。以介入为特征,其强大的颠覆力和改造力往往被低估。介入诗学(poetics of intervention)研究词语的意义如何产生,文学翻译把这些词语挪用到全新的、不同的和经过再创作的语境中,进行带有移情性质的改写,并且通过保留文化交流中的各种语域,把互动式的阅读体验融合到翻译中,使读者得以畅游于原文和经过再创作的文学文本中。过于贴近原文无益,译者与原作要有意识地拉开一段距离,不要循规蹈矩,亦步亦趋,以减少原作语言和文化对翻译的干扰。

文学文本的移位和换置给译者带来众多难题,为了应对解决这些难题,译者必须采用切实可行的翻译策略。此过程必然涉及对词语的处理,然而由于词语受到文化和政治的限制,于是增加了充分或适当翻译的难度。翻译中词语的替代也显示了文化和语言移位所带来的挑战。文学翻译要达到原作的文学性而不仅仅是语义内容,这个目的高于一切,从而使文学翻译的重心逐渐从文本转移到文化的层面。再者,翻译所产生的文化和语言移位导致了形式和内容之间的差异,同时因翻译牵涉不同的文化语境和历史语境,语境换置和可读性又重新界定文学译作的阅读效果。文化移位的一个重要启示在于,假如译者有机会重新描写源语文本并从文化上进行改写,语言障碍是可以超越的。

实际上,文化移位对文学翻译提出了最直接的挑战。如果译者处理方式拙劣,出现严重的风格问题,译本就会让人感到语义不清,软弱无力,平淡无奇。文学翻译读起来常常不像文学作品,因为文化特征经过消除、减少或替换,用不同的文化词语表达后,作品中的细微差别、含糊歧义、冷嘲热讽、矛盾斗争便荡然无存。因此,补偿作为一种补救措施应运而生,原文因此得以融入新的文化语境。据赫尔韦(Hervey)和希金斯(Higgins)所言,补偿就是"在TT(译文)用另外一种形式弥补ST(原文)中的文本效果"[1]。这对我们理解补偿的本质具有启示意义,因为翻译的吊诡是,完全把原文翻译过来也会破坏原文,尤其是诗歌翻译。

但是在另一方面,文化不可译性则完全是另一回事。不同的文化语境提供了不同的框架和视角,用以展现独特的文化经验,或者将这些文化经验重新语境化。在评论卡特福德对文化不可译性的分类时,巴斯奈特主张:"文化不可译性实际上隐含在翻译的任何一个环节中。"[2]文化不可译性形式多样,纷繁复杂,无所不在,这就要求译者不停地在文化的层面上调整翻译策略,其所具有的启发性作用,有助于译入语读者解码文化信息,认识背后那些看似无法攻破和费解的文化差异。语义和文化调节避免了语言或文化意义的丢失。

虽然跨文化交际没有规定翻译需绝对符合规范,某些人士更对这种做法不以为然,可是符合规范仍然是一项有利的翻译策略,尤其是对以结果为主导的翻译而言。武彦良美(Takehiko Yoshimi)在研究英文报纸头条的日语翻译时,发现了一种相当激进却必要的改写形式:"改写分为对英语固定表达的

---

[1] Hervey, Sándor and Higgins, Ian., *Thinking Translation: A Course in Translation Method*, *French-English*, New York: Routledge, 1992, p.35.

[2] Susan Bassnett, *Translation Studies*, London: Routledge, 2002, p.40.

增词、删除和替代，以及在我们的实验体系中插入预先编辑的符号。"①虽然翻译不同于顺应，可是改写仍然意味着改动和转变原文，是一个在翻译中增加和删减的调解过程。翻译时时表明源语文本和译入语文本中存在相似之处的可能性。翻译不断为创作和复制这对矛盾注入新鲜的活力和紧张的气氛。改写可以是一种模仿而不是操纵，尽管这样可能产生韦努蒂所说的"拙劣模仿"效果，②而且诗学的模仿也需要校正，因为它可以是对原作的批判表现形式。

改写假如没有受到限制，便会变成修正（revising）的一种形式。修正"具体指的是大量存在的文本改动——修改，其使内容、重心、结构和意义在修辞上产生巨大的变化。"③ 很明显，具修正性质的改写预示着一种改造。改写是否有助或阻碍来自源语文本的信息，取决于最终所导致的差异。我们不难发现经译者改写后，原文令人反感的部分被阻隔，受译入语系统欢迎的成分被增强或放大。从交际的效果出发，文化改写是必不可少的。

简而言之，在翻译的语境下，改写通常是因译入语中写作规则的不同而引起的，因为不可译性促使了另一种解决方案的选择。翻译中的改写大致有两种类型：模仿型和创造型。无论如何，改写使原文的某些部分产生移位，然后把它们重新组合成新的东西。例如，文化比喻或者文化中的具体事物由于某种原因被替代，是译入语中可以用于取代的成分，而不是一些完全不同的成分，其结果意味着原文中的文化特征被冲淡或者删除。阅读和改写是在具体的文化环境中的活动，改写的政治和诗学由此形成，并且决定了语言和文化挪用的具体实施。

第五节　不可译而译之

当代中国文学不乏优秀之作，但之所以没有得到国际认可和重视，与备

---

① Takehiko Yoshimi, "Improvement of Translation Quality of English Newspaper Headlines by Automatic Pre-editing", *Machine Translation*, No. 16, 2001, p. 235.

② Lawrence Venuti, *The Scandals of Translation: Towards an Ethics of Difference*, London: Routledge, 1998, p. 64.

③ Jeanette Harris, "Rewriting: A Note on Definitions", *Rhetoric Review*, Vol. 2, No. 2, 1984, p. 102.

受诟病的翻译问题不无关系。翻译文学作品自然要关注文学性。文学翻译理应重现文学性,跨文化语境下的文学性尤为模糊缥缈,既容易受意识形态的影响,也不免带有政治动机,同时也受制于特定的历史条件。译入语文本话语形式通常不适合异质材料,原文中独特的部分在译文中难以替代,自然需要在译文里进行调整。如果文化意义上事关重大的细节是不可译的,就需要在语言、文化及概念方面体现创造性。翻译的语言是一种特殊的语言,大抵是杂合化了的,构成了语言中之语言,可称为次属语言,而非自然语言。翻译语言的形成源于翻译行为,残留了异质他者的一些痕迹,同时又要在一定程度上符合译入语规范,不免显得有些刻意、造作。

不可译而译之,是常态。但不可译,非要强行运作,自然遭受阻抗。不可译与可读性低下也就发生了一定程度的关系。突破文化樊篱不是一句空话,仍需回到不可译的老话题,因为这恰似老冤家的老话题还在历久弥新地破坏着我们的跨文化交际的效果。在新的历史条件下的跨文化交际语境开启了对不可译的多元认知的途径。不可译其实是基于对于译文难以被接受,或经过译出后,语义或形式出现重大亏损的判断和预测。本质上说,不可译引发的是一种担忧,促使译者采取某种"防范"措施。尽管德里达的解构主义贬低原文至高无上的地位,敢于与原文大相径庭的翻译似乎并不多见(以功能主义为特征的广告和旅游翻译除外),因为这要冒不小的风险:最后出来的结果不被人当作翻译。因而,对待不可译的办法,不是肆意删除或随意改写,更不是越俎代庖,罔顾翻译本道。

然而,对于不可译的部分,不加必要的干预、调整,乃至改造,强行"译出",容易跌入诘倔聱牙的陷阱。如此一来,不可译的结果只能等于没有译,或几乎没有译。说到底,是对不可译缺乏充分认识。有些情况甚至是,原本并非真的不可译,经过翻译,其效果与不可译无异。这是翻译的真正悲剧:竟人为(当然不是有意)地制造出大量的不可译现象。中国翻译要"走出去",首先要有面对这一残酷现实的勇气,设法挣脱语言及文化的藩篱。要想做到这一点,权衡利弊得失,也许需要一定程度地舍弃"原汁原味",耐心培育我们的译入语读者。考虑到我们的文化竞争力目前还不够大,在现阶段文化信息的传递,虽然并非不重要,但需要改造加工,这或许是跨文化交际的权宜之计,却是我们更有效地进行跨文化交际的必由之路。

以接受为主导的现代翻译学理论早已向读者中心论转移。跨越和转述成了翻译必不可少的程序,阅读效果的最大化,也不失时机地成为译者的重要考量。由于译入语不可避免地存在语言和文化的空白,定会产生不可译的问题,主要表现在比喻、意象、修辞、双关语等方面。然而,如同可译性的情形一样,不可译性也是局部的,因此是可以定界的。无论怎样强调接受性和可读性,质量低下的翻译仍以欠缺、亏损为主要标志,信息的损失量与不可译性的程度成正比。换言之,亏损一般归咎于不可译。于是,作为一种补救措施,补偿的必要性一般也是与不可译有关。有了替代,形式上的不可译变成了意义上的可译。

表述蹩脚,语义含混、可读性低通常用来形容差劲或力所不逮的翻译作品,而且似乎与原作关系不大,哪怕原作的可读性就很差——人们一般只是怪译者。当然,这一切也都可以归咎于不可译。地道的文化形态给翻译带来的挑战,应该如何面对?翻译时是否也应该相应地用地道的表达方式?倘若是这样,就会引致归化翻译,似乎又与真正意义上的跨文化交际不符。接下来的翻译的沟通行为主要集中在文化、信仰、价值和期待等诸方面彰显的异与同不断交汇与交锋。

不可译自然不是恒定不变的,而是不断地处于变化的状态,从而产生新的翻译形态,游移于可译与不可译之间。与文学翻译直接相关的问题是:翻译的对象是什么?在多大程度上译入语文化产生影响?是什么性质的影响?近些年来,文化普世主义虽然备受诟病,但其迅速扩散是不容否认的。语言和文化间所具有的共通性与重叠性,使得译入语读者,至少在某种程度上,分享到原本生活经历中不可能有的文化体验,诚然原语中的某些文化形态的不可沟通的性质极大地提高了翻译这些文化体验的难度。原语文化中的一些不可言喻,或难以言喻的生活方式自然给翻译带来了麻烦,但毕竟促使了译入语文化与异国文化的接触与碰撞。

霍米·巴巴指出:"语言的'异质性'是不可译的核心,超越了主题的透明度。不同语言体系之间的意义传递不可能是完整的。"[①]翻译总是在试图探索妥协的可能性,最终成为妥协的产物。从某种意义上说,(不)可译是异化与

---

① Homi K. Bhabha, "Dissemination: Time, Narrative, and the Margins of the Modernation", In Homi K. Bhabha (ed.), *Nation and Narration*, London: Routledge, 1990, p. 314.

归化之间平衡的主因。过度归化表明了对再生产的摒弃，也就使翻译成为没有节制的生产。如果用暴力的手段将不可译转化为可译，就会产生根本性的变化。

所有的有关可译性和可读性的讨论都可置于跨文化交际的框架下。对于不可译性的一个简单或简单化的处理方法是翻译意义，基于的设想是：只要意义存在，就可以译出。经常困扰译者的是译作的可读性不强，且大都由不可译造成。需要指出的是，在跨文化语境下可读性的问题，对于译入语读者心目中的文学价值，至关重要。文学体验全在于一个文本在译者手里经过怎样的处理，译作的接受凸现了可读性的重要，最终关乎跨文化交际的实际效果。如果设想同一原作的两个不同译本，在风格特性方面，大相径庭，但在准确度方面几乎同样可靠，那所揭示的就是不可译是怎样克服的，也就意味着对付不可译一定有不同的途径和办法。

第六节　译文的接受

译入语读者对译文的接受，在我们判断一个译作的价值时，具有举足轻重的作用。文化改写对于一个译作的生存无疑是关键的。就文学翻译而言，可读性似乎与文学价值不无关系，虽然这种联系并不总是一目了然的。然而，假如可读性在原文里并非重要的考量，如果在译作里一味地寻求增强可读性，似乎也是有问题的。譬如说，如果译作的可读性过于显而易见，就容易使人疑窦丛生。译评者大概就会刻意去找过度归化的迹象。人所共知，虽然"严肃"文学甚少将可读性当成追求目标，但不可读性终会破坏阅读的接受。同时，还需看到，翻译的主要目的毕竟是可达性，否则译文难以生存下来。可读性低是不可译的反映，对原作的改造在一定程度上体现为提高对原语语言的熟悉程度。

有时形式的不可译，在语义的层面则是可译的。常常提到的翻译之道是：如形式难译，就去译意义。照字面翻译往往是有问题的。德曼（de Man）认为：一旦出现按字面翻译的情形……逐字逐句地进行，意义就彻底消失了……当译者依照句法逐字翻译时,意义也就彻底流失了……①通常的情形是,照字面逐字的翻译总不免让人感到蹩脚。但另一方面,如果形式特征,诸如文本在内容、措辞、风格和语气等方面,被除去或遭重大改动,文学价值势必受影响。不可否认,原作的文学性并不总是那么容易获得译入语读者充分欣赏。我们需要认识到:逐字翻译与保留原作的文学性绝不是一回事。

有可能是异化引致的笨拙而不对劲的语言风格,显然是可读性的主要屏障,因此文学的诗学维度受到遮蔽。然而流畅通达的译语也未见得就没问题,因为会出现常用形式的置换。不容否认,置换是绝对必要,同时也是不可避免的,所以常见译者采用补救性措施,至少在一定程度上,重现或再现原文形式。

一般而言,不可译往往体现在形式层面,似乎避开形式,直取其意义就好办得多。根据德曼的说法,直译无助解决不可译的问题:一旦翻译真的是照字面了……逐字逐句,意义就丧失殆尽了……当译者照字面翻译,紧跟句法,意义彻底丧失……在一定程度上,译者又不得不照字面译。②几乎可以说,直译的翻译往往是糟糕的翻译。避免直译最有效的办法是通过阐释,然后进行重构。一个具体的所指对象可能是不可译的,因为对译入语读者毫无意义,除非译者对其改动、替代或置换。在把不可译转化为可译的过程中,一定程度的改造是必不可少的。但无论如何,此举能够提升可译性,从而产生更好的可读性。

译者的"创作"本是一个自然行为,但却要受制于"不自然"的因素,首当其冲的是源语的形式特色。彼得·弗朗斯(Peter France)观察道:

> 当然有些时候,译者感到他们所创造文本通过自己自如地流淌。但更多的时候,他们要受五花八门的限制和进行各种"非自然"的活动才能完整地译出原文,并有效地转达到他们在追求的读者那里。③

文学翻译较少以自如的方式进行,译者如需追求自然的风格,又要避免过于偏离原文,以免引起翻译在跨文化功能方面的大起大落。但问题的另一

---

① Paul de Man, *The Resistance to Theory*, Minneapolis: University of Minnesota Press, 1986, p. 88.
② Ibid.
③ Peter France, "The Modern Language Review 100", Supplement: *One Hundred Years of "MLR" General and Comparative Studies*, 2005, p. 257.

面是,由于对可读性的担忧,因可读性的欠缺势必对文学作品的文学性产生负面的影响,有些译者决定更为大胆地从事创作性翻译。文化流畅性的翻译,是一些视可读性为一切的译者所刻意追求的。

去异化及再整合,其目的是恢复和保留文化连贯性,但所揭示的是一种担心:语义层面的可译,而且已经译成了译入语,但仍然是文化层面的不可译,译入语读者还是不能明白所传递的文化信息。把关注的目光投向文化的相关性能够改变思路,并有助于译入语读者建立相应的关联关系,使他们认识到这些关联关系有助于他们理解译文。为建立文化的相关性,译者给译入语读者提供了必要的条件,在译入语的系统内,因地制宜(包括利用译入语的所指和指称)帮助他们进行文化联想。这是基于对潜在的文化不可译性的预防性措施。在不过度惊扰读者的情况下,设法增大可读性与不可读性,可译性与不可译性之间的操控空间。

无论如何,翻译终究还是要顾忌可靠性,毕竟不准确的翻译还是会招致批评的。翻译当然与意义相关,但又不止于此。意义是不确定和游移的,并取决于不同的解读。要做到有效的翻译,需要创造性的翻译,同时也需迂回应对各种翻译问题。只要相应的文化、历史条件具备,翻译问题的解决之道,也是无穷尽的。随着跨文化交流的增多,也产生了更多的有效方法来翻译过去的不可译的内容。我们还是需要明白,就算是翻译过了的东西,在本质上仍是属于不可译的,因为毕竟有些至关重要的成分,无论是内容、措辞、风格,还是语气,至于哪些成分与主要意思关系密切,要视具体情况而定。从跨文化角度看问题,不可译是相对的而非绝对的。实际上,文化意义即使是不可译的,也是可以移情的,但需要在复杂的本土化过程中进行解读和挪用,以适应本土环境。文化意义的传递意义深远。

结　语

文化意义应走出封闭的地方主义,抵达某种可接纳的普遍主义,同时充分考虑翻译的文化特殊主义。文化形态是(不)可译的主要焦点,需要以创新的态度来重新审视处于可译与不可译之间的跨文化交际。作为杂合的文化表现,翻译若仅仅用同化或排斥的方法来应对文化的不可译性,显然不能令人满意。反之,不遗余力的跨文化谈判,虽不免会有一些文化交融和语言及文化上的改造，愈来愈得到重视。把文学质量和一定程度的可读性挂钩不无道理，但应是跨文化的可读性，而非仅仅是文化的可读性，后者会阻碍通达原作，不利于发展真正意义上的跨文化交流。从不可译到可译，从不可读到可读的转化，证明了翻译的变通潜质和改造力量。

译文在跨文化语境下的可读性实在不容忽视。把自己的美学价值强加给译入语读者，出现自己觉得美不胜收，别人不为之所动的窘境。生硬的强加，非但吸引不了译入语读者，只会让人敬而远之，导致文化自我边缘化。翻译是一种实验性的探索。若同时还要保留原作基本的准确度和真实性的话，翻译任务的难度的确很大。逐字的精确之于可读性和接受，孰轻孰重，本无须多辩，可读性较高的译作是成功的关键，确是不争的事实。我们面对的最大问题是对不同文化的差异性的忽略或重视不够，翻译字斟句酌地追求文化传真本来无可厚非，但应着重交流，而非强加于人。循序渐进地增多文化信息，才是可行的策略。有效的跨文化交际不可能一蹴而就。不可甘于做译入语文化的"局外人"，跨越不同民族的文化障碍，有必要调整好跨文化交际的心态，同时认清形式等值和功能等值之间的差异，力求做到再现原作的艺术质地和情感，用活力四射和酣畅淋漓的译文，去打动和吸引更多的译入语读者，使我们的文化真正地"走出去"，广泛地传播到世界各地。

第五章　翻译研究与文化身份

引　言

  为了突出文化和政治价值观,翻译必然要引起语境、文本和视角的改变。对语言和文化语境认识上的改变,进一步加剧了意思乃至意义的复杂性和不稳定性。由于理解环境、接受情况以及意识的不断转变,翻译研究重新调整优先顺序,以检验翻译的本质和实际过程,其主要特征是相互竞争的文化和政治眼界和视角。无论翻译的各种释义如何,还是难免受到文化权威的左右,字面意思和比喻意义常遭到再释义。此外,翻译也充当着文化和政治的过滤器,过滤着对内和对外的译文。因此往往产生和强加不同甚至完全不同的意思——读者在这方面几乎没有选择权。翻译的各个操作方式植根于文化身份,对文化政治相当敏感。如果对文化身份理解错误或处理不当,就会很容易引发激烈的社会纷争。形成翻译的各种释义都受到文化权威的左右。出于翻译的需要,字面意思和比喻意义经常受到再释义的影响,使意思产生重大改变。

  翻译实践的不断重构是调整文化身份政治的一部分,翻译研究必须跨越学科疆界,讨论和阐明变化中的范式和优先顺序,以适应或体现相关政治、文化、社会情况的变化。因此,翻译学的研究重点在强调多样、杂合、流动和改变等诸方面,通过复杂的移入和同化,翻译试图通过各种方法去和解或操纵跨文化差异。从跨文化参数来讲,翻译需要动态的调整和替换。此外,跨学科视角使翻译研究的基础框架系统化,有效地构建起其理论体系。因此,随着跨文化和跨学科视角的重要性和必然性得到越来越多的认可,以及政治因素会影响和塑造新的身份,翻译研究的身份也在变动中。

第一节　翻译研究学科身份

　　毫无疑问,翻译研究已经成为一门专门的学科,其特有的学科身份也随之建立起来。然而,由于翻译研究随着相关学科不断地发展和深化,其身份亦随之处于不断的变动之中。在相当大的程度上,学界已一致认为,翻译研究的身份是由多学科的研究模式结合所构成的。恰恰是由于其跨学科性质,翻译研究的学科身份反过来又受到相关学科变化的影响,而且这些学科的身份都不具有单一标准。正如翻译本身一样,翻译研究也常常被视为从属和派生的学科,学科身份也就因此受到歧视。对翻译研究学科身份不足而产生的担心也就不足为怪了。然而,这种状况却又是难以避免的,因为翻译研究必须与翻译实践的多样化的本质结合起来考虑。这些相关学科内部的异质性和重叠性正在翻译研究中形成一个一致和连贯的模式,翻译研究强调的是跨语际交际和文化间交际,说到底这也就是翻译研究区别于其他学科的独特之处。

　　尽管只有相对于差异身份才会有意义,但身份也关系到认可的问题。在这个意义上,身份问题必然具政治性。翻译研究如何构成,大众如何认识翻译研究,尤其是翻译研究究竟做什么等一系列因素无不促成翻译研究身份的构成。翻译是一项关于阅读与写作的活动,阅读与写作中任何有关意义、意图、释义以及语境等不可通约的复杂讨论都与翻译研究直接相关。关于翻译研究的自身的讨论只能更加复杂,足以保持人们对与其他学科区别的翻译所产生的兴趣。与此同时,翻译研究的研究重心似乎也在不断变动,对文本的翻译再也不是一种简单的语言间的行为;相反,它愈加与文化翻译联系在一起,而文化翻译的属性体现在对政治或意识形态的改写。翻译的核心是利用各种方法和手段改变和(解构)重构意义,并重新建立起一套意义的过程。

　　这个重建意义的过程进一步凸显了语言的不可靠性。翻译和翻译研究形成多重意义场,引致抵制和同化之间的公开冲突,产生多种解释的原则和结构;虽然翻译实践在文化为基准而形成的框架大大地加深了对翻译研究的理解,但是也增加了其不确定性和复杂性。译者不得不与主导翻译的意义—意向角力。翻译作为一种跨文化交际的形式,使意义—意向变得愈加捉摸不定。译者的政治偏见对于恢复和创造基于源语(或不大基于源语)的意义起到一定的作用。在这个"恢复意义"的过程中,去除翻译的政治化是困难的,因为即使译者或赞助者最初选择作为翻译的文本都是一种政治行为,无论是有意识的,还是无意识的。然而,无论有意还是无意,翻译往往可以摆脱束缚,不完全忠实于原文——事实上想完全忠实原文是不可能的。意义由符号提炼而来,当翻译中出现一套不同的符号体系时,意义究竟是基于源语的符号还是目标语的符号,往往不得而知。如果阅读是一个处理意义的无休止过程,翻译则只能使意义更加不稳定及问题化。显而易见,把翻译简化成仅仅把意义从一种语言"准确地"转化为另一种语言,完全是徒劳无益的。

在源语或目标语中,对同一段落呈现出不同程度的敏感性,无论这种敏感性具有文化或是政治属性,均表明了翻译内在的不确定性。由社会因素而构建的阅读习俗是译者必须重视的,译者有机会充分利用这些阅读习俗来为己所用。在跨文化交际中,探索和分析阅读习俗的差异能够改进翻译行为或者操纵政治后果。政治性的释义和重新(再现)在翻译中随处可见,因为意义和重组须与译者和目标语读者的意识形态大致吻合。有些翻译会选择提升某些方面的显著程度,尽管这并不代表可见度的提高。当然提高可见度反过来又能增加这种突显性。建立突显性首先要求对定位的关注,然后通过对某些语言和文化特征的仔细处理来控制和形成意义,这些特征在原文中有些很明显,有些则不然。

不可避免,翻译要处理原文的细节,体现在语言多样性及变化中。某种政治会促使某种相应的翻译策略建立意义的结构产生举足轻重的作用,如果不是意义本身的话。在对意义的讨论中,译者依循某种阐视的程式,使读者能够识别由作者或者译者,或者是两者一起赋予的意义。翻译中的形式差异是不可避免的,表现在多种因素之间微秒和复杂的相互影响上。翻译是在社会、文化、经济和政治等特定的语境中完成的,并且翻译总是试图通过各种重新叙述的方式来改造语境参数的。虽然由差异产生了两种语言和文化在翻译中的张力或冲突,并且这些差异是无法约减的,然而翻译仍然试图进行着微秒和复杂的模仿。

似乎如果不和原文保持不断接触,模仿就会变得困难。可是接触过密又会产生问题,例如译文会不够流畅,因为源语文中某些语言和文化因素在目标语中是不被接受的。换言之,它们是不能被直接复制到翻译中。霍米·巴巴似乎认为严格的模仿并不可行:"翻译也是一种模仿,但是以调皮、替换的方式——对原文的模仿不强调原文的主旨,它可以被模拟、复制、转移、转换、变成模拟物,等等。"①就重塑相同的信息而言,这是在挑战原文的权威地位同时下放控制权。在功能主义看来,对原文的形式和文体的模仿不是可行的途径。彼特·纽马克(Peter Newmark)指出:"这不过是常识,为了把事情做好,你必须知道你为什么要这样做。如果你翻译一则肥皂广告,你不会用翻译赞美诗的方法。"②但是,这种翻译不大可能出现,因为肥皂广告和赞美诗本身的撰写方式就不一样。对于原文的较好模仿只会导致形式上的相似,而不会大幅度改变译文与源语相对应的功能。

尽管解构主义的翻译观提出了消解中心与边缘二元对立的挑战,分解源语文本的权力并没有得到充分的认同。传统意义上,翻译是否准确是其合法性的终极依据,而最简单的就是模仿。异化似乎是最常见的模仿,并且看起来是令人信服的忠实原文的表现。但模仿绝不是如此简单。模仿的对象不应拘泥于形式,不然极易变成心不在焉的模仿。问题当然在于形式上的相似是流于表面的,表面的模仿会有碍意义的展现。不恰当地选择目标语的能指会抵制、淡化甚至扭曲意义,虽然表面上看似乎是对应原文的最佳对等。在某种程度上,意义是"私有的",只有特定的读者群体才能明白。在跨文化语境下,使意义为目标语读者接受,是翻译作为一种跨文化交际行为的目的。

为了理解翻译中意义的本质,翻译研究必须与释义和意图等问题密切联系起来。释义是理解意义的先行步骤之一。在这方面,释义政治会影响所产生的意义。翻译反映了从释义到文化适应的转换过程,这种转换是在文本政治和读者的挪用方面的。对一个信息进行重新编码的目的是使它能被较为"正确地"解码,也就是有必要创造一种语言使目标读者能够解码原文应有的信息。完成释义需要对意义有一定的理解,而意义来自于语义上晦涩难懂的表面意思。在许多情况下,字面意思不经过释义,在翻译中会变得费解而无法解码。因而,在不同的文化和政治设想中建立起来的各种释义模式对意义的产生有紧密的关系。

释义政治与文学语篇的指示作用密切相关,释义对文本对象的再描述使

---

① Homi K. Bhabha, "The Third Space", In J. Rutherford (ed.), *Identity, Community, Culture, Difference*, London: Lawrence & Wishart, 1990, p. 210.

② Peter Newmark, "The Curse of Dogma in Translation Studies", *Lebende Sprachen*. Vol. 35, No. 3, 1990, p. 106.

目标读者感到有些陌生和不熟悉。去语境化是意义的必备条件,而在翻译中意义又来源于重新语境化。在不同的历史、文化、政治和社会语境下,尽管译者具有足够的能力,某些价值和观念在翻译中是不能完全和清晰再现的。译文的可解码性因而降低,因为目标语中的意义系统不尽相同,阅读的语境不利于意义的获取。因此,意义的形式结构应该小心建立,而不是任意强加于目标读者。在回应能指时,阅读群体的集合意识可能达成对应的意义。在阅读翻译作品时,目标语读者既可按照译者的意图阅读,也可按作者的原意阅读,作者往往能够运用控制、引导读者的注意力。尽管源语文本预设了限制,原文中设定的意义常有可见与不可见的改变。不管历史和文化如何变迁,有些意义仍然可以看出较为稳固,译文中不同的重构方式激活了不同的视角,从而影响了意义的接受程度。

第二节　翻译的政治路线图

翻译研究探索艺术与意识形态的联系,以及各种各样的方法去暗示或掩盖社会、政治或经济现实。翻译探索着各种减少异质感或者突出源语文本的自然趋势的方法可以被理解为与译者或者其赞助人的政治议程有关,因为完全坚持政治中立性是不可能的,尽管这是一个令人向往的理想。译文中无法兑现的因素往往要么是有害的,要么无关宏旨。当比喻被用作利用能指的身份来突出意义的多样性时,翻译会推测政治与文化方面的变量,以应对不断变动的关联性。

翻译的重心和反应根据变动的关联性,产生文化和政治的意义上改变。翻译必须考虑产生原文的社会、政治和文化条件。文化偏见和政治利益在翻译里得以表达和强加,并体现在翻译策略里。认清文化政治的重要性可以揭示翻译对某些文化价值的恢复和拒绝。意义通过再现文本中的特征,突出或者隐蔽有关种族、阶级、殖民主义和文化帝国主义等问题。政治释义带来的歧义只会导致新一轮的释义。文化政治需要的是带着政治敏锐性进行翻译研究,要求翻译实践反映如何跨越文化疆界,以及在(再)产出文化时做出清醒的决策。

即使源语文本不太具有政治色彩,译者仍有可能利用相关的政治和文化语境,利用政治手段发出自己的声音。翻译的历史偶然性给予阐释实践政治

优势,作为一种政治力量庇护更大范围的文化价值。帕特里克·皮里玛维斯(Patrick Primavesi)评述道:

> 译者的任务始终是自相矛盾的:他不得不改变自己的语言,尽量地去模仿外国文章——好比一个演员穿着不合身的戏服。另一方面,他不得不破坏原文,用新的文本取而代之,并且不着痕迹,让其消失得无影无踪。①

翻译的局限性可见一斑。虽然皮里玛维斯似乎在提示扮演译者并不舒服,他表演穿着的戏服并不合身,不是为他量身定做的。可是这并不一定意味着他不喜欢自己的角色。译者的公众身份与他的真实身份不符。然而问题在于他的身份是隐形的,抑或还没建立起来。如果他穿的戏服不合身,观众会知道这不是他的戏服——不是他原本的写作风格。好比演员,译者以包容文化差异的形式假装成其他人。不仅他的戏服,而且他自己的角色也不适合他。他至少要暂时性地改变他的性格和风格,甚至在某种程度上改变他的态度。还是用相同的比喻,他应该研究和理解自己的角色。这是一个外国的,因而是外来的角色。从某种意义上说,虽然他暂时改变他的身份,但是其真实身份仍然存留下来。

人们不情愿受到翻译的传统观念限制,这一点是不容忽视的。然而,如果译文跟原文背离甚远,译作就不再被看为翻译了。正如雪莉·西蒙(Sherry Simon)言:"许多人在用新的语言重写文本时,都不希望被定位为译者。"②此态度体现的不是对忠实观念的间接藐视,而是希望摆脱传统上对翻译的限制。可以说翻译在身份的错位中,同时包含了对差异的承认和否定。的确,不仅有各种办法来克服翻译的限制性,而且转弊为利。这里的悖论是,译者假装成其他人的时候,也被给予所需的自由——哪怕是间接地——去实现文化和政治议程。在这一方面,身份取决于译者如何认识翻译究竟该如何进行。应否把作者对于语言的态度翻译出来,显而易见,是一个超出技术层面的挑战。翻译显然不局限于源语文本的语言结构,并且需要捕捉信息中的语

---

① Patrick Primavesi, "The Performance of Translation: Benjamin and Brecht on the Loss of Small Details", *The Drama Review*, Vol. 43, No. 4, pp. 53—54.

② Sherry Simon, *Gender in Translation: Cultural Identity and the Politics of Translation*, London & New York: Routledge, 1996, p. 43.

气。倘若如此,翻译是否要考虑到原文中的社会、政治和文化环境呢?答案无疑是肯定的。

但是事实上,由于翻译引起的文化错位首先转换了相关视角,上述的各种环境在翻译后如果不是完全没有关联,就会变得不合时宜。产生翻译的环境一定不同于原文的创作环境,翻译也远远不只是对原文的复原,而是如皮里玛维斯所说的是一种替换。替换为差异创造机会,甚至会否定原有的文章,而不是对其进行再生。这样的一个转换过程需要改变源语文本的身份,这种改变是微秒的,或许是不易察觉的。

这是因为演员/译者具有独立的文化和政治身份。翻译不容许外国文化过度地影响目标语读者,翻译对重新注册的严厉禁止防止了文化渗入,也降低了自身文化被污染的风险。在文化出现混乱和移位的过程中,意义和社会进程不断地重新协调彼此的关系。韦努蒂言之有理,他谴责归化主导了英美翻译文化并且把这种现象描述为"种族中心主义的篡改"[1]。这样的翻译文化具有的趋势应该受到谴责:不协调有可能发生冲突的文化和政治价值观。因此,翻译策略遏制了再协调的可能性,拒绝接受外国的差异。更甚之,翻译严重缺乏对外国文化身份的尊重。

文化身份可以被定义为一种特定的文化形式,其暗含的假定是异化策略有助于加强自身的文化身份。韦努蒂指出:"……身份形成的过程是重复地建立在内部的对话和制度之上的,这些基础以种族为中心,不遗余力地遏制各种可能性,不仅阻止外国文化的再现,而且本国的主题也无法建立起来。"[2] 拒绝接受外国文化的真实形式实际上有害于本国文化身份的形成,因为这意味着没有机会改变文化视角和发展丰富其内涵。而且,两种语言的差异犹如两国重要的边界标志,如果他们被抹去,就无法保持外国文化的身份。

翻译采用霸权主义的方法妨碍接受外国文化并采取优先权,这本身就是一种侵略的行为,加之又成功地消除了外国文化身份的外在痕迹。不过,韦努蒂承认异化会"冒译文难懂和文化边缘化的风险,通过过度偏离本国的意识形态和使国内机构运作不稳定。但是因为非种族中心主义的翻译对文化

---

[1] Lawrence Venuti, *The Translator's Invisibility: A History of Translation*, London & New York: Routledge, 1995, p. 22.

[2] Ibid.

差异采取更加包容的态度,无论这些差异是外国的还是国内的,都是值得冒险的"[1]。进一步开放自身文化才可以使文化差异在目标语和目标文化身份中产生影响。韦努蒂为文化身份和归属感,以及外域差异性和翻译政治等复杂和反复出现的问题开辟了新视角。

但是这样的异化似乎简化了翻译的政治路线图。需要指出的是韦努蒂只是从一个具体的角度处理异化。一旦转换这个角度,从逻辑结果来判断,既然异化能够颠覆或者破坏目标语文化,为什么后者不能像韦努蒂提出的霸权语言异化翻译那样,也得益于异化策略呢?这种政治公开化的翻译方法有明显的局限和严重的缺陷。这是否意味着其翻译少数族群语言或者影响力较小的语言作为译入语也应采用这种具争议的教条式做法呢?此外,它也体现了翻译研究充满了风险,其性质是由特定的历史时期内,对特定文化的视角的转换和政治考量的改变所决定的。因此,不考虑目标读者的反应和不加分析的异化是轻率和不负责任的,未经文化调解的翻译难以实现文化信息的交流。这种无形的"包容性"十分有利,拓展到种族、性别、阶级和宗教,对文化及其相关的重要性、紧迫性、现实关联和贴近现实不知不觉地产生作用。重新塑造文化和政治身份为多重的及不稳定的位置的聚合可以为翻译研究注入新鲜活力。因此,译者的身份相应地呈现多元化和不定性,鉴于此,翻译不仅需要而且难以避免地要进行文化移入。

第三节 翻译的构建

政治的优先排序很有可能会继续主导翻译研究,当中的文化身份也会不断政治化。政治或者意识形态完全有可能驾驭商业考量,决定了译文的选择和出版。在这些千丝万缕的关系中,很难清晰地划分文化趋向和政治趋向的界线。正如玛丽·伯恩斯坦(Mary Bernstein)所言:"激进分子不时地挑战政治和文化的区别,例如当女权主义者要求解释文化或者个人行为背后的政治意义时。"[2]通常情况下,文化因素和政治因素是不可分割的。尽管两者也在

---

[1] Lawrence Venuti, *The Translator's Invisibility: A History of Translation*, London & New York: Routledge, 1995, p.23.

[2] Mary Bernstein, "Identities and Politics: Toward a Historical Understanding of the Lesbian and Gay Movement", *Social Science History*, Vol. 26, No. 3, 2002, p.536.

不断融合，当强调文化改变时，影响翻译策略的政治因素就会在这些变化的本质以及影响范围中突显出来。获取新的文化身份的冲动也是由政治驱动的，像其他一些学科一样，翻译研究欣然接受一种本质主义的社会身份，并将其当作有限的、不完全的政治。翻译无疑已成为诸多推动文化和政治行动中不可分割的一部分。在全球化时代，文化霸权和政治霸权比以往受到更强烈的抵制，翻译的本质和跨文化语境下的意义受到了更加密切的审视，并常常联系到牵涉两者对比和相互影响的文化和政治问题。

各国的文化和政治现实差异是非常大的。翻译总是在打破不同的政治和意识形态中两个或多个文化系统之间的"平衡"。一个文化系统的开放度首先取决于该系统自身的安全感。虽然采用一种更趋理性的文化视角会使文学与意识形态保持距离，但是外来文化间接引起的因果关系仍然被归咎于对固有身份的依赖。事实当然不是如此。任何文化和政治视角的改变都会影响文化身份的稳定，以及引起能否控制这种变化的担心。阅读译文使人同时身处自身文化和政治环境的内部和外部，并且使人处于永久的变动之中：思考单程或回程的可行性，同时又意识到此举是行不通的。人们普遍认为，在跨文化交际中不能够严格地区分开移入和同化（虽然它们是分开的）。一来，两者的对立虽然十分常见，但并不一直占主导地位；再者，移入起着平衡同化和适应之间相互竞争的作用。

移入在翻译中默默运作的机制，不免与源语文化和目标语文化的基本文化政治价值观发生对抗。文化和政治的态度和关系清晰可见，不同的文化和政治设置规定了翻译策略的形成。虽然凯瑟琳·海勒斯坦主张"翻译行为是取舍的最高艺术形式"，但是她继续指出："译者必须不断地周旋于冒险和妥协，原创和合作，个性和群体之间。"她又进一步指出："与其选择直译还是意译，做爱国者还是叛国者，不如说译者必须创造更多词汇……"[1]这些新词汇为译者创造更广阔的文化和政治空间去表达自身群体的文化和政治关切，并从不同的政治视角审视跨文化问题。

乔治·斯坦纳（George Steiner）在谈及艾兹拉·庞德《华夏集》里的十四首中国诗歌翻译时，引用了T. S. 艾略特（T. S. Eliot）的话："每一首翻译反

---

[1] Kathryn Hellerstein, "Translating as a Feminist: Reconceiving Anna Margolin", *Prooftexts*, Vol. 20, Nos. 1 & 2, 2000, p. 192.

过来进一步证实了西方'中国发明'的根本所在。"①倘若如此,这是个文化移入的典型例子。但同时他也观察到"庞德的天赋主要为模仿和自我嬗变"②。两者的同时存在不是自相矛盾吗?据斯坦纳,庞德在对中国一知半解的情况下,在自己和西方读者之间斡旋。正因为西方对中国的了解相对匮乏,中国文化价值观的移入既是容易的,同时也是困难的。

对于在西方想象的中国和庞德模仿的中国古诗(至少是想象中)之间结构的限制,显然是没有解决之道的。史蒂芬·姚(Steven G. Yao)提到"庞德几乎不懂汉语,不具备作为一个中国诗歌翻译家的资格"。又指出:"然而,虽然他在《华夏集》里对中国诗歌的翻译似乎存在不少'问题',但是实际上在那个时候,除了少数学者,没有人能够动摇他的翻译地位。"姚认为这是由于"读者在中国文化认识上的巨大空白"③。有意思的是,译者的无知竟然受到了同样无知的读者的"保护"。可是这并不是问题的全貌。庞德的翻译固然是建立在厄内斯特·弗诺罗塞(Ernest Fenollosa)笔记的基础上,但这个事实却说明了庞德的天赋:"尽管他只掌握了极少的资料,他却能够进入到原作者的内心深处,这是一种超乎常人的洞察力。"④

这听起来像分类学上的一个谜。显然庞德没有试图要把中国文化转换成西方文化,也没有高估一般读者的文化认识水平,但评论还是认为他捕捉到了中国诗歌世界的现实。这并不是偶然的,庞德缔造的不大不小的奇迹得益于他对政治的定位:

> 庞德在诗歌中涉及女性主义的定位,这不仅因为他挑选了关于女性和突出女性代言人的诗歌,还表现在他对细节的翻译处理上。在《华夏集》的诗歌翻译中,庞德系统地提升了女性在作品中的地位,使她们以诗歌为舞台更好地表达自己的心声和发挥自己的作用。这一点是远远超

---

① 斯坦纳承认此是引用自休·肯纳(Hugh Kenner)。见乔治·斯坦纳:《通天塔之后:语言与翻译面面观》(*After Babel*: *Aspects of Languages and Translation*),牛津:牛津大学出版社,1998年,第378页。

② 同上。

③ Steven G. Yao, *Translation and the Languages of Modernism*: *Gender*, *Politics*, *Language*, New York: Palgrave Macmillan, 2002, p. 27.

④ 叶维廉,引自斯坦纳(Steiner),第378页。

出原作甚至弗诺罗塞笔记的。①

这在一定程度上解释了读者对不准确或者(和)不充分的包容态度;只要翻译服务于文化和政治目的,这样的不足就显得无关紧要了。无论如何,意思都需要由翻译而构建,翻译包含了不同标准的准确和充分。准确地说,这不是在翻译或者替换原文的意思,而是在对意义的不同处理中创造新的意思。与其说这是被目标语同化,不如说是添加意思。

为增加译文与目标语文化情况的关联度,需要进行复杂和精心的操纵。庞德杂交了中国诗歌和他以自己诗人的身份对诗歌的理解。显而易见,翻译不仅仅是一种文字游戏,而是在跨文化语境下的一种政治行为。关于这点,弗诺罗塞的说法颇具启发意义:

> 中国的问题太宏大了,任何国家都不可忽略中国。我们美国尤其要跨越太平洋去直面它,掌控它,否则我们就会被掌控。而掌控它的唯一办法就是抱着同情之心、努力不懈地理解它最好、最有希望和最能体现人类本质的元素。②

了解认识外国文化具有重要的战略意义。视具体情况而定,译者缺乏对外国差异的认识,或危险或有利。发展文化多样性可以取代文化和政治的统治。姚以叶芝(Yeats)为例:对后者而言,"……翻译通过发扬其他国家和传统的伟大作品,加强了爱尔兰文化的多样性,使爱尔兰免受盎格鲁-撒克逊文化的过度影响。"③然而,文化杂合会影响自身文化获取其文化身份。虽然文化身份和政治身份绝不是固定的,但是文化杂合也具有破坏性。这种身份混合性造成了许多本土身份的丧失和殆尽。杂合能有效调解文化差异,也能同样有效地除去这些差异。

---

① Steven G. Yao, *Translation and the Languages of Modernism: Gender, Politics, Language*, New York: Palgrave Macmillan, 2002, p.35.

② Earnest Fenollosa, *The Chinese Written Character as a Medium for Poetry*, Ezra Pound (ed.), San Francisco: City Lights Books, 1969, pp.3—4.

③ Steven G. Yao, *Translation and the Languages of Modernism: Gender, Politics, Language*, New York: Palgrave Macmillan, 2002, p.125.

第四节 翻译角色的重新定义

比起赤裸裸地强加文化和政治观念,杂合化似乎是开展跨文化交际的理想方式,但是如何实现杂合可能产生政治方面的问题。虽然杂合是一个授权的概念,其也具有潜在的争议性和危险性,主要因为它与多样性背道而驰,而且还不允许相互同化。不过,文化多样性必然要让位于某种程度上的文化杂合性。此外,并不是每个人都使用相同的政治语言,但政治利益可以通过调解来实现。为此,制度化的调解模式成为必要,而且已经出现在一些目标语里。然而,跨文化交际中各种程度的调解为政治操纵文化再现开启了可能性。在翻译中归化文化差异可使译文饶有趣味,如同在呈现原文一般,但是这背后也有政治动机。丹尼尔·科勒通(Danial Colltom)强调"阅读中无法避免政治:语境凌驾于构成任何形式的文本的阅读与理解的力量"[1]。一些政治上不便提及的内容可能会被译者或者其赞助人屏蔽掉。没有翻译可以幸免于政治和文化变形,因为文化间的交流离不开中介的帮助,而这种帮助极少是和政治无关的。

翻译以史为鉴,开创未来;追根溯源,纵横衍生,服务于各种各样的目的。翻译在与源文化的比较下会突显目标语文化的不充分。"理性地"抵制外来政治,有时候被采用来消除对目标语系统有害的暗含意思。因此翻译中的释义成为必需,文化和政治协商亦在释义中进行。这在源语文本和目标语文本之间形成一种无形的公共认识。源语文本和目标语文本、忠实与不忠实、等值说、转移内容、流畅度等翻译中的传统概念正不断遭受严峻的挑战。追求自然的翻译语言也许理所当然,但作为一种跨文化交际的手段,除非是出于特定的政治或者美学目的,翻译若装扮成原文或被误以为是原文,乃是翻译的失败。

如上所述,"准确"再也不是翻译研究的理想目标,取而代之的真实性在译文和翻译策略的讨论中获得越来越多的关注。由于研究翻译的本质没有一种"普遍的标准"或者面面俱到的方法,故需要仔细观察译者的选择以及研

---

[1] Danial Colltom, *Text and Culture: The Politics of Interpretation*, Minneapolis: University of Minnesota Press, 1989, p.138.

究目的、挪用、包含和排除等一系列因素。因此考察译者决策的恰当性势在必行。通过考察译者的决策过程可以衡量翻译的各种途径,检验中立、真实、公平等判断标准。翻译必须致力解决跨语际和跨文化交际中不相容的问题。跨学科视角为翻译另辟新径,重新定义翻译的角色以及翻译的本质。杂合概念修正了传统的"准确"作为翻译的本质身份,常常涉及由于文化不断的调整和重新定位所引起的某种质变。如果个别意思在目标语中无法找到对等,重新组合似乎是唯一的解决办法。翻译的其中一项中心任务是推动文化跨越疆界:在跨文化交际中缩小文化差距,而不必涉及任何政治价值观,然而在翻译研究中的论证尚不够充分。跨越边界涉及各种表面上无法调和的立场,使各种文化和政治视角水乳交融。无论如何,引进外来的各种视角和立场造成了翻译研究身份的混乱。

在范登阿比利(Georges Van Den Abbeele)看来,"一切关于文化的事物都是以杂合的方式出现的,杂合不属于任何一种身份,这种'两不像'很可能影响各个身份的稳定。"[1]翻译置身于两种文化之间,创造了多维的文化身份,特别是在文化超越疆界和成功解决文化冲突的时候。各种维度互相交错,语言交际中融合了文化,文化交际中又融合了语言。一旦不同文化开始相互交流,它们就无法保持相互剥离,从而影响到文化身份。翻译是对原文的改写。翻译改写释义而不是原文的表面结构,于是便增加了故意操纵或者其他性质操纵的可能性。翻译是一种被动的意识形态(改写)写作这种根深蒂固的看法应该受到质疑,翻译与语言阅读就是密不可分的。翻译研究的活力源于翻译的本质、过程和结果等方面的大量探索工作。语言和文化与众多重要问题互相交织,因此具有其他学科背景的学者也把研究兴趣投向翻译实践和翻译研究。

翻译研究最近的发展表明通过借鉴其他相关学科,翻译研究的内涵得到了极大的丰富和发展。翻译研究的跨学科本质使具有创新性和意义重大的领域互相交融,不仅激活了翻译研究学科本身,而且还为相关学科注入了新鲜活力,这种交融持续发展又可以丰富相关学科。文化与背景的互相交融为新的理论提供试验和发展壮大的场所,而且也拓宽了翻译研究的发展空间。

---

[1] Georges Van Den Abbeele, "Theory and the 'Chunnel': Cultural Studies and the Retreat of Ideology", *Symploke*, Vol. 11, Nos. 1 & 2, 2003, p. 87.

结　语

　　翻译研究与相关学科的联袂，带来了翻译活动思考模式的转变，为深入研究翻译的本质提供了更多的启迪和成熟的理论方法。继续深化这些方法可以重新检阅、阐述、修正或者巩固现有的观念。学界应该为这种学科间的杂合而鼓舞。尽管随着相关学科数量不断增加，范围不断扩大，学界已为翻译研究的学科身份感到忧虑，然而学科互动仍然具有积极的作用：每当一种知识被借用到其他学科，经过一个不同的学术环境检验后，便有机会接受全新的启发，从而获得进一步的发展。翻译周旋于语言和文化，政治和历史之间，跨越各种学科为智慧的互相交融创造了一个叹为观止、前景美好的框架，以探讨意义、文化、政治和历史内在的不稳定性。与此同时，翻译研究从其他学科吸收过来的各个成分相互影响，为该学科带来了生命力和探索精神，并建立起有别于其他学科的独立地位。翻译研究通过整合各种迥然不同的元素，形成了全新的身份，而这个身份也将会经历持续的嬗变。

第六章　翻译与异质他者的文化焦虑

引　言

　　本章旨在讨论异质他者,尽管其价值与作用似乎已成定论,有时甚至被视作激活或振兴本土文化的催化剂,却又不可避免地招致怀疑。同时还应指出,异质他者是与翻译内在的文化政治相关的,这一点是不容回避的。基于任何文化接触中都存在将他者性译入母语的情况这一假定,本文意在提出一个不固定的、总是变更的新的身份概念。有效的翻译不仅仅取决于对所译信息内容的合理解读,还取决于目标语读者将该信息同相关文化情境联系起来的能力。阅读译文的过程同时也是一个学习的过程,在这个过程中读者努力理解不同、新鲜和陌生的成分。译文可能导致损失某些可理解性,而这些可理解性是源文本所具备的。换言之,文本的难懂,是经翻译后才出现的问题。但翻译并非势必造成可理解性的缺失,翻译产生的是不同形态的可理解性,尤其是采用异化手段的时候。不论异化有多少明显的优势,仍然有令文本变得无法阐释或难以阐释的弊端。只有那些能够将文本与文本世界联系起来的人,才可能阐释文本——文本世界是指源于该文本的现实。由于文本所处环境的变动,某些在源文本中简单易懂的表达,在翻译后,特别是异化翻译,可能变得有些难以解读。如果源文本是可以被阐释的,而对其进行异化翻译后其阐释性大为降低了,无论异化翻译本身在政治或文化的层面何等可取,就显然成问题。故此,除非我们对异质他者的复杂本质有清楚的理解并对其做相应的处理,否则异化翻译不可能有什么实际意义。通过指出异质他者在涉及文化经历以及对差异的了解有时会变得如何神秘莫测,我们可能在某种程度上阐明异质他者的本性。

第一节　他者引发的焦虑

　　源于异质他者的差异有时会给目标语系统带来巨大冲击,或者是破灭我们习以为常的有关等同的幻象,尽管这并非出乎意料。允许异域他者生存于自我之内可能产生的问题是难以预料的,对于那些曾处于文化政治边缘、有着被殖民历史的弱小民族而言更是如此。翻译导致的结果就如同让虚弱的病人跟外界接触,暴露于各种传染病菌之中。为免于异质力量的困扰和伤害,文化保护主义提供了一种逃避或者说是否认异化和殖民的方式,这二者被认为是扰乱本国文化的罪魁祸首。异域他者对本国读者来说可能相当陌生,甚至无法识别。如此看来,认为他者如同自我一样的设想是十分幼稚的。可以肯定的是,自我是现实主义的缩影,再现已知;他者如同幻影,指涉未知,而未知经常是最让人疑惧的,展现出广阔的想象空间。未知与差异紧密相关,然而正是由于差异在翻译中的显著地位,词语在另一语境中有不同含义的可能性,使得语义理解和文化政治假定受到威胁。从未知到可知,再到已知的进程正是艰难而复杂的文化交流过程。

　　一般认为,翻译跟文化的形态和价值密不可分,因此源语文本同目标文本间的文化差异注定会产生焦虑和冲突。文化翻译不可避免地要翻译文化他者,或其他文化的他者。翻译是文化交流强有力的媒介,完全可以展开新的文化和政治空间,从而撼动种族霸权身份和结构。来自异域的文化和意识形态影响足以导致社会和政治变更,目标语系统又很难避免文化混乱或骚乱的结果,因此不可否认这种文化入侵的可能性使目标语系统遭到了真实的威胁。翻译的结果可能鼓励了对现存秩序及其解释的批评态度。文化变更确实具有迷惑性和欺骗性。不同的文化观念影响文化形态某种特有属性的作用方式,从而满足不同政治和文化利益的需求。譬如西方他者,会被用来作为普遍特征强加于某一本土文化,后者则被迫适应陌生的文化和陌生的思维方式。为消除恶性的异域影响,抵御外来文化的战争一再打响也就不足为怪了。

　　确实,文化政治的弹性满足了不断变更的文化增长和扩张的要求,很大程度上使得文化多元任意性成为一再带来威胁的根源。某些文化形态、模式和价值观的(不)可兼容性处于无休止的兴奋、焦虑和恐惧状态中。然而,中心/边缘的并置会带来不安和尴尬,因为它暗示了过去的殖民历史,同时也提示着再次被殖民的可能。同样,基于异域的原则和标准,翻译可以再现来自源文本能指与所指的任意性。结果,目标语读者被置于异国他乡,毫无安全感,于是渴望回到熟悉的故土以避免承受更多的文化后果。在第三世界国家看来,他者代表了西方殖民主义或是其残余,显然,其政治和民族价值标准依然有害。鉴于这种文化入侵的潜在危险,文化翻译——很明显这并非不必要——必须通过话语的力量采取某些必要的手段来抑制或遏制异质他者,此处的话语是指文化政治意义上的、受到或明或暗地控制下的翻译话语。

  翻译异质他者不可避免地触及普遍主义,然而由于文化他者缺乏普遍相通性,他者文化的许多习惯和信仰仍被视为是对本土文化和政治有害和陌生的。理解往往受到并不具有普遍性本土的地域和视角的限定。故此,所谓的普遍性或许是虚假和压抑的,带来的结果是文化差异被超越或排斥。贝克(Beck)的主张不无道理:"相对主义旨在强调一切普遍主义希望超越的差别,因此无论哪种相对主义都倾向于拒绝任何承认或发展普遍规范的可能。"[①]通过本土化或在本土化之内建立全球化的文化或经济策略,可以解释全球化实质上意味着本土化这样一个观点,甚至使之合理化。人们对全球化在走向整合和分裂两个不同方向的全部过程中如何行进的问题争论不休。关键在于,其中涉及的究竟是谁的本土化。从这个意义上看,确实可以论证本土化就是戴着面具的全球化。本土化首先要成为将被殖民化的本地文化的内在部分,随之而来的是建立全球帝国的压倒性逆转。

  虽然如此,即便是排斥所有的异域他者也不能有效地防御文化帝国主义,后者是指将"西方"价值观强加给具有不同传统的社会(Beck,2004:431)。并且,如果依赖本土价值观,异域他者就很有可能假扮成本土同质性,从而更轻松有效地进行"普遍化"。贝克指出,"……普遍主义牺牲他者的特异性以达到全球的等同,后者否定了其自身的出现和利益的历史语境。"[②]但如今情况大不相同,不计其数的以本地主义形式出现的普遍主义影响着整个世界。与此同时需要承认的是,当我们进入另外一种语言和文化时,我们可能变成

---

① Ulrich Beck, "The Truth of Others: A Cosmopolitan Approach", Patrick Camiller (trans.), *Common Knowledge*, Vol. 10, No. 3, 2004, p.435.

② Ibid., p.431.

对自己来说都是异质的。外来者/入侵者能变成自己人,反之亦然。随着日益增长的国际化(全球化),边界日益开放,并再三地被重新勾画。伴随日渐频繁的国际交往而来的,是意义深远的身份混乱和危机这个重要问题。

  问题的症结在于,跨文化交际尽管会带来对文化入侵的焦虑,但总体上被认为是必需和必要的。譬如,很多亚洲国家通向现代化的道路与西方他者紧密相连。然而,任何陷于二元思维方式的、对他者性过分简单化的理解,都是误导的和无用的。很明显,拒绝接受异域他者只能是一场徒劳,而将单一的身份归于异域他者无疑过于简单粗暴。针对西方学者对非西方文化单一、刻板的理解,萨义德(Said)借用"东方主义"的概念,为我们提供了极具洞察力的批评。同理,也存在一种"西方主义",反映对西方文化无知的理解,这种现象在许多非西方国家中颇为普遍。无知,或者不如说是缺少对异域他者的理解,带来的不仅仅是"勇气",更有意味的是,由文化误读和误解引起的疑惧和焦虑。防止本国文化经历不良变更固然是必要和无可厚非的,但进行大规模的文化同化显然也不是明智之举。要应对"他者"和"边界"的问题,必须了解并合理解释普遍主义、相对主义、种族主义、国家主义、世界主义和文化多元主义,毋庸置疑,所有这一切都相互关联。关于放逐和异国风味、同化和祛魅的概念是不断变化、让人困惑又难以捉摸的。对异域他者无论是接受还是反对,同样都需要认真考虑文化身份以及与其他文化相关的归属问题。

第二节 他者性无处不在

  了解并向其他文化学习的迫切需要激发了翻译行为,而希望了解异质文化的兴趣很可能来自对神秘主义和异国风情的好奇。简言之,异质他者所再现的、置于陌生与奇怪里的不可预知或缺少可预知性,标志着目标语系统的语言和文化从一致性、规律性和可预知性的转变,尽管译语系统在文化政治价值标准方面提供了一定程度的安全性和信赖感。毕竟,可预知性保证了稳定性。另外,如加布里埃尔·施瓦布(Gabriele Schwab)所言,"……如果没有对另一文化的全面了解,要进行阅读就必须对异域文化他者进行某种'种族中心主义'的翻译,使之进入自己的言说方式。"① 也许施瓦布所言不虚,可是这并不一定意味着故意回避他者。同化冲动的产生的动因也许是对异质因素潜在的怀疑心态,而非强烈的文化优越感,尽管我们几乎不能否认这种优越感确实存在。将相关性和一致性归因于所遇文本是极之自然,否则该文本将导致混乱无序。无论如何,对另一文化知识的缺乏不能阻止人们与外界发生联系,如果加强与他者文化的接触和联系,所谓的不足与无能便可得以矫正。

翻译是某种形式的阅读,不论出于什么原因,如果这种阅读减少了异质性,那么读者阅读译文时就被剥夺了体验差异的机会。经过目标语读者再次"翻译"(施瓦布意义上的翻译),源文本经历了双重翻译,即对翻译的翻译。由于受熟悉的参数所限,而它们必定会影响甚至决定阅读结果,目标语读者也许会无意中对他者进行改造,使之熟悉化后,再将其纳入目标语系统,从而造成某种程度的不真实。当然,我们承认保证真实性是相当困难的,但如果真实性遭到质疑,文化交流的质量乃至可信度就会大打折扣。于是,为实现阅读和改编的可感知的功效,人们经常对真实性进行重新定义。在阅读中,对他者性的忽视为歧视、偏见和非理性的出现提供了更多机会,这种以熟悉和可预知性为特征的、看似同质的阅读和翻译方式,实际上对在翻译中保留文化和政治多样性相当不利。然而,对他者的边缘化行为可能是出自文化无意识,是一种通过排除陌生因素进行自我保护的文化心理。故此,可能存在这样一种潜在的危险,即伪阅读导致伪翻译,进而再次导致伪阅读。

尽管事实很可能如此,我们还是不能把这一切简单地归咎于文化无知,而应当将其视为文化制裁的行为。需要指出的是,这与无视或抹去他者的行为不可混为一谈,后者实际上暗示着对他者的承认,是在涉及他者关系中的自我视觉的替代,尽管他者并未得到足够的尊重。然而严格来讲,这与同化并不相同,而只是一种自私的文化挪用的粗劣形式。它确实说明了一种根本的矛盾心理,即对异质因素,以及对自我和他者复杂关系的态度。由于牵涉到自我分裂的可能性,文化身份是一个颇为敏感的话题,因为自我分裂包含着有力的颠覆性的意义暗指。通过翻译及阅读翻译来接受异质他者的尝试,

---

① Gabriele Schwab, *The Mirror and the Killer-Queen: Otherness in Literary Language*, Bloomington: Indiana University Press, 1996, p.11.

充溢着吊诡的意味——这里包括了所谓作为翻译一部分的阅读和作为一种阅读方式的翻译。对自我不足的认识和出于了解他者的需要促使人们从事翻译活动。但对作为异质核心的他者的无节制地简化似乎过于轻率,所表现的是对跨文化交流的短视。在某种意义上,我们可以将这种现象归为仇外情节,或者是对文化帝国主义及其种种表现(宗教、社会、经济和政治等方面)的草率反应,而不是文化种族中心主义的自大心理作祟。

由于字面和形式上的他者可能妨碍目标读者的阅读和理解,在翻译中将其清除大抵也是司空见惯之事了。但是在形式上保留他者的正式允诺是否真的那么重要?形式特征再现了交际技巧,强调对形式的控制只看到了问题的一部分。如果我们接受这样一个论点,即翻译有可能不过度注重形式他者,而再现本质他者,随即而来的另一个问题就是:形式他者和本质他者是否可以认为是完全可分的?不可否认,对异质他者进行的看似"民族中心主义"的翻译,完全可能并未从本质上表现出民族中心主义和国家主义的立场。影响文本翻译和阐释方式的是一系列复杂的因素,其中包括了文化政治的不稳定性。故此,减少异质他者的成效仍旧值得怀疑。此外,如上所述,出于文化政治可兼容性制约的考虑,变通和调节是必要的;否则通过翻译所借用的对象便会毫无用处,甚至埋下祸根,对目标语系统造成破坏。文化孤立个体的转变只能循序渐进,决不可过于激进。

与此同时,减少异质他者也有其理由,至少在形式意义上如此。被削减了的他者也许是异质精髓的一部分——或者至少是对目标读者具有吸引力的主要部分。在讨论理论翻译时,萨义德将注意力转向这样一个问题,即"某一历史时期和民族文化中的理论,对于另一时期和情境是否完全不同"[1]。当然,一部分的不同来自原信息被接受和阐释的方式,这很可能会歪曲其准确性。萨义德进一步指出:"我们早已习惯于听到这样的观点,认为所有借用、阅读、和阐释都是误读和误解……"[2]他还谈道:"将误读(当其发生时)认作思想和理论在不同文化背景间历史迁移的一部分,对我来说是完全可能的。"[3]毋庸置疑,迁移都是历史性的,而且必须是地点的转移。困难之处在于,翻译

---

[1] Edward Said, *The Edward Said Reader*, Moustafa Bayoumi & Andrew Rubin (eds.), New York: Vintage Books, 2000, p.196.

[2] Ibid., p.205.

[3] Ibid.

意味着一个全然不同的历史和文化接受背景,这种历史和文化间隙使误读的产生有了可乘之机。翻译的删节和阅读的遗漏都是导致误读的原因。如果任何重读都不可避免地是误读,那么误读也可以理解为创造性的借用,暗示了自我和他者不稳定的、相互矛盾的关系,其结果是极端的矛盾或怀疑,很可能是有害和破坏性的,但同时又具有赋予能力和充权的潜能。

正是他者的这种赋权潜能的可能性在翻译中得以广泛的拓展。指望异质中"他者性"的各个方面都得以充分传达是不现实的:不论出于什么原因,只在译文中有选择地再现他者的某些方面是很正常的。而排斥他者就相当于把目标语读者排斥在参与和体验之外,虽然这只是部分的排斥。不过仍没有理由把自我和他者进行二元划分。正如朱丽亚·克里斯蒂娃(Julia Kristeva)所指出,"神秘的、异质的因素就在我们内部:我们是自己的异质,我们是分裂的。"[①]同时,这种双重性既是可分的,也是不可分的,它与将语言视为游戏之场的解构主义观点并无不同,也意味着否定他者与否定自我在根本上是一致的。此外,身份的双重性这一要素开启了加强参与和体验他者的可能性,因为尽管有些不可思议,其实所谓的陌生和新奇对目标读者来讲可能有一种奇怪的熟悉感。先前隐藏的意义一旦显现,带来的可能是兴奋,也可能是疑惧,但毫无疑问,是这种新的体验构成了文化交流中最重要的部分。

第三节　同中有异

对外来文本的翻译深深地根植于与差异的不懈斗争中,这很大程度上是因为传统的翻译观过度强调语义的准确性,认为译文应当与原文等同,或大致等同。必然的,即便是完全异化的翻译,也不可能产生跟原文一模一样的复制品,源文本同目标文本之间的差异是不可消除的。阅读翻译,特别是对翻译的文化阅读,并不存在绝对的等同,这早已成老生常谈。当然,即便等同是遥不可及的,人们不会完全放弃在翻译中追求某种贴近相似性的努力。虽然如此,翻译在等同和差异的夹缝中进退两难,很少有人敢声称自己的翻译跟原文毫不搭界。此外,即便没有精确的等同,文化政治的归属感仍然同翻

[①] Julia Kristeva, *Strangers to Ourselves*, L. Roudiez (trans.), London: Harvester Wheatsheaf, 1991, p. 181.

译研究及文化政治紧密相关。通过处理差异和等同、冲突和借用等错综复杂的关系,译者至少能够将嵌于异质中的部分他者转换为目标语读者熟悉的等同。这只是个尚待探索的诱人的可能性而已,尽管一些译者并不认同这种做法。事实上通常可能是译者通过挪用或同化的手段,将等同置于差异之上,人为地制造一种等同。

很明显,在翻译中被认作是差异的,可能需要进行某些处理,而不是简单直接的语言层面的转换。当语义的有效性成为关注的重心时,文化传递绝不会如此直接。普遍主义使差异的问题化的程度降低,但它本质上并没有设定等同。尤其是西方普遍主义,它可能被作为意识形态的工具,用来隐藏某种特殊利益的支配权,使得差异好像可以被轻易容忍。差异很可能引发身份危机,使翻译的合法性受到挑战。阿斯曼(Assmann)认为,"差异不必再被淡化、容忍,或者被粗暴地征服;差异必须被发现、被承认。"① 同质措施的推行促使了等同的最大化,而等同又使翻译顺利发挥作用。但同时本地个别主义也不可忽视,无差别的等同并不真实,只能是幻想。跨文化交际的多元性、混杂性和非整体性生动地展示了带差异的、高度复杂的文化政治纠葛。在翻译的混杂的文体和语域混合体中,各种语言和文化元素各自归类,其优先次序在对等同的文化再创造的过程中被重新排列组合,这里的等同是带有差异并存在于差异内部的。各种运作的变量之间不同的因果关系,反映了在不同的文化、政治、社会、经济和历史语境下文化生产的不同条件。

简言之,重复不变的等同索然无味,表现为毫无生气。而另一方面,通过翻译,他者/差异的活力得以增长。翻译中的等同尽管只是错觉,但却容易得到读者的认同。一般而言,跟异质相关联的不合常规和不适当的感觉使等同的可能性降低,但这种情况的出现常常是由于缺少具有再创造必要条件的语境造成的。为了抑制等同和差异之间的僵化刻板、毫无意义的划分,必须要超越地区的限制。处理差异的方法之一就是认同差异,用贝克的话说,"普遍主义者将他们的观点强加给他人,而同时像对待自己的命运一样,认真地对

---

① Aleida Assmann, "The Curse and Blessing of Babel: or, Looking Back on Universalisms", In Stanford Budick & Wolfgang Iser (eds.), *The Translatability of Cultures: Figurations of the Space Between*, Stanford: Stanford University Press, 1996, p. 99.

待他人的命运。"①谈到相对主义的特征时,贝克认为"相对主义和语境化思考增强了我们对差异性的尊重,并使同文化他者交换视角的需要变得诱人和必要。"②然而,差异确实提出了身份的问题,其结果是,外在形态的不断改变(这已成为翻译过程中不可或缺的一部分)给身份带来语言和文化的冲击,导致删除的发生。对等同的不同认识为文化歪曲提供了令人信服的理由,或者不如说是完美的借口,这种文化歪曲是减少翻译内在的复杂性而造成的。各种翻译策略由此制订,主要基于这样的假设,即针对不同的社会和文化环境有必要采取不同的处理方式。

此外,还有必要指出,符合(目标语规范)或排拒(目标语规范)以不同的程度和形式存在,通常取决于目标语系统是否有意愿就不同的思考方式进行试验。在这方面,符合并不一定代表对异质的抗拒,因为策略性的表面遵从可能掩盖的是暗度陈仓,使异质文本内在的更微妙和重要的方面得以保留,潜在的态度和观念得以延续。虽然差异带来了新鲜感和不可预知性,我们还是要对外在的他者性进行控制,这样目标语读者才会在没有严重阅读和理解障碍的情况下,体验本质的差异。可接受的功能形式,融入了适当的差异,可用来构成翻译中的文化同质部分。这种消除对方敌意的策略可以起到某种稳定作用,有助于限制可能的文化疏远和政治对抗。由于与本土文化的疏离感,形式上的差异可能导致零意义。等同只需要最小程度的变化,因暗示着身份的相同或相当,故让人放心;而差异,对接受文化而言,则代表着所有重要指涉的变化。很明显,就差异而言,简化主义的翻译方法是不足取的,因为它揭示了某种程度的等同,但这种等同不仅使文化交流徒劳无功,而且是虚假的。毕竟,为保持翻译和原文的身份,体验的特异性被认为是必不可少的。况且,特殊性是创造多元性的基本前提,而后者正是跨文化交际的常规功能。形式上的语言差异的外观加强了文化意义上的、具有文化差异的他者(性)。一个文化群体对等同或差异的态度是奖赏还是惩罚,与其对外部世界的态度相一致,但无论如何,译者可以通过某种方式,对这个态度的形成产生影响。

---

① Ulrich Beck, "The Truth of Others: A Cosmopolitan Approach", Patrick Camiller (trans.), *Common Knowledge*, Vol. 10, No. 3, 2004, p.436.
② Ibid.

第四节 自我与他者的对话

因为人们本能地将自我与他者理解为对立的两极,对他者的不信任似乎是普遍和自然的。然而,在跨文化交际中,既然自我和他者间的划分显然是陈腐且不切实际的,那么对自我的去中心化和废黜将有助于我们意识到多样性的存在,促进自我与他者间的对话和互动。如果拒绝他者和消除差异,向异域学习的尝试很可能遭遇严重破坏,因为要应对差异性,就需明白他者在本体论上是不可简化的。但自我如何与他者相处?我们可以通过各种方式观察文化接触的模式和他者的文化形态,并通过这些方式,制定和应用相应的翻译策略。可以肯定的是,他者的殖民力量几乎无可否认,因为异质他者可以被强制用来削弱或伤害本土文化,从而造成自我的瓦解,变成几乎无法辨认其成分的混合体。对于某些有着被殖民历史的国家,即使是与异质接触或者仅仅临近异质,都会触发对过去屈辱的记忆,这显示了文化交际的不稳定性。施瓦布敏锐地观察到:"既然殖民力量的目的在于毁灭被殖民者的他者性,反过来,被殖民者可能觉得只有把殖民者的文化据为己有,才可能幸免于被毁灭。"[1]故此,我们有必要考察文化符号是如何反映他者政治的,后者具体体现在文化冲突中的排他性和不相容性。防止他者瓦解——更确切地说是自我瓦解(这取决于各自的立场)——的可能性措施是成为他者的一部分。可以说,他者几乎不可能瓦解,因为我们已不再接受意义和含义是确定不变的这一假定。认同他者,或者暂时成为他者,能带来眼前以及长远的利益。翻译会在何种程度上愿意尝试应对他者的方式,以及把相异性呈现为潜在的相似性的途径?黑格尔(Hegel)的主体发现了"他者之中的自我身份"[2],实际上这种现象在翻译活动中相当普遍,以至于存在着自我抹杀的危险。

再者,据巴赫金(Bakhtin)所言,将自我向他者开放的愿望有助于克服"对

---

[1] Gabriele Schwab, *The Mirror and the Killer-Queen: Otherness in Literary Language*, Bloomington: Indiana University Press, 1996, p.41.

[2] 转引自 Jeffrey T. Nealon, *Alterity Politics: Ethics and Performative Subjectivity*, Durham, N.C.: Duke University Press, 1998, p.140.

羞耻的恐惧感"①。翻译使自我被迫对他者做出反应,与他者的接触推动了对自我的反思。作为主体间的交流形式,翻译同时也是一种主体间性的体验,自我和他者作为体验的参与者陷于盘根错节和复杂多变的关系,在这个过程中,除非认识论意义上的异质性受到制约或挪用,否则意义的问题很可能进一步凸显和复杂化。同样的,对文化他者的怀疑和敌意也可能与某民族国家的过去有关,因此应当被解释为自我保护的反应。由于在世界上无法超越他者,汉民族对他者的态度相当矛盾,有时表现出对他者陌生性的强调,称外国人为"鬼子"(尤其是指西方白人)。当然我们应当历史地看待这种对外的敌意,尽管"外国鬼子"一词现在不一定再有侮辱之意,或许仅仅是善意的玩笑,但其词源却有着深刻的政治性,并带有强烈的反殖民情绪。虽然如此,腐蚀性影响和文化颠覆的可能性一直使人忧心忡忡,所以不能排除这一可能性。

但自我内部的异质指向自我全异的本质。应该用相对的眼光看待他者,从这一点来讲,自我和他者永远可能变动,甚至能够相互转换。正如伊塞尔(Iser)所谈到的,"跨文化话语之所以区别于同化、吸收和挪用,是因为它组织了文化间的交流,在交流中各个文化将不再保持不变。"②翻译的某些倾向性可能源自译者尝试把跟异己性(alterity)的关系从自我挪用,转换为尊重他者混杂性的努力。尽管意识到他者的存在会令人不安和焦虑,但如果他者性得不到适当的承认,这个世界便称不上是多样性的。产生于语境和关联意义的多样性使翻译获得生机,他者性被更有效地重新定向于社会、文化和政治方面更易于接受的阅读体验,即使这样的阅读体验仍然有些怪异和陌生。阅读外国文学即是与异质他者的遭遇。如果说文学制造异质,那么翻译便是直面异质,但后者必须有所节制,因为文学的陌生化跟文字的异质性有着根本的区别。

如前所述,鉴于自我与他者的相互归属使二者难以区分,相互间的划界

---

① Mikhail M. Bakhtin, *Art and Answerability: Early Philosophical Essays*, Michael Holquist & Vadim Liapunov (eds.), Vadim Liapunov (trans.), Austin: University of Texas Press, 1990, p. 142.

② Wolfgang Iser, "The Emergence of a Cross-Cultural Discourse: Thomas Carlyle's Sartor Resartus", In Sanford Budick & Wolfgang Iser (eds.), *The Translatability of Cultures: Figurations of the Space Between*, Stanford: Stanford University Press, 1996, p. 262.

完全有可能降低到最小程度,乃至模糊不清。相互作用所产生的中间地带为跨文化对话奠定了坚实的基础。然而另一方面,自我和他者的关系就像婚姻关系一样,在现代社会中愈发地不稳定了。译者必须严肃对待任何趋向分裂和瓦解的具体迹象,如果他/她能够控制难以驾驭的他者,但是改变他者的他异性是不可能的,那么毫无疑问应该提倡真实地再现他者,就是说,以移情和直接为特征包含其他因素的多样性的他者,这样的再现将加强互惠性,并使文化疏远降低到最小程度。以严复的翻译三原则之一的"雅"为例。在中国,这一原则最具争议性,因为它允许自我遮蔽他者。故此,译者一方如果没有对源文本内在的异质显示做出反应,这不仅在理论上是不足取的,在文化方面也是不负责任的。无疑,翻译领域中自我和他者的对话模式意义重大,应当深入研究。在评论对话的伦理特性时,尼隆(Nealon)鲜明地指出:"如果社会空间被理解为话语间丰富的对话,而非为了取得认可和统治的争斗,那么他者就不一定是具威胁性的和敌对的力量了。"[①]因此,译者的一项绝对紧迫的任务就是为他者性留出或是创造空间,把他者的视角显化,并且应当以开明的思想和不带个人评判的眼光来看待中心/边缘的问题。

无论如何,如果翻译愿意做到表述充分,使他者性显现于目的文本中,那么自我和他者的混合将在重写文化政治交流的活动中,以更嬉戏式、更富创造性的形式相互对位。中心和边缘的空间联系将会进一步改善,把自我放逐他乡与他者直接接触,以便于发现、理解和丰富自我。谈到巴赫金的他者理论,尼隆说:"正如奥德修斯一样,巴赫金意义上的主体在每次经历之后返回故土,在不同的他者世界中游历一番之后,发现自身变化了,也丰富了,从而可以更开放地看待自身的各种可能性。"[②]只有当某种改变是可接受的并且被欣然接受,自我的丰富才有可能实现。文化对话尽管存在明显的不对称,但它不是对抗性的,应该致力于跟他者的和谐共处和互动。其结果是,自我内部可以产生差异和新鲜的内容,实际也就是自我和他者相互混合的产物,然后引致自我发展。

[①] 转引自 Jeffrey T. Nealon, *Alterity Politics*: *Ethics and Performative Subjectivity*, Durham, N.C.: Duke University Press, 1998, p.131.

[②] Ibid., p.138.

结　语

　　异质他者性与翻译行为直接相联系,前者也必然与作为跨文化交际基础的差异的文化政治相关。异质他者性提供了思维方式竞争的资源,从而给自我的稳定性造成威胁;自我的稳定性也因此从一个新的角度被质疑和评判。内部区分的身份也许会导致各种形式的强制性抑压。普遍存在的对于传统文化政治分歧的警醒,不仅体现在强加,也体现在限制方面。意识形态以其坚定和决心为政治行为提供适当的理由,也是建立或维持权威的实践话语,权威需要控制意指的过程。他者并非一定不可妥协,而等同也可能发生改变,甚至能够成为他者的栖身地。实用主义意味着他者可以被拒绝、挪用或者改造。翻译涉及传播具体化的他者性,与此同时,通过重新工具化了的自我,翻译也是他者同盟,其中翻译操纵他者也被他者操纵。

第七章 翻译与文化的离散性

引 言

　　文化翻译的原则是肯定异化翻译,以使读者"直接地"接触原作的"真实"形式,进而获取跨文化交流的真切体验。文化翻译固然不能与异化翻译简单地画等号,但其突出异质性的特点与异化翻译显然具有相通之处。我们需要对异化翻译的多面性质进行进一步的深究,在当下全球化的语境下,由翻译引发的异质性问题,其复杂性和悖论点又给我们带来了新一轮的挑战。然而,考虑到目标语的不同语言与文化的规范和惯例,异化翻译不可能是无条件地可以行得通的,弄不好会造成译文表述荒谬,乃至丧失意义。归化虽然能即时解决可达性的问题,但效果是隔靴搔痒,容易造成跨文化交流的隔阂与疏离。要化解归化与异化之间旷日持久之争,可另辟新径,将文化流散这一概念引入文化翻译的研究范畴。唯有对有关翻译和异质他者接受的历史与社会环境的仔细考察,尤其需要关注日益增多的人员全球性流动和文化影响,才能对文化的异质性有更好的理解。与翻译相关的文化流散,意味着对文化身份的反思,并且使翻译转向到离散语域,通过策略性地把目标语读者的文化家园迁移至一系列的不同空间,以分析和解决源语与目标语文本之间缺乏联系的问题。与此同时,日益增多的非领地化则进一步促使了文化杂合和交融的产生。创造使跨越文化障碍成为可能的多极空间,能够直面他者,从而激发文化的多元化并促进不同文化间的对话。

第一节　翻译的可达性

　　任何真正理解的实现都要涉及某种形式的翻译,其中包括语内翻译。不容置疑,每个人在使用本族语时都需要翻译以化解语言中不熟悉的因素,否则往往会影响交际的可信度及实际效果。此种做法可以被看作是获取语言的所有权，或者可干脆称之为对语言的重新占有。采用不同的（通常为熟悉的）表述形式可以使人感到心里踏实，毕竟翻译的目的是在本质上使交际成为可能，使内容较易理解。施莱尔马赫曾提出这样的问题："难道我们不是经常被迫翻译别人的语言吗？虽然人彼此相似，但性情及思维却是迥异的。"①翻译的必要性源自对理解的需求。虽然说阅读便是翻译有些言过其实，但理解与翻译关系密切是显而易见的，毫无疑问，翻译在确定意义的过程中扮演着举足轻重的角色，然而，这并不意味翻译即为释义或者是一种不必要的明晰化行为。无论违背目标语规范的翻译是具有屈从抑或是暴力的性质，施莱尔马赫所倡导的异化翻译作为一种策略都极具争议。在谈到翻译的功能时，鲁贝尔（Rubel）和罗斯曼（Rosman）认为翻译"旨在传递尽可能多的原文信息"②。原文信息该如何传达的确是个问题，但更为棘手的问题是：原文信息究竟是什么？鲁贝尔和罗斯曼提出应小心从事，否则可能会给接受带来风险，他们甚至提出："译者必须在译入语中再现源语的文本关系，而且绝不逾越目标语基本的语言系统半步。"③翻译在本质上应尽力走向目标语读者，为了实现这一点，就必须满足目标语可接受的标准。

施莱尔马赫曾将翻译这一艰巨的任务定义为"不得不在译者的母语中再现源语……"④这就意味着，即使不明确指出异质因素由何构成，译文也将不断跨越目标语的文化疆界。施氏曾对翻译的两种方法做出著名论断：

> 译者或尽量不打扰原作者，将读者移向原作者；或尽量不打扰读者，将原作者移向读者。两种方法可谓是迥异，译者采用其中之一时必严格遵守。若将两者混合，则会产生非常令人难以信服之结果，作者与读者可因此终不得相见。⑤

这段话的第一句常被引用，代表了施莱尔马赫著名的翻译方法，但其后的表述却颇令人费解。施氏宣称混用两种方法会引发困惑，造成身份混乱。

---

① Friedrich Schleiermacher. "On the Different Methods of Translating", In Rainer Schulte & John Biguenet (eds.) *Theories of Translation: An Anthology of Essays from Dryden to Derrida*, Chicago & London: The University of Chicago Press, 1992, p. 36.
② Paula G. Rubel and Abraham Rosman, *The Tapestry of Culture*, 2003, p. 11.
③ Ibid., p. 10.
④ Ibid., p. 48.
⑤ Ibid., p. 42.

但事实上这样做却可以平衡,或确认翻译实践中经常两相冲突的翻译策略。施莱尔马赫所倡导的截然对立的方法似乎是要消除语言及文化的同一性。如此的二分化会导致不纯正的异域体验,因为在他看来,翻译中涉及的两种语言体系互相排斥,在本质意义上不具可通约性,尽管翻译的终极目标是要寻得一条通路,使目的语读者分享原本似乎难以共融的东西。与此相左的观点是,即使原文的形式体现出异质性,也并不意味着原文本身的本质具异质性。目的语读者或许认为译文的文本特点怪异,但未见得对其内容产生疏离感,反之亦然。

施莱尔马赫认为一位罗马作者不应在翻译中被呈现为似乎他的母语为德语,而且绝对不应将其改造为一个德国人,①他强调译者应模仿原文:"[在译文里]力求再现与原文相同的优雅与自然风格"。② 但是他此前在同一篇文章中提到:"译者的目标是要给读者提供相同的形象与感受,就好比用源语阅读原著一般……"③然而所谓相同的感受,就如同施氏所承认的,亦包含了源语读者阅读时的自然感。④ 然而,就性质而言,此"自然"与彼"自然"显然是互为矛盾的。诚然,在经验的层面上,此处的核心问题在于异化翻译罕有自然感。事实上,自然感与异化翻译似乎是根本对立的,因而难以找到调和这两种翻译策略并使其两全的策略。在此文的别处,他也提到"相同的形象"及"相同的印象",⑤然而,简单地将形象与效果对等起来是成问题的:如此假定的一致性何以体现? 当某一意象无法移植时,译者有可能也必须采用不同的意象,以期产生相同或相似的印象。如果将问题进一步复杂化,译者的印象完全可能是"靠不住的";译者极可能把其错误的印象当作真正的"异质感觉"。⑥

尽管施莱尔马赫提出的两种翻译策略并非他首创,他对二者强制性地区分对时至今日的翻译研究产生了广泛深远的影响。论及翻译研究的方法,人们仍倾向于两极化区分,原因在于的确有潜在的对抗性,虽然事实上不同的

---

① Paula G. Rubel and Abraham Rosman, *The Tapestry of Culture*, 2003, p. 42.
② Ibid., p. 49.
③ Ibid., p. 44.
④ Ibid., p. 49.
⑤ Ibid., p. 42.
⑥ Ibid., p. 46.

翻译策略绝少处于完全对立的位置。其实,翻译策略的对抗性规律可以比作一个钟摆,在尚有待于确定的异化与归化之间不断摇摆,具体定位在不同的程度取决于固定的语言习俗和目的语读者的期待值。故此,翻译策略出现无穷尽的变化和不间断的调整也就在所难免了。此外,当然也有人努力试图调和这两种相互矛盾对立的翻译策略。能够在两者之间取得经常性的平衡显然具有重要意义,但如果译者按照韦努蒂所倡导的那样极度异化,译者就无处遁形,而一定会"显形"。无论是"把读者移向作者"还是把"作者移向读者"都绝非易事,因为读者可能不听劝导,拒绝被移动。异质因素是技术操纵的对象,不论是源于意识形态或审美方面的动因,操纵都最好是译者在隐形状态下完成。由于动因不同,操纵也体现在不同层面上。译者作为中间人,在翻译过程中处于核心地位,其重要作用不言而喻。

其实,无论是施莱尔马赫将译文读者"放逐异域"的主张,还是韦努蒂具浓重政治色彩的论述——反对根植并且滥觞于"英美文化"的"隐形"翻译策略,均未能给予异化翻译充分和令人信服的理论解释。与翻译相关的文化流散,意味着对文化身份的反思,并且使翻译转向到离散语域,以分析和解决源语与目的语文本之间缺乏联系的问题。所用的方法是:在策略上重新定位目的语读者的文化家园,从而避免使作为复制品的译作对原文的丰富性和复杂性大打折扣;译作反映的不仅是原作的本质属性,更重要的是其异域特质。

翻译活动的主旨自然是要解决交流中的实际问题,而问题的核心便是缺乏普遍意义的可达性,抑或是在创造或增大可达性过程中可能造成的意义缺损。虽说译者传递信息不仅要克服语言障碍,还需跨越文化疆界,但毋庸置疑的是,完全不受约束的归化无益于跨文化交流,一些具体细节的特殊属性不容降低,因为恰能体现其"文化价值"的丰富性及复杂性。尽管翻译的目的在于试图减少在理论上不容忽略的差异,同时在译文中保留本体论意义上不容抹杀的文化多元化,我们必须承认,某些本质意义上的异质在翻译中以简约的异化方式是捕捉不到的。同时需要指出的是,异化并非深不可测或仅仅是故弄玄虚。一方面,翻译的目的在于了解外域他者所内含的异质性;另一方面,翻译也热衷于消解差异,或者至少去繁化简,增加关联度,从而使之成为可识别的熟悉内容。

第二节　异己视角的转换

　　翻译的异质性可使目的语面临支离破碎,就原文看来本不言自明的思维联系可能会在翻译后消失,文学翻译尤为如此。由于不同的语言体系会引起连接范式的变化,文学翻译极易在目的语中以支离破碎的形式出现,以致源语里的修辞效果在译文里大打折扣,乃至丧失殆尽,甚至荒唐可笑。因此在目的语文本中必须重构思维的链接,重构整合实为翻译实践的必要模式。尽管如此,仍有理由使异质性在跨文化的语境下得以体现,至少达到可识别的程度,因为译者肩负的任务是,在两个文本之间搭建互为平行的语义结构。尽管目的语读者只能间接体验原文,透过翻译看原文仍有某种直接的感觉,或者说至少在两文本间存有某种对应的可能,也可说是所谓的"间接的直接"。

　　异化翻译可展示"原文本的异质",从而给予读者"一次异己的阅读体验"。[①] 安托尼·伯曼(Antonine Berman)批驳了将目的语读者隔绝于异质因素的论点,而该论点也似乎愈加站不住脚了。伯曼认为"接触"是翻译的前提。[②] 与此相似的是,韦努蒂认为,如果语言及文化方面的差异有所抑制的话,势必导致某些成分在翻译中丢失,在不知不觉间抹杀翻译原本的身份。[③] 但是,抱着"求同"的希望引入异化并非总是避开抑制这一顽症固结的有效途径。原因之一就是非源语读者无法以源语视角审视他们关心并认为有意义的问题,翻译的重点就在于译者需要向目的语读者介绍这样的视角,而不是把某个视角从外部强加给目的语读者。文本解读本身其实就与视角密不可分,无论是历史的、政治的或文化的视角,都源自通常为文化政治价值所统摄的世界观。毫无疑问,短视的世界观无法为与文化理解相关的核心问题提供广阔的视角,所以目的语读者因采用与源语读者相异的视角——视角可能彼

---

　　① Lawrence Venuti, *The Translator's Invisibility: A History of Translation*, London & New York: Routledge, 1995, p. 20.

　　② Antonine Berman, *The Experience of the Foreign: Culture and Translation in Romantic Germany*, S. Heyvaert (trans.), Albany: State University of New York, 1992, p. 4.

　　③ Lawrence Venuti, "Preliminary Remarks to the Debate", In Christina Schäffner & Hellen Kelly-Holmes (eds.), *Cultural Functions of Translation*, Clevedon: Multilingual Matters, 1995, p. 26.

此冲突——则无法对某一问题与源语读者看法一致。

如果形式可在目标语中得以一定程度的复制,视角也同样需要被拓宽及(再)确定,从而使目的语读者在对细节的重新表述中了解和体验不同的文化价值,文化他者的身份即由此凸现。持文化不介入的态度固然不一定导致对异己视角的欣赏,但形式确有助于揭示文本生成方面的相关考虑。根据迈克尔·克罗宁(Michael Cronin),"唯有通过接触人类所支配的、最为复杂的符号表达形式,即语言,人类才有可能开始理解以异己视角生活的生活方式"。[1] 因此,翻译的确开启了异域风情的视角。阅读翻译作品表明了读者有意愿思考异域文本中所提供的非本土文化视角。从某种意义上讲,翻译就是一场带"解放"性质的冒险行为,目标语读者由此获取重新思考自己视角的机会,与此同时学习理解异己视角。的确,只有凭借源语的视角看问题,所有内含于源语文本中独特的细微差别才能在翻译中得以保留或再生,并进而通过目标语读者阅读翻译时被发现。我们应提出这样一些问题:从谁的(什么)视角,依据何种(谁的)条件来进行翻译或阅读翻译的?凡此种种,无不显示目标语读者应改变,甚至放弃其自身视角,从而使其有机会经历纯正的异域文化,由此而来的体验是直接、真实和清新的。

如上所述,施式所倡导的翻译二分法:或移动读者或移动作者也许皆行不通。在当前全球化的跨文化语境中,我们不需要受制于二者之一。文化疆界正日益变为共有,并生成转化成某种文化身份。于是催生了一种中间文化地带,从而构成文化离散的空间。文化离散的概念指的是,离开自己的文化家园,在异域文化环境里憧憬并审视本土文化,在接触和体验异域他者的同时,进行文化间的沟通与杂合。如此获取的异域感受和构建的文化心态,对于解决施式的两种对抗性方法所处的尴尬境地具有极其重要的意义。有论述指出:

> 对于文化身份与政治组织之间复杂而又总是存有争议的关联,文化离散为主权国的范围提供了一种可选择的"境地"。这一可选择的境地能避免主权国以必要的暴力方式抵抗其自身不可避免的消亡。而且它亦可增进对纯洁性的坚持,即坚持来自居于主导地位的、稳定的、合法共

---

[1] Michael Cronin, *Translation and Globalization*, London & New York: Routledge, 2003, p.35.

有身份的概念。①

纯正与永久的概念因此被颠覆了,因为其与隔离相关,而隔离通过并伴随着日益增长的跨文化交流越发难以为继。文化再定位有益于抗击隔离与消减孤立,只要某种特定文化以开放的态度存在,允许异质因素进入目标语系统,由此而产生的不断的文化错位与再定位就能促进文化的适应和兼容,同时减弱文化排异。

文化开放程度的不同可能的确影响抑或决定了翻译策略的形成。严复就是一个典型的例子,作为中国著名的改革家与翻译家,他从事翻译的动力源于民族救亡。严复是中国政府第一批派往欧洲学习的中国留学生中的一员。在1877年他年仅23岁的时候,严复就作为一名海军学员在英国开始了异域体验。他先在朴次茅斯学习航海术,后转学格林尼治的皇家海军学院,真正的跨文化际遇使他直接学习了英国的政治经济体系。他经常参加、旁听法庭审判。英国有效且公正的法律体系深深触动了严复,他认为这就是英国及其他欧洲发达国家得以强盛的基石。② 然而,作为西方政治道德忠实的拥护者,严复避免批评中国的社会现实,尽管他的离散经历促使他放弃了对皇权的幻想。严复于1879年回到中国,仅一年过后,使他闻名于世的译著,即基于托马斯·赫胥黎(Thomas H. Huxley)的《进化与道德》(*Evolution and Ethics*)翻译而成的《天演论》出版了。在这部译著中,严复策略性的倾向于把异域指称中国化,并在需要的地方添加了注释。考虑到严复反对当时体制的政治思想,他实际上担心的是中国的精英阶层因完全不了解西方的政治思想——这部分人恰是严复的翻译所要影响的对象——抵制他倡导的改革计划。

引人注目的是,似乎为了进一步麻痹读者,在严复提到的"翻译三难"中,首当其冲便是"信"。许多翻译学者曾指出严复的翻译理论与其自身实践相矛盾。这种执拗的反历史主义的认识方法即使不是扰人视线,也至少是毫无裨益的。如果我们用历史的眼光看严复,很显然他是以"信"作为必要的诱

---

① Jonathan Boyarian and Daniel Boyarian, *Powers of Diaspora: Two Essays on the Relevance of Jewish Culture*, Minneapolis & London: University of Minnesota Press, 2002, p.10.

② 见谢天振、查明建主编:《中国现代翻译文学史 1898—1949》,上海:上海外语教育出版社,2004年,第50页。

导,使人们相信并接受异质事物及反对当时体制的理念。这一策略成功了。严复的译著《天演论》产生了空前的影响,而且他随后又译的几部西方政治著述也都成就斐然,虽然严复以自己的解读和见解改写和操纵了源语文本的一些主题部分的内容。事实上,之所以人们把严复作为一位西方思潮的阐释者而顶礼膜拜,是因为他不仅有对西方的直接体验,而且对中国文化有着深刻理解。因而,严复通过改动原文帮助目的语读者理解原本陌生的异域事物,并最终接受具有产生动荡效果潜能的西方理念。严复在翻译时发现有必要改变或删减政治上敏感或文化上冒犯的指称。同时,我们不应该像许多人声称的那样,认为严复反对异化。有趣的是,严复在1903年后的时间里的确玩味过字面翻译,也就是直译,但最终还是放弃了——显然还不能为当时的中国所接受。

第三节　文化变形及身份嬗变

文化翻译总是围绕差异和身份进行的,且翻译过程中往往会遭遇他者性。自我与他者的两极分化是跨文化交流的障碍,为避免这种两极分化,对于译者来说,最现实的选择就是鼓励并诱导目的语读者离开家园走向中间地带,这并非异想天开的想象。诺维利斯(Novelis)就认为,"一个成就卓越者应当像过去的人才一样同时生活在许多不同的地方、不同的人群当中……唯有如此方能造就真正伟大的灵魂。"[①]文化离散意味着在遭遇异域文化传统的同时仍保留自身的文化身份。因此,目的语读者会被有目的地送往异域。正如道格拉斯·罗宾逊所说:"离散文化是一个永远处于背井离乡状态的被放逐的全球文化,我们身边的陌生人都变成了自己生活和工作环境之中的熟悉人物"。[②] 关键在于,如果我们与陌生人所处的时间足够长,陌生人将不再陌生。对于目的语读者来说,以前陌生的地方最终也可能变为"温馨的家园"。这一消除异域者及异域文化的异域性的过程也体现了读者的文化视角。在跨文

[①] 转引自 Antonine Berman, *The Experience of the Foreign*: *Culture and Translation in Romantic Germany*, S. Heyvaert (trans.), Albany: State University of New York, 1992, p.80.

[②] Douglas Robinson, *Translation and Empire*: *Postcolonial Theories Explained*, Manchester: St. Jerome, 1997, p.29.

化交流中,选择排他虽为省力之举,但对促进交流于事无补。

异化必须从文化离散的角度重新定位,它既是一次跨文化交流的机会,又为文化教育提供了一个论坛。其结果是:内里与外面、包容与排斥、自我与他者之间的二元对立不复存在,因为此前未知的、陌生的、异域的事物开始产生意义。要把目的语读者送入文化离散的状态,表面看来似乎有些牵强。但离散作为一种"错位"的状态,其实是一种极普遍的现象,正如罗宾逊所说:

> ……在最近的后殖民研究中,文化离散已经开始代表差异、异质和混杂;事实上,全球绝大部分人口甚至所有人口都是从某地移居至现在的居住地。这也意味着,通过吸收当地的规范与价值观,以及血统的混合,我们已经部分适应了新的文化环境,但是自身仍然部分保留着过去的痕迹。[①]

对异域事物的直接体验并不会导致个体身份的丢失或遗弃,反而有可能让个体拥有双重身份。文化离散往往会带来关于家和/或家文化概念的创造性解释。离家在外,文化心理处于离散状态的读者找到临时的新家。这相对而言更为新鲜刺激的新文化环境需要读者去学习去体验,而文化移位也会导致文化杂合体的产生,文化杂合体又反过来引领读者重新发现自己的文化传统。这种交替选择的境地也就是跨越里、外疆界时主体间性的表征。

文化再定位推动并加速从文化变形向复杂的文化相似的转变过程,由外至里,由文化排异至文化融合。从严格意义上说,只有实现最终的文化变形和"变态",才有可能通过可达性显著增加的文化翻译理解文化含义。因此,文化翻译在目的语读者的双重文化身份之间变换、协调,而读者在面临蕴含文化信息的归化所致的异质性时,也能够设法把自身的关注点投向异化和文化真实性之类的问题。问题并非真的在于目的语读者是否被洗脑、被改变,而是目的语读者是否愿意体验不同的事物,这样目的语读者才会自然而然地使用变化了的语言阅读理解。简言之,要使异化翻译发挥作用,就必须一定程度地异化目的语读者,使他们能够在不牺牲可达性的同时阅读异化译文。

目的语读者如何才能被异化呢?在考虑到他们有离家出走的自然倾向

---

① Douglas Robinson, *Translation and Empire: Postcolonial Theories Explained*, Manchester: St. Jerome, 1997, p.29.

同时,还应该帮助他们克服必然出现的文化限制,因为这些限制会妨碍他们去探索相关知识以及通过创造性的想象去理解异域知识,同时还应该为他们提供更多自身文化与异域文化的互动机会。除此之外,详尽准确地了解异国文化也是必要的。关于此点,艾德里安·巴布雷(Adrian Pablé)在谈及他的翻译经验时做了有力说明:

> 在翻译《年轻的古德曼·布朗》(Young Goodman Brown)时,必须要处理与新英格兰地理有关的数据,这类知识可能会超出非本土读者的文化理解能力的范围(例如地名、意境地图):因此,目的语读者极有可能忽略一个事实,那就是如果在见到古德曼·布朗(Goodman Brown)之前15分钟时,古德曼·戴韦尔(Goodman Devil)果真还在离萨勒姆(Salem)小镇16英里之遥的波士顿(Boston),那他绝不可能是从波士顿一直走到萨勒姆。这条揭露老古德曼·布朗不是超人就是大话家的信息(书中后来有表明他两者都是),便在翻译中丢失了,除非能在正文之外进行补充说明……①

应当承认,即使是本土的美国读者,也有可能对故事中地理名称的具体位置懵懂不明。然而毋庸置疑的是,如果异土永远是异土,永远那么遥不可及,那么非本土读者就永远没有机会在不损失原文文化真实性的前提下提高可达性。而对于目的语读者来说,最理想的境界莫过于:所有异国都是家园,所有家园都是异国。从这点来看,拥有与异域事物相关的丰富知识绝对是个优势。

与此相关的一个问题自然便是译者的文化身份问题。在文化翻译过程中,译者本来就应当密切注意在原文与译文中包含的不同的文化密码,同时还要负责对目的语读者进行非强迫式的文化教育。这一工作在文化单一的时代会轻松许多;否则,译者就要承担被指为异质事物的风险,这种指称可能会是一种负面评价,因为如果目的语读者对缺乏文采、干瘪艰涩的异化译文心存怀疑甚至敌意的话,完全可能影响到译文的接受程度。虽然如此,译者之所以被异化——此处指的是目的语为母语的译者,或许首先就是为了能在

---

① Adrian Pablé. "The Goodman and His Faith: Signals of Local Colour in Nathaniel Hawthorne's Historical Fiction with Reference to Cultural Translation", *Babel*, Vol. 49, No. 2, 2003, p. 105.

代表甚至变身为异域他者的掩护之下,发出异域(质)的声音。然而,如果译者译出的译文异域感觉过于浓重,译文效果也许并不理想。另一方面,习惯于在陌生人群中生活也有益于译者,因为这样一来译者就能更好地理解文化含义,并能以一种更有效和成熟的方式传递这些含义。相对于目的语读者而言,译者更容易实现文化离散——毕竟只是个体行为。因而在译者有能力教育、影响和改变自己的读者之前,拥有在国外生活的直接体验对文化使者的译者大有裨益。

翻译总是处于真实性(不同于过时的"准确"概念)与可达性(这点也不应小觑)之间的两难境地。它既面临保持真实的挑战,又要传达原本就有些陌生的信息,因此翻译的首要任务就是协调二者之间的关系。如果翻译行为被定位于仅仅获取基本信息,那么纠缠于翻译及翻译理论化中的许多问题将不复存在。我们可以充分设想,作为跨文化的交流方式,翻译(主要指文学翻译)的真正目的不仅仅在于获取信息,更重要的是,信息得以表达的方式或形式,因而对不断延伸的文化政治关系也理应给予重视,尽管这些关系有时表面看来十分有限。人类学家认为,翻译寻求"在目的语译文中保留源语中的文化价值"。[①] 翻译应充分考虑提高文化交流的空间,包括就源语及源语文化紧密相连的独有的文化特性进行交流。韦努蒂对翻译曾做出重要定义——翻译是对外来形式及意义的一种阐释。[②] 尽管究竟如何对形式进行阐释韦努蒂语焉不详,有些令人困惑不解,但这至少表明同一形式在不同的文化环境中功能可能会有所不同,甚至还可能失去其语言和文化上的功能。由于目标语读者有时不愿或者不能进入由源语代表的另一文化系统,而这一系统可能结构严密,壁垒森严,所以他始终只能是一个外人,而缺乏有关表达方法的基本知识,就无法享有异化翻译提供的跨文化交流机会与空间。然而,与此同时出现的一个问题便是因翻译导致表达形式的残缺散乱是否能完满地传达意义,虽然有时残缺散乱的形式(刻意而为)也代表某种意义。故此,对外来形式的处理必须小心谨慎,而应对这一难题便要求进行跨文化协商。若继续深究,便会产生另一新问题:翻译与原文的关系如何得以体现?

[①] *Translating Cultures: Perspectives on Translation and Anthropology*, Paula G. Rubel & Abraham Rosman (eds.), Oxford & New York: Berg, 2003, p.6.

[②] Ibid.

有一点似乎已经愈加明显：我们没有理由把翻译简单地看成一个单一文化体，因为翻译本身无可避免地涉及差异，其要求就是应对文化多元化所带来的挑战，试图做到既不隐瞒也不扭曲。然而跨文化交流中的最大障碍就是目的语读者可能难以理解译文，因为鲜有目的语读者习惯阅读"翻译体"。这类文体往往使阅读乐趣锐减，并且令人费解。阅读译文的最切实感受产生的是对异域者与异域性的矛盾心理。一方面，目的语读者被相对未知或知之甚少的领域所吸引，希望了解或体验某些真正的异域事物；而另一方面，正如有人参加宴会过频地使用或夹杂外语词汇会招人厌烦一般，过度地表现或渲染异质往往不仅让人联想到深奥难解、遥不可及的事物，还可被视为一种妄自尊大或浅薄卖弄的社交表现。

第四节　文化放逐体验

若是面对有一定文化离散经历或体验的目的语读者，在跨文化交流时，异化的复杂程度可能会相对降低，但异化本身仍可能存在问题。翻译本质上围绕替代而进行，在翻译过程中，尽管真实性是其焦点，但对于文化现象的文化理解仍然至关重要。关于异化的一个更深入的问题便是：

> 把一篇晦涩难懂的原文译成优美流畅的译文自然不对——尽管这可能正是编辑和读者的要求。但问题在于译者通常处理的是异域语言，很多在他们看来或许晦涩难懂的源语文本，在本土读者读来只是稍有难度，甚至有可能诙谐精妙。[①]

问题的关键似乎在于译者，译者的文化意识和文化知识至关重要。如果把文风艰涩误认为是源语的文体特征，那么译者就会心安理得地"复制"甚至"模仿"那些被误以为是令人不忍卒读的源语文本。文化和语言方面的知识经验不足，会扰乱异化翻译的整个理念。因此离散的译者必须做到，在了解一定文化政治的同时正确理解人类经验固有的混杂性。

此外，如果源语可读性极高，而译文读来却极不流畅，那么读者对真实性

---

① Jeffrey M. Green, *Thinking Through Translation*, Athens & London: The University of Georgia Press, 2001, p.149.

的体验就不是严格意义上的真实。但如果保留原文中语言文化特征明显的"真实性"能指符号,就有可能使译文产生不真实的所指意义。这一翻译策略自然难以被接受,因为毕竟意义最为重要。而另一方面,由于意义本身具有不确定性,所以对意义过于明确的策略是成问题的。霍米·巴巴评论道:"符号形式与符号化意识究竟有何不同呢?正如巴特(Barthes)所言,内容与形式的关系总是在不断随时间更新……"①这点同时还指向异质事物的暂时性,以及历史意义上自然趋同的可能性。同时也必须承认,形式对于意义和译文的接收都具有一定的操控意义和影响效果。对于意义的层次架构,如果在不同的时间和文化架构中重新阐释和重新协调,所得的结果可能相去甚远。在此意义上说,异化象征着对本质主义的断然拒绝,因其有可能导致曲解和非此即彼的二元对立模式。

如果形式的决定性力量被认为具有重大文化意义的话,在翻译过程中对形式的忽略就会产生问题,如有的译者轻率地在译文中创(编)造出的替代形式。确定形式的决定性力量究竟如何起作用才是问题所在,因其在转入目标语系统后可能会与"原本"形式的功能大相径庭。所以,若要源语文本与目标语文本之间达到某种一致,难免就会产生文化杂合体。斯图尔特·霍尔(Stuart Hall)就把离散和"多样性""杂合体""差异"置于一起讨论。他声称自己采用"隐喻"意义,而非"字面"意义,并解释道:"我此处想说明的离散体验并非由本质或纯度来定义,而是通过对必要混杂性的识别,通过始终贯穿着差异性的'身份'观念,通过杂合体来定义"。② 事实上,走到异化极端的直译有接近非译的危险。一方面,异化有可能被误解为未经译者调节的直接结果。另一方面,由目的语文化控制的翻译有助于跨文化交流只是虚假的表象,翻译的可理解性取决于目的语读者预先具备的相关知识。如此而言,直译似乎是必然的发展趋势,因为读者相关知识越多,直译便越有可能被接受。此外,可理解性必需基于文体的相对稳定性,但这点往往难以保证,因为目的语的语言规则和文化规范一般来说总是迥异于源语。能指究竟是如何被操纵的呢?从经验主义的角度来看,翻译的首要目标就是帮助目的语读者更好

---

① Homi Bhabha, *The Location of Culture*, London & New York: Routledge, 1994, p.55.

② Stuart Hall, "Cultural Identity and Diaspora" In J. Rutherford (ed.), *Identity: Community, Culture, Difference*, London: Lawrence & Wishart, 1990, p.235.

地理解不同的经验，或按照某种模式去理解，并通过修改那些太富异域性而难以理解或体验的译文，以期尽可能地消除不可理解性。

译文代表源语缺席的原文本；换言之，译文只能显示一种间接的在场。译者是把自己当成原文本的作者呢，还是仅仅代表（以及阐释/帮助阅读）原作者？不可否认，作者和译者都拥有各自的身份，尽管有时后者非常希望自己能被看作是前者。然而，译者不是作者的第二自我，他可能会也可能不会强迫自己扮演该角色。韦努蒂所言的翻译的"透明"，是指译者的隐身。其暗含之意便是译者融入了原文本。那译者既推动文化又过滤文化的协调身份呢？韦努蒂称"作者的在场"为幻觉。① 因此，透明意味着读者可以清晰地看到作者，而译者则被清扫出其视野变为隐性。韦努蒂鼓励译者在译文中彰显原文的语言和文风特质，背离目标语规范，以吸引读者的注意，并以此实现自己的现身，赢得应有的尊重。相反，隐喻就是缄默，译者的声音会因此微弱难辨。但正是译者的声音需要被听到，而荒谬的是，译者的声音却是清晰可辨的原声的"真实"代表，尽管缄默有可能象征着身份缺失。人们一般认为译文流畅就意味着译者的隐身，而译者的这种努力，结果似乎只会抹去自己的痕迹并淡化自身译者的身份。在韦努蒂看来，译者努力的方向是错误的，译者的隐身也是"一种怪诞的自我灭绝"。② 这就导致了权力关系的重组。在涉及译者时，韦努蒂关注的是语篇与权力的问题，他表示："译文越流畅，译者就越隐身，自我淡化就越明显；译者操纵的越多，他/她就越隐身。③ 由于不满足译者的从属地位，韦努蒂甚至提出了译者的作者身份"。④ 他把"现身"特别定义为专指"当代英美文化"中的翻译现象。然而，把译者的低收入和低身份归咎于译者的隐身，并不十分准确。目标语是英语，为译者所操控。译文冒充原文，因而流畅成为关键词，译文读来就如同原文一样。

但是，仍有一些实际问题有待考虑。有意无视目的语文体规范的译文，若不适当归化，就难以出版，因为考虑到整体的可理解性，原文中的某些元素确实应当替换，或者至少应加以补充。韦努蒂就认为，不应当出于对可理解

---

① Lawrence Venuti, *The Translator's Invisibility: A History of Translation*, London & New York: Routledge, 1995, p. 7.

② Ibid., p. 8.

③ Ibid., p. 2.

④ Ibid., pp. 16—17.

性的现实考虑,而"强迫替代异域文本中的语言和文化差异"。① 但这不说明,可理解性这一基本问题并不重要。进行有效的信息(意义)交流仍然是翻译的重要因素。而其本质问题就在于交流的形式。韦努蒂对此问题着墨不多,并未具体说明如何在译文中体现异域的他者性。光说译者应当保留原文的语言和文化特征,不会解决而只会带来有关如何有效进行文化交流的问题。通过引用菲利普·刘易斯(Philip Lewis),韦努蒂表明自己赞成译文聚焦在能指的使用上,"大胆进行尝试"。② 但如果两种语言系统在能指的使用上并没有共通之处,译者就有义务对这些形式差异进行处理,但不一定采取"强迫替代"的方式。似乎在韦努蒂看来,未经适当异化的替代就是强制性替代,就如同他认为语言文化的归化等同于"种族中心主义暴力"。③ 无替代只是虚幻,似乎表明读者有权体验真实。

第五节 跨文化对话模式

翻译应该是替代原文中的语言、文化及历史语境,但译者只可能以部分替代的方式再创造出类似的语境。因而,这样的替代被认为是一种温和的替代,人们可能因无法察觉而认为完全没有替代。任何替代都是某种程度对原文的破坏,而且就如同文学批评家一样,译者在翻译的同时就在解构并重构。译者这种重构的行为要求其对翻译的内部运作机制有清醒的认识。与韦努蒂的观点相反,译者必须尽力在译文中排除时代错位的关联,但如果目的语读者在不具备必要的文化离散体验时就面临异化翻译的话,这种可能的危险性很难排除。如前所述,不同的文化条件彼此相异,这使得某些异质因素难以产生意义或者说难以产生所谓的正确意义。

虽然翻译实践在某种程度上具有视野狭窄和排他性的特点,目的语语言中现存的规范仍有可能发生改变,尽管总体上说这需要过渡的时间。跨文化交流相对来说缺乏普遍接受的规范,这就使得异化翻译策略举步维艰。譬如在一种文化传统中部分表达的内容在另一种文化传统里就必须完整表达,可

---

① Lawrence Venuti, *The Translator's Invisibility: A History of Translation*, London & New York: Routledge, 1995, p. 18.
② Ibid., p. 24.
③ Ibid., p. 22.

能唯有如此才能产生合适的意义,而且这样做或可与视野狭隘的态度及考虑毫无干系。简单地说,无论大家愿意与否,某种形式的替代是不可避免的,或粗暴或温和。异化不应被理解为字面翻译,也不应将其与直译对等起来。对于代表着某种语言和文化限制下的异域体验在翻译中已建立的形式参数,我们必须有清醒的认识。为了不使目的语文化价值统治翻译行为和翻译阅读,最好的方法就是远离目的语读者家园中的主导文化环境,以品尝纯正异质为目的的文化离散带来的开放与容忍,从而促进跨文化理解。

如果异质因素逐步稀释,因而不再被认为是异质因素并彻底融入目的语语言体系,这种翻译过程实际是把形式而非内容本土化了,虽然在有些文本里,尤其是文学作品二者的界限时常是含糊的。什么时候应采用异化翻译或去异化翻译是译者经常面对而又难以决断的问题。尽管如此,人类对文化扩张的普遍愿望使异化翻译为人所青睐,异化翻译反过来也可能会显露目的语在文本层面的语言缺陷。因此,借用就必不可少,以使异质因素被目的语吸收、同化,使其得以丰富发展;与此同时还应设法让异质因素保持某种异质特征。虽然目的语的语言限制不可小觑,但无法找到所谓的对等语给创造性翻译提供了充分的理据,有助于译者摆脱翻译本体论上的束缚。但这样做也会导致"本体论意义"上的不同,因为译者所宣称的译文就其本体论意义来说已脱离了原文,成为新事物。这不但会引发身份危机,也会阻碍目的语的不断丰富。过度归化实际上断绝了目标语发展的可能。

无论主体性如何体现,译者的语言都是在不同程度上已变化了的语言,这就要求译者担负起一定的责任,保留异质特色,并因而创造出离散空间。通过从文化及心理上使人产生错位感,为翻译的试验开创了更广阔的空间,尽管人们在接受陌生的异域影响时可能会感到无所适从。但是由此产生的结果催生了翻译体:一种诞生于为人们所认同的准确翻译中的新型杂和语言。文化离散以辩证的中间状态在自我与他者之间提供了一个居中空间,一方面凸现了译者从一个语言群体向另一个语言群体从事改写的角色,另外也创造了翻译协调中进行斡旋的机会。随着离散语境下跨文化对话的增多,翻译协调或干预的功能及必要性将日益减弱。由于语言在原文中的铺展方式较之与译文有所不同,人们通常理所当然地认为是译文读来拗口而非原文,从而心安理得地接受并开始享受异化翻译。

不可否认,异化有时服务于文化政治目的。较之于严复钟情于本土化译文,鲁迅倡导异化。无独有偶,鲁迅也是在他旅居日本的离散经历中由一名医科学生转变为社会批评家及文人的。在日本时,鲁迅和他的胞弟周作人抱着改变中国的愿望,考虑把新文学从国外引介入中国。鲁迅之所以刻意追求异化与他对社会现实的观察相关,认为必须这样做:"不但要引入新内容,而且要引进新的表达方式。"①虽然在短期内"新的表达方式"不免显得别扭而且可读性差,但它对于目的语文化来说却是裨益良多。日本民众对于阅读翻译而来的外国作品时遇到的拗口句法及词汇就表现出普遍接受的态度——这就意味着"翻译体"作为一种独特的日语变体得到了认可,至少是宽容——佛经在中国的翻译也印证了这一点。这或许可以给予我们一个启示,即如何正确地看待并容忍差异。"通常,'翻译体'意味着责谩,其常被(似乎合乎情理地)用于描述某些不够通顺雅致的译文。"②由于翻译不可避免地要偏离源语表达上的通顺,因而带有先天的人造痕迹,这就导致译文的可读性必定在一定程度上有所降低,如果说还不至于完全不可读的话。但是,如果考虑从文化离散的途径来解决此类问题,则有助于减少陌生感。

  盲目的异化会削减阅读的乐趣并破坏文化意义的生成机制,而本土化策略则有助于译文的接受,但却又可能使目的语读者丧失纯正异域体验的机会。深入的本土化固然可以凭借以实现文化同化为己任的译文得以实现,但这却与追求和实现文化的多样性及多元化背道而驰。如果译者从文化离散的角度不辱使命地承担起翻译这一角色,就可以在协调文化关系以及应对文化差异时,找到别出心裁的翻译模式,从而不必诉诸本土化策略——理智的文化调解可以确保文化价值的成功传播。文化离散鼓励对异质经历的投入性体验,同时避免或减少在交流中遭遇严重障碍,使得异化翻译变得似曾相识,而不是完全陌生。异化的消解因而通过离散想象与理解而非本土化得以实现。至于究竟在何种程度上符合或偏离目的语规范,则要取决于离散体验中的理解情况。

  通过上述讨论,我希望阐述一种大胆的构想,即在翻译时立足于以文化离散为形式的文化放逐,尽管这一新角度因其在目标语系统中接受性差而较

---

  ① 见 1931 年 12 月 28 日鲁迅致瞿秋白的信,题为"关于翻译的通信"。

  ② 见 Matthew Reynolds, "Jamming up the Flax Machine" In *London Review of Books*, Vol. 25, No. 9, 2003.

之于本土化策略不易被认可。诚然,目的语读者不得不常吸收陌生的异质因素,并刻意减少和克服差异,我仍希望提出以文化离散为形式的文化放逐这一构想。在任何意义上对被认作是异质因素的重构都应引起高度重视。毕竟,翻译并不单是展示差异,而是"跨越"差异。[①] 文化差异绝不应以异化的名义被生硬地移植到目的语中,否则难以生存。但是异化或许的确又在见证一种日渐成长的趋势:人们在全球化的语境下从文化交流并从移置的角度来解释各种交际行为。如果跨文化交流与文化离散有机地结合在一起,目的语读者就可能更加倾情地阅读与体验异化翻译。

结　语

异化的离散状态是有效进行跨文化交流的根本所在。具有离散体验的译者能更好地协调异化与可达性之间的关系。如果译者想把目的语读者送往国外,他最好自己能先到国外游历一番,以成为一名称职的文化导游。源语文学把熟悉的事物陌生化,而文学翻译则试图把陌生事物熟悉化。结果,应运文化政治环境而生的隐/现身政策在已变化了的跨文化语境中日益突出。然而,翻译必须跨越文化和政治疆界,翻译中权力关系的性质(重组)意味着,在协调及平衡归化与异化这两个极端的跨文化形式的对话中,小心并有选择地进行文化传入或文化放逐。源语文本中内在的语言妙趣,可在目的语文本中得以恰当准确的表现,这就需要译者具备离散的视野和心态。把目的语读者群转变为异地的离散群体,将极大促进跨文化交流与对话。在焕然一新的全球语境中,一些先前在翻译中被压制的能指将纷纷复苏,共同实现更为全面和更具意义的跨文化交流,如果目的语读者能够自发地倾情阅读并理解译文,翻译的性质和过程必将经历巨大的文化嬗变,其意义无疑是深远的。

---

① Douglas Robinson, *Translation and Empire: Postcolonial Theories Explained*, Manchester: St. Jerome, 1997, p. 210.

第八章 文化翻译与情感态度

引 言

在文化全球化的今天,人们愈来愈清楚地认识到,翻译离不开译者的调解,乃至干预,文学翻译更是如此。相对而言,干预是更为强势的调解形式,表现性质更显决断、效果更显连贯,主要作用是使翻译活动不至于失控或走偏,以至于产生不期然或不想要的效果。不同文化所涉及的翻译态度不尽相同,与所处的不同历史时期也有着直接的关系。就翻译态度而言,无论是个体的还是群体的,在相当大的程度决定着翻译的操作模式,对于译作的接受,具有举足轻重的作用,因它势必唤起读者的某种情感反应,从而影响到译本的接受。翻译涉及异质文化的方方面面,由此而产生的对他者的害怕心理并不鲜见,主要表征为怀疑和担忧。考虑到目标语读者所持的文化或政治态度,出于协调和妥协的必要,译者可能采取相应的翻译策略,有时甚至到了改动原文内容的地步。可以说,准确把握对译作的态度能够揭示出翻译的操控程度。与此相关的感情话题也涉及阅读译作的体验。翻译行为伴随着感情和情感的唤起,相互参照并互为融入。一般而言,情感是个人的事,带有相当强烈的主观色彩,文学阅读的体验也莫不如此,而这些体验与他人的想法和情感又产生了联系。翻译通过提供跨语言和跨文化的体验,包含了各种感情和情感的各个层面,给阅读增添了丰富的感受。有鉴于此,充分体现情感有助于让译作焕发活力。无论阅读源语文本,抑或是译语文本,情感反应是至关重要的。为使目标语读者能够在跨文化意义上做到情感投入,译文的可读性不容小觑。故此,建立连接切实可行的表现感情与情感互文典故,显然十分必要,从而体现翻译应有的深度和复杂性。

第一节　翻译态度

　　把翻译视为中立、隐形而又不动声色的行为，无疑过于理想化，因为事实常常与之相反。在有些情况下，为了达到某种效果，译者甚至采取直接的干预方式。以口译为例，如果译员对翻译对象缺乏尊重，超然事外的专业表象也难以掩饰住某种不屑或不敬。典型的做法是，大肆删(篡)改，或极度简化所讲内容，或避重就轻，或避实击虚。总之可让听者不得要领。当然，按照口译的职业要求，这似乎不足取，也是不允许的，然而，这其实是以不同形式和在不同程度上不断发生的事。毫无疑问，笔译也存在类似的情况。罗伯特·韦克斯勒(Robert Wechsler)指出："译者对作者的态度极大地影响他的翻译方式，也会控制他的阐释决定。"①无论译者对原作厌恶还是喜爱，其情绪难免不在译作里表现出来。译者对原作及作者的态度隐藏在各种干预策略里，并在翻译过程中以诸多方式显现出来。

　　译者是否尝试做到中立本身已是个态度问题。无可否认的是，以严格意义上的中立精神来从事翻译，只是可望而不可即的虚幻。虽然如此，人们对译者仍有这方面的期待：起码的中立客观还是必不可少的，译文或多或少需要显示出最基本的可靠性，以满足一般读者对译作的期待和要求。当然严格地说，这并非易事，因为任何交际行为都有调解相伴，同时还涉及人和事的感情、情绪、性格和态度等因素。此外，译者需要表现出的所谓中立的可能性，涉及一系列的考量，包括社会、政治、文化，尤其是主观方面的因素，其争议性更为突出，因此有必要重新审视对翻译中立的理想化追求或要求。雪莉·西蒙在论及性别与语言时刻意指出："对语言使用的性别方面保持敏感，需要懂得任何重写行为所表达的主体性。翻译绝无可能是重复性的中立行为：调解包含的既有转化也有移置。"②鉴于调解是翻译不可或缺的组成部分，同时移置(displacement)在本质上也排除了简单重复的可能性，译者的主体性无时不在地贯穿于跨文化交际过程中。如果说，跨文化交流的中立是难以企及

---

① Robert Wechsler, *Performing Without a Stage: The Art of Literary Translation*, North Haven: Catbird Press. 1998, p.72.
② Sherry Simon, *Gender in Translation*, New York: Routledge, 1999, p.66.

的：源于不为人知的感情缘故，中立终归不易成立。然而，不容否认的是，个人偏见又并非绝对不可控，就整体态度而言，倘若翻译背后没有明显牵涉到政治倾向或美学偏向，相对而言，一定程度的中立仍是可望达到的。

进而还可以认为，除非充分考虑到译者的移情因素——这使得理解和阐释的问题变得尤为突出——一味谈论中立是没有实际意义的。但带有想象力的移情可以起到好的作用吗？夏尔马(Sharma)以下的观点值得考虑：

>……艺术不可能像摄影作品那样客观或超然。艺术心理和科学不同，是带有偏见的，因艺术是事实和想法的情感化身。艺术家的偏见不仅体现在创作活动主题的选择，还体现在与之相伴的细节之中。[①]

其实，即使是看似逼真的摄影也要受制于摄影师的主体性，由摄影师捕捉镜头内可见的内容，并决定聚焦的目标以及淡出的细节。译者在某种程度上与摄影师无异，也受偏见和主观局限的影响。摄影的角度本身就可能受到某种预设态度的支配，就是说，角度的选择对于翻译的成品有直接的影响。细节亦是如此，阅读的总体效果与细节不无关系。翻译中丢失与添加的东西包括作者和译者细微的感情，由此构成了目标语读者的阅读体验。

不得不指出的是，态度的背后还关涉到立场，可在潜默中表露于译文的字里行间，进而完全可能影响到翻译的语气。大家知道，语气是态度的自然流露，语气原本是作者的态度写照，如果译者罔顾原文里的语气，只照字面译出意义，可能帮倒忙。譬如如果译文失去了原本讥讽的语气，结果肯定是误导。直接转译字面意义在这种情况下显然是行不通的。在这方面，笔译和口译截然不同。在口译的场合，听者固然听不懂未经传递的内容信息，但他（她）能观察说话者的面部表情，也能通过声音听出"弦外之音"。如果口译者出现问题，较为容易被听者发现，至少心生疑窦。而笔译则没有这样的语境提示，只得接受译者的"权威"，任随译文恣意走笔，就算满心怅然，也只得任人摆布，无奈地接受。诚然，问题的出现自然有有意与无意之别。译者至少要有严肃认真的态度，尽量做到不要误译原文的语气。当然，如果是有意而为之，则应另当别论，属于翻译伦理的范畴了。

---

① Kaushal Kishore Sharma, *Rabindranath Tagore's Aesthetics*, New Delhi: Abhinav Publications, 1988, p.34.

值得注意的是,所谓固有的文化偏见亦可是译者本人的个体偏见——文化偏见未必是整个目标语体系的体现。但无论如何,二者皆容易扭曲原文的现实复制,从而造成文化误读,既可产生无缘由的怨恨或错位的钦佩,又能引发合理的异议或无端的恐惧,阅读文学翻译时尤为如此,可说是文化错位(dislocation)诱发引起的。一般而言,移情的缺失大都由文化无知所致,容易导致文化偏见。因此,在某种程度上追求与异质他者的某种身份等同是必要的,除了有助于弄清基于或根植于文化差异的文化他者外,还有助于培育恰当的有关他者的文化态度和感情,更有助于向目标语读者灌输具有宽容和移情性质的世界主义观念。不难看出,跨文化交际导致深植于关注他者感受的移情。正如里塔·科内格(Rita Kothari)所言,"庶民文学的翻译支持了庶民斗争,尤其是注入了移情和理解的翻译。"①一般来说,人们总能够让自己的想法和感情去适应文化他者,分享温暖与亲密,同时表现出对于归属的强烈需求,意在体验他人的感情,虽然可能并不为自己所熟悉,但最终有助于提升移情和理解的程度,进而达到与原文产生共鸣的效果。

在这方面,译者的诚意(sincerity)实在必不可少,也至关重要,主要体现在对异质他者的尊重,可说是译作成功的关键所在。但诚意并非是翻译的自动表征,因为译者完全可能厌恶或不相信所译的内容,却又可以掩饰自己的真实态度和感受——如此做法也可说是职业素养的要求。但另一方面,如果没有由阅读原文和译文而生的不同文化感情的互动,跨文化交流的情感体验便会遭遇阐释层面上的困难。但在某些情况下,诚意的缺失又是不可避免的,而这又使得目标语读者对译作的情感反应变得相当不确定——诚意的缺失难以打动读者。毕竟,诚意是一个基本态度的表征,给人值得信赖的感觉,也使翻译的可靠性得以凸显(即使有时可达性并非理想),同时也被视作对文化差异和异质他者的尊重。

译者对源语文本的选择已在某种程度上表明了其态度,除非翻译任务是强加给译者的,或者仅仅是出于经济效益的考虑。但无论何种情况,翻译态度在某种程度和方式的流(表)露,难以避免,因为任何意义生产或再生产都

---

① Rita Kothari, "The Translation of Dalit Literature into English", In Jeremy Munday (ed.), *Translation as Intervention*, London & New York: Continuum, 2007, p.45.

离不开对文本的基本阐释。在不可译的情况下,逐字直译是行不通的,阐释则成了绕开困难的唯一办法。问题在于,阐释不可能在真空里进行,脱离不了外在因素和内在因素的影响和制约。

克里斯托弗·巴特勒(Christopher Butler)认为:"对一个文本的阐释一般超越它似乎所说的内容。"①由此产生的额外空间,也是意义的不确定性,既需要译者的声音去填补,也可能给其提供发挥或想象的空间。如果对原作表面形式直接传送,可能意味着在译文里保留原作的风格,如此一来,这个在译文里重现的风格便带有原作者的态度,至少有较为明显的痕迹。但在许多情况下,风格又可能是不可传送的,因而必然出现跨文化意义上的改动,乃至改造,结果也许就在不经意间,导致了在译作里态度的改变,这样的情况发生,经常在所难免。

另一方面,译者和作者的态度完全可能迥然不同,以至于在所涉文本的某些方面产生冲突,因为一般目标语读者看到的只是译文,所以译者的态度——如果迥异于作者的话——是起决定性作用的,而且目标语读者在受其影响之余,还可能认定是原作者的态度。当然,态度有时是微妙的,并不那么显而易见,但却在不知不觉中,潜移默化地影响着目标语读者的阅读情绪和体验。

此外,当下目标语的文化语境对相类似的其他译作态度的影响,也是一个相关的考虑。一个自然的趋势是新的情况催生态度的变化,所反应的是相关历史、政治和文化等方面的变化,就个体而言,还可能有心理和情绪的变化。再者,译文的接受取决于目标语读者对异质文化的盛行态度。一个开放的接受态度对文化借鉴的成功具有决定性的影响,同时也有助于消除由异质价值而引发的担忧。在这方面,历史和文化语境的变化对翻译的影响也是需要加以考虑的。

总之,翻译态度是一个难以说清的问题。有时要求译者的情感注入直截了当,同时还需注意避免跨文化的冲突。无可否认,有时保持乃至增加情感距离是必要的,旨在不致使目标语读者过于投入,丧失应有的判断力。视具

---

① Christopher Butler, *Interpretation, Deconstruction, and Ideology: An Introduction to Some Current Issues in Literary Theory*, Oxford: Clarendon Press, 1984, p.1.

体情况而定,有时也有反其道而行之的需要,情感距离的调整和操控,要求译者拿捏得当,通过制订适当的翻译策略,以制造应有的阅读效果。但反过来说,情感距离拉得过长,虽可做到相对客观,又可能显得缺乏诚意。译者移情的缺失,可能导致无法唤起读者应有的同情之心,译作的艺术感染力难免不遭到削弱。由此可见,如不把移情传递给读者,翻译的效果就要打折扣。由于文化间的隔膜——通常由心理和地缘政治的距离造成——目标语读者难以产生应有的共鸣,也可能因此降低翻译的效度。译者对此是否加以足够的重视,亦是其翻译态度的写照和揭示,何况诚意和移情本来就是相互作用的。

第二节　情感体验

与态度有重要关联的是翻译中感情的传达。这其实是关乎在一个不同的历史与文化背景下对他者的体验问题。重建近似的情感和情绪,需要跨文化意义上的想象,使目标语读者获取重温源语读者的感情体验。阅读的过程少不了唤起相关的情感和情绪。由于不同的文化社会环境,源语和目标语读者的阅读情感反应可能大相径庭。因此,情感语境化是不可或缺的。这显然需要译者设法构建有可能产生近似情感的译文语境,旨在复制相关的情感。

然而,不得不承认的是,没有什么比复制情感更难的了,由于关联度的不同,"局外人"和"局内人"的情感终究是不一样的。有鉴于此,译者的文化或政治身份便突显了出来,但译者又实难承受做文化局外人的后果。一般而言,情感难以从经历中剥离开来。虽然移情和同情在跨文化的条件下可能得以实现,但要想象出文化他者所产生的具体影响,并非易事,因为毕竟源语和目标语各自不同的互文参照,意味着源语和目标语文本分别唤起的感受是不同的,至少是不尽相同的。常见的是,如果文字和文化方面的沟通问题没有得到妥善解决,目标语读者容易产生疏离感。文化价值的冲突必然导致目标语读者在阅读译文时产生矛盾心理,倘若深究个中缘由,无非是这些译作代表了不同的观念、信仰、态度,还有心像,由此产生的隐喻性表述及文化联系引发了不同的情感反应。

从跨文化交际的实际效果出发,对翻译感情复杂性的高度认知以及更为愿意就细节的微小差别进行调整,尤为重要。目标语读者的情感期待出现的差异或偏差,需要加以调解或调停。在文化翻译时,有关源语文本的情感所有权问题,似有协商的必要,在这一跨文化交流的过程中,定会涉及五花八门的问题,不容忽略。翻译与阅读所涉及的情感层面,揭示了目标语读者的情感唤起的机理,以及译文的接受是如何被影响的。

毫不奇怪,作为改写的一种形式,翻译的(再)生产方式与原作的生产方式自然不同,而且注入的感情也不尽相同,取决于译者的主体与相关的文学、社会及历史语境的互动方式。总之,文化翻译大抵是由译者和源语文本的情感关系来定义的,原文以何种方式被挪用折射出翻译态度,同时又是影响和决定目标语读者情感反应的程度和范围的重要因素。

假定由于译者的移情和文化理解不充分致使译作差强人意,我们可以认定,只专注于翻译的语义方面,而忽略源语里微妙的措辞和细微的文化差异,可能是问题的根源所在。在许多情况下,情感的产生和启动是含蓄温婉的。更说明问题的是,能够呼唤某些特定的态度、情感和反应的文化意象,在译文里似乎难以复制,造成情感反应的疏离。对目标语读者而言,如上所述,替代的意象以补偿原来意象的损失,大抵会产生不太一样的情感,或唤起不同的情感反应。

事实上,在一个特定的社会和历史环境下所捕捉的情感和心境,可能折射到译者内化的主体,译者对原文的态度极大地影响到翻译任务的完成。道格拉斯·罗宾逊强调:

> 译者也是人,有着自己的意见、态度、信仰和感情。译者常常被要求去翻译他们厌恶的文本,也许在几周,或数月,甚至几年的时间内,能够压抑住他们的反感,但终究不能永久地继续压抑这些个负面的感情。[1]

这说明了过度压抑所产生的后遗症,但似乎又有些夸大其词。在实际操作中,在完成了一个翻译任务后,译者就没有必要继续压抑这些感情了。另外,就算这些负面的感情被压下去了,对翻译任务明显缺乏热情,目标语读者也能感受得到。换言之,就算负面态度有可能很好地被掩饰起来,表现出看似恭敬的中立,但最终仍有可能以某种方式投射出来。的确,当译者日后再次被迫面对类似的翻译任务时,心存未消的余怒可能产生难以预计的影响,

---

[1] Douglas Robinson, *Becoming a Translator: An Introduction to the Theory and Practice of Translation*, London: Routledge, 2003, p.26.

在译文里流露或表现出来。译者的克己,也可算是职业要求,乃至职业道德的体现。

喜恶之类的感情在某种程度上是有文化预设的。群体与个人感情之间的区别关乎某些措辞的选择,也关乎能否弄好翻译再现的平衡。一般来说,如果感情在原文里是隐形的,在译文里似乎也不必过于显现,但由于隐形的感情相对不太容易被目标语读者识别,至少应设法标记出它们是隐形的。可以设定一定程度的普遍主义,譬如欲望、贪婪、愉悦和愤怒等基本感情,是人类共有的,故此没有必要刻意地去表现。但翻译有必要建构一个语境框架来控制感情,好让目标语读者对不甚熟悉的感情能够有所反应。有些特定突出的文化意象,专事在原作里唤起感情,但在译作里却遭到冷遇,甚至反感,为了防止这样的情况发生,适当的防范措施是必不可少的。

思想和情感不是总能分得开,故此只是翻译思想并不足够。罗宾逊提到"思想和情感的交换"间接地强调了翻译情感的重要性。① 翻译活动揭示了各种态度、情感和印象所起的作用。情感在翻译里是以主体间性的形式表达的,让我们意识到我们各自的信仰、态度、想法和期待,但是又不可操之过急地做出文化假设。罗宾逊告诫我们:

> 如果你对别人和别的群体的情感敏感的话,你就不会有意使用冒犯他们的语言,或毫不在意地想当然地认定别人词语的意义;所以为了完成好你的任务,你必须使任务变得更加艰巨。②

了解陌生人的情感是至关重要的,唤起目标语读者恰当的情感也同样重要,但要使二者一致可能使事情变得颇为棘手,而且常常根本做不到。译者为究竟该怎样去适应和表达什么或谁的感情而感到犹豫不决,是十分正常的。翻译的挑战莫过于此,在这些因素中间,达致某种平衡,显然不是一桩容易的事。

对源语文本的漠视或敌对情绪,通常与具体的政治、文化,抑或个人的态度联系在一起,情感可以帮助译者解释或捕捉原作的所谓真实意图。翻译情感经历的直接影响,莫过于让目标语读者暴露于异质他者面前,就阅读充满

---

① Douglas Robinson, *Becoming a Translator: An Introduction to the Theory and Practice of Translation*, London: Routledge, 2003, p. 62.
② Ibid., p. 193.

了细致入微细节的文化翻译而言,有着举足轻重的意义。由于情感反应是由跨文化翻译的细节所引发的,所以情感又容易成为操纵的对象。在论及与翻译相关的戏剧演出时,帕特里克·皮里玛维斯提醒我们细节的重要性:"如果手势是可以翻译的话,那翻译本身就是移置和变化的手势。因此,微小细节的损失决定了翻译语言的精炼与戏剧性。"①因此,我们需要用感召力的手段有效地表达情感,以增添翻译的生气,在跨文化的语境下重塑互动模式。

如何在译文中产生以上所提的"手势"功效,应该是一个值得探讨的问题。所谓手势其实也是情感的流露,构成具有影响力的细节,有助于激起相关的情感态度。缺乏有效的情感交流就难以做到真正的沟通理解。不可否认的是,情感与价值观有时是不可分割的。价值观的不可调和性势必妨碍情感认同,而这样的认同,恐怕也难以强求,我们也应坦然地承认差异和分歧。但无论如何,应特别关注翻译和阅读的互动特质,重新审视文化价值以及跨文化体验的迁移。总体而言,提高异域文化的认同感,有助于展开有效的跨文化互动,并降低其过程中的文化风险和冲撞的可能性。

第三节 情感反应

可以说,翻译如果在情感上能打动人,的确更能令人信服。欲做到这一点,需要译者进行情感移情,反复强调情感移情不朽的重要性的目的,是要不断提醒我们需要加深对他者的理解。情感的具体化与翻译的效力不无关系,跨文化翻译需要考虑的是局外身份,如果难以做到摆脱陌生感和疏离感,无疑与情感有关,而情感本身又是因文化和时间而变的。局外身份对情感能否在跨文化条件下共同体验提出了疑问,并可能造成文化放逐和亏损,伴随而来的是明显的情感距离。冷漠通常由跨文化自负引致,源于对异质他者的无知或肤浅理解。唯有刻不容缓地建立和发展跨越时空的情感默契或共鸣,才能保证翻译在最佳状态下运作。

情感移情是克服文化冷漠的有效策略,找出一个情感的文化视角,将情感与文化合而为一,并构建某种移情局内感,这对加深跨文化理解,无疑能起

---

① Patrick Primavesi, "The Performance of Translation: Benjamin and Brecht on the Loss of Small Details", *TDR*, Vol. 43, No. 4, p. 58.

到非常好的作用。克里·布兰德(Keri Brand)强调:"移情不仅是用来感受他者,而是用来感觉和弄清他者的资源。"①郭沫若在谈及翻译雪莱的诗歌时如是说:"我爱雪莱。我能感听得他的心声,我能和他共鸣,我和他结婚了。——我和他合而为一了。他的诗便如像我自己的诗。我译他的诗,便如像我自己在创作一样。"②也许这是诗人的夸张,结婚也未必"合而为一",但至少关系密切了许多,诗歌翻译的确需要富有情感氛围的诗性。年轻时的郭沫若渴望同雪莱进行心灵对话,同时还想让中国读者也能体验到相应的情感效应。

  弄清他者并不意味着丧失自我,情感移情不一定与自我意识格格不入,反过来,倒可能培育和加强后者。Cormac Ó Cuilleanái 指出:"为了译出,有些文本需要聚焦"读者"(如文学对话),要在译者的心目中得以实现,如同一次视觉演出,想象中的人物对说出话语效果的回馈,尤其要包括情感效果。"③意义的产生及其效果靠的是感情和情感,情感的表现极可能是原文的最主要部分,译者是一个表演者,没有情感或不能调动情感,就扮演不好自己的角色,也难以与观众(读者)进行有效的交流。作为带表演性质的翻译,经由译者的主体得以实现,通过感情的交流获取自己和他者的情感共享,是挑战性极强的任务。由此可见,加大或减弱所表达的情感取决于译者,他所做的决定和由此而生的文化共鸣,与翻译意义有直接的关系。

  对目标语读者来说,翻译阅读是否得到译者的相助大有区别。源语文本和目标语文本里的美学材料含有不同的情感反应形式,有关美学情感的背后真相也会显露出来。情感和情绪可以表达出来,也可被唤起,文化差异对分析和传送词汇、短语和句子的情感内涵的作用甚为关键,需加以充分的关注。翻译的重大挑战之一就是重新建构真实可信的情感体验,为目标语读者提供某种情感和意识的形式,帮助他们增加对异质他者的情感理解和提高相关的

---

  ① Keri Brand, "Intelligent Bodies: Embodied Subjectivity human-horse Communication", In Waskul, Dennis D. & Vanninin, Phillip (eds.), *Body/Embodiment: Symbolic Interaction and the Sociology of the Body*, Aldershot, Hampshire: Ashgate Publishing, Ltd., 2006, p.145.

  ② 郭沫若:"雪莱诗选小序",罗新璋编:《翻译论集》,北京:商务印书馆,1984 年,第 334 页。

  ③ Cormac Ó Cuilleanái, "Channelling Emotions, Eliciting Responses: Translation as Performance", In Sheilds, K & Clarke, M. (eds.), *Translating Emotion: Studies in Transformation and Renewal Between Languages*, Bern: Peter Lang, 2011, p.70.

响应能力。翻译有必要消除或至少降低疏离感,否则会严重阻碍跨文化美学体验或导致无视不同文化传统的情感质量。不含种族中心主义的文化态度正视翻译的情感因素,有助于产生情感融洽,并建立亲密关系和相互信任。

不难看出,是加强抑或是削弱原文里所表达的情感,在相当程度上,取决于译者,其作用决定了译作能否产生文化共鸣以及相应的意义。为进一步理解词汇语义处理过程中所涉移情的重要性,我们通过对比不同译文,能够观察体验到相当不同的情感。以朱自清的"荷塘月色"为例,这是一篇脍炙人口的抒情散文,我们自然期待译文也有抒情的阅读效果。这里节选的是杨宪益同夫人戴乃迭的译文 A 与朱纯深的译文 B。

> 我爱热闹,也爱冷静;爱群居,也爱独处。像今晚上,一个人在这苍茫的月下,什么都可以想,什么都可以不想,便觉是个自由的人。白天里一定要做的事,一定要说的话,现在都可以不理。这是独处的妙处:我且受用这无边的荷塘月色好了。

> A: I like both excitement and stillness, under the full moon, I could think of whatever I pleased or of nothing at all, and that gave me a sense of freedom. All daytime duties could be disregarded. That was the advantage of solitude: I could savour to the full that expanse of fragrant lotus and the moonlight.

> B: I like a serene and peaceful life, as much as a busy and active one; I like being in solitude, as much as in company. As it is tonight, basking in a misty moonshine all by myself, I feel I am a free man, free to think of anything, or of nothing. All that one is obliged to do, or to say, in the daytime, can be very well cast aside now. That is the beauty of being alone. For the moment, just let me indulge in this profusion of moonlight and lotus fragrance.

原文简洁、明快,单从形式上看,A 译在风格上与原文似乎更吻合。B 译则略显冗长,但却在捕捉情感细节上做足了功夫,使得目标语读者得以分享原文的细腻情感。需要指出的是:"冗长"可能仅仅是中国读者的审美反应,如此行文,英语读者料是不会有此感觉的。不同的译者对同一原作反应各异,也是不同的情感反应所致。

可以说，情感翻译是文化翻译不可或缺的一环。美学情感和文化态度之间的关联值得进一步探讨。从目标语读者的角度出发，他们想较为直接地体验发生在别人身上的事，并感同身受别人的情感和体验。不可否认，就情绪刺激的反应而言，文化差异无疑是存在的。有时复合推理（complex inferences），而不是直接的情感反应，与阅读译文时不可言状的美学情感体验关联更大。情感的真实性是某一特定的跨文化交际行为的真实反映。翻译的效能与译者是否真心想展现异质他者不无关系，此举通过着力克服他者文化的相对不可达性而表现出地对他者世界的尊重。对他者文化持更加开放、灵活的态度能把目标语读者带入不同的文化体验。实际上，目标语读者的情感期待是可以由译者的跨文化态度加以培育的。译者可以代表目标语读者增大情感拥有度，以催生具世界主义性质的跨文化观念和实践。

第四节　修辞再现

如果一个翻译文本仅仅是再现原文的基本语义信息，而全然不顾修辞的优雅，那这个译文便有严重缺陷，其结果是目标语读者被剥夺了阅读文本的审美乐趣，不仅如此，文本的表达功能和劝说功能也因此而受损。修辞的重要性就在于唤起感情和情感的巨大功能，可以说，文学翻译的成功很大程度上取决于对原文的修辞再现是否加以足够重视，让读者阅读译文就像阅读原文一样饶有兴致。不容否认的是，由于文本移置使得修辞情况发生了变化，翻译需要修辞方面的挪用，重新配置修辞方式，有效的文学翻译便是修辞创新的结果，也就是达到尤金·奈达（Eugene Nida）所言的功能对等的效果。

简言之，直接的或字对字的翻译，惯常会使原作的修辞效果归于无效，原作原本有效的修辞机制是难以用异化的形式迁移到目标语文本的，因如此一来，风格的相似度恐难以达到，但修辞却又是不可忽略的一方面。西塞罗（Cicero）谈到翻译演说家阿提卡（Attick）的模式时说："我是以一个演说家的身份而非阐释者的身份翻译他们的。"[①]译者的任务是在译文里并置修辞模

---

① 引自 Rita Copeland, *Rhetoric, Hermeneutics, and Translation in the Middle Ages: Academic Traditions and Vernacular Texts*, Cambridge: Cambridge University Press, 1991, p.2.

式,恢复修辞的文化功能,在翻译中再现修辞方式。考虑到未经必要的调解和挪用的直译并不令人满意,译者所面临的挑战就是匹配原作相应部分的修辞效果。常为人引用的斯坦利·费希(Stanley Fish)有关修辞陈述的观点是:"一个陈述如果读者需求,它就带有修辞性质了。"[1]然而,鉴于在翻译中重建修辞是一个颇具偶然性的过程,新建的目标语修辞系统要与目标语的规范标准相吻合,由此便导致了本土化的修辞,但仍与源语文本优雅的修辞相匹配。就这个意义上讲,译本不可避免地带有译者态度和感情的烙印。

复译发轫于对复苏的要求,有时一个充满生机的新译作能赋予翻译以新的生命。新生命的标志是什么?其中主要的一个是对他者的感情体验变得更为直接和明确,所付出的代价是表面意义。仔细观察翻译的内部规律,修辞的传递与翻译态度不无关系,应在译文里捕捉和重建与细微感情相关的文化干预形式。根据劳伦·雷登(Lauren G. Leighton)的观察:"两个独自产生的译文可能都非常忠实原文,但彼此却大相径庭。"他继而又指出:"其实,除了选词和意象具体的巧合以外,翻译很少相像。"[2]需要明确指出的是,致使他们不同的要素很可能是翻译修辞使用的不同。

修辞对文学而言至关重要,对文学翻译而言亦是如此。一个修辞,即使是无意使用的,都可在一定程度上起到认可翻译里不同的文化或意识形态价值的作用,尤其是恰逢目标语文化处于对外国文化开放的状态。感情修辞可能在大多数人那里产生共鸣,无论其文化、社会、宗教和政治背景如何。因此,翻译在传递感情修辞时,需要设法克服源语修辞的疏离感。虽然不是太地道的、不十分符合目标语规范的翻译语言可能在目标语读者身上产生距离效果,但目标语读者至少有机会去体验不同的东西,包括不同的修辞,并且是以不那么间接的方式去体验的。翻译常常构成对根植于目标语系统的传统价值的挑战,故此也需要对敏感的道德或宗教问题采用谨慎的修辞。视翻译态度而定,翻译其实可以就是传递修辞,好让目标语读者真实地体验原文,并通过修辞体验到原文的情感。当然,传递的方式绝非机械性的,而是通过适度的文化协商及调整。

---

[1] Stanly Fish, *Self-Consuming Artifacts*, Berkeley: University of California Press, 1972, p.1.

[2] Lauren G. Leighton, "Translation and Plagiarism: Puskin and D. M. Thomas", *The Slavic and East European Journal*, Vol. 38, No. 1, 1994, p.70.

此外，为降低不可译的程度和提高可读性，目标语内常见的修辞方式也会在译文里使用。诚如亨克尔·鲍尔(Heike Bauer)所言:"一个文本在翻译中的改动在更适合译者的文化语境的同时，也变得可译了。"①通过改动和改造过的审美要求，使异质他者适合目标语文化的特有需求，这就决定了翻译的结(效)果。翻译修辞是一个很有效的传递涉及同情感的手段，译者需要在字里行间里捕捉源语文本里隐藏的细微差异，喜怒哀乐，五味杂陈，各种难以言说的情绪都应包括在内。乔伊斯·戴维森(Joyce Davidson)等人曾指出："无论再现情感的尝试有何种问题，艺术形式……经常寻求重现和唤起情感，这样的重现为情感的文化构建提供了有用的洞见。"②从某种意义上说，修辞传递其实也是心理传递，翻译涉及两组修辞的语言和文化的相互作用，探讨和平衡两组修辞不仅能有效地避免文化张力，还可促使更有效的跨文化交际。

一种语言和另一种语言的修辞资源显然是不尽相同的。不同层次的修辞制订为的是达到不同目的的修辞效果，无论是政治、意识形态、美学或文化等方面。马克思和恩格斯所撰写的《共产党宣言》的宗旨是要推翻资本主义。中文译本是由英文转译的。结尾的一句是："资产阶级的灭亡和无产阶级的胜利是同样不可避免的"。此处的修辞十分宏大有力，要铲除人类所有的不公正。其中可圈可点的是"灭亡"一词的选择。作为原文的英文词是 fall，如果译为"垮台"，应算是贴近原文的译法，但毕竟不如"灭亡"来得彻底。译者通过增加修辞的力度，更明确地突出了《宣言》的主题，而且如此译法是有依据的，因为词句的前一句便是："它(资产阶级)首先生产的是它自身的掘墓人(grave-diggers)"。"掘墓人"都有了，"灭亡"便是顺理成章。同样，为了修辞效果，《宣言》的汉译在"摧毁一切万里长城"一句里，加了"万里长城"本土化的意象，使得句式更为铿锵有力，且气势如虹。

文化活力与真实性通常与修辞有关，不限于表面意义。有时着眼于源语形式的复制，可能引起不当的修辞效果。译者主体性在生产令人满意的译作过程中，发挥了举足轻重的作用。贾德森·罗森格兰特(Judson Rosengrant)

---

① Heike Bauer, "Not a Translation but a Mutilation: The Limits of Translation and the Discipline of Sexology", *The Yale Journal of Criticism*, Vol. 16, No. 2, 2003, p. 384.

② Joyce Davidson, et al., "Introduction", *Emotional Geographies*, Davidson, J., Bondi, L. & Smith, M. (eds.), Aldershot: Ashgate Publishing, 2005, p. 11.

强调"主体性阅读"(subjective reading)对翻译的创作性的重要意义:

> 就主体性阅读而言,原作能够激发译者——诗人自己的创造力。他受其"刺激","共鸣"(无论是直接的,还是,现在愈加是如此,通过一个信息提供者),在不同的维度,重构"他所想象的原文作者"应该所做的,用译者自己的语言风格,在他的时间和地点。①

除非译者的想象力被激活,翻译的任务不可能以应有的严谨和慎重方式完成。需要谨记的是,"主体性阅读"是有界限范围的。但即便如此,译者仍可以很好地利用"不同的维度",以自己的想象力"创造"出能和原文媲美的翻译作品来。

结　语

思想和情感难以彻底分割开来,但如果后者在译文里没得到准确和充分的再现,前者难免受到负面的影响,交际效果亦会降低。通过文化干预来控制或操纵翻译,译者的主体性在各种策略中得以体现和突显。如果赋予文本情感复杂模式的细节发生亏损和移置,容易造成译文的情感重现出现偏差或扭曲。常见的现象是,扭曲的翻译并不见得发生在语义的层面上,而是发生在与翻译相关成问题的态度或情感方面,结果给翻译阅读带来不期然的负面影响。不让原作者有意识或无意识的情感投射到译作里,等于变相改变认知重现,好似译者把自己的态度或情感强加到译文身上。如果源语文本的语言充满了原作者的体验和情感,目标语的语言就没理由显得干瘪和毫无生气,丰富的语言质地需要在译文里得以复制。尽可能保持中立就意味着最小限度的干预,但却又不符合实际,缺少移情又将导致原作丰富复杂的态度和情感复制的失真和损失。

翻译实践与其跨文化语境紧密相连,就原作者的态度、情感、判断和承担而言,译者有各种风格和话语的选择。把意义从一个语言传送到另一个语言,构成了翻译基本信息的基础层面,但这仅仅是认知的再现。人们更多地

---

① Judson Rosengrant, "Nabokov, Onegin, and the Theory of Translation", *The Slavic and East European Journal*, Vol. 38, No. 1, 1994, p.17.

觉得,如不能以一个更为互动的跨文化交际模式来从事翻译,是不恰当和欠缺敏感度的。一方面,漠不关心或任何不情愿干预的情况很可能阻碍翻译的运作。另一方面,鉴于翻译的结果是不确定的,几乎就是视译者的态度和操作(纵)方式而定,其重写行为反映了并受制于与目标语系统息息相关的态度或情感。文化或政治的限制是重写过程的一部分,尽管或因为译者的主体性,其在翻译中的核心作用日益受到重视,原作的情感和感情几乎是和基本语义信息同步传送的。因此,不管译者是否刻意与源语文本保持距离,我们可以说,翻译实践近乎等同于文化调解和挪用,并注入相应的情感,以增强译文的感染力。

第九章　翻译的暴力属性

引　言

　　目标语读者对翻译话语内固有的暴力行为的接受抑或容忍程度,取决于各种条件和因素,包括暴力的类别和性质,以及文化再生产的环境。对文化多样性灵敏度的不断提升,将干预或操纵手段历练得更为成熟老到,突显出不同类型和程度的翻译暴力。在翻译中解读相对不熟悉和较少见的表达方式无疑是个挑战,由此而生的自然反应是文化挪用,也就可能导致种种失真、扭曲及变形。翻译作为一种(再)生产的形式,突显了寻求所有权和控制权的必要性。有鉴于此,语言的暴力特性在翻译活动中尤为突出,由此而衍生翻译暴力,自然也就不可避免了。维克多·雨果(Victor Hugo)早就指出过翻译在接受国往往被视为暴力行为。① 近年来翻译的暴力问题又提了出来,突出的是韦努蒂关注在英美世界里常见的"我族中心主义归化翻译暴力。"② 他指的暴力对象与雨果恰好相反:在特定的文化政治语境下,原作本身遭遇了暴力。如此说来,翻译所涉及的双方都可能是暴力的"受害者",这与人们看问题的角度和思维方式无不关系。特贾斯维莉·尼南贾纳(Tejaswinin Niranjana)和埃里克·切菲茨(Eric Cheyfitz)等人都分别指明了翻译行为固有的暴力特征。阿奴拉·丁威尼(Auradha Dingwaney)则在更为广义的层面上,索性把翻译视为一种暴力形式。③ 这一看法得到了科林·理查兹(Colin

---

　　① 转引自 Lawrence Venuti, "Local Contingencies: Translation and National Identities", In S. Bermann & M. Wood Nation (eds.), *Language, and the Ethics of Translation*, Princeton: Princeton University Press, 2005.
　　② Ibid., p. 61.
　　③ Anuradha Dingwaney, "Introduction: Translating 'Third World' Cultures", In A. Dingwaney & C. Maier (eds.), *Between Languages and Cultures: Translation and Cross-Cultural Texts*, Pittsburgh: University of Pittsburgh Press, 1996, p. 5.

Richards)的认同,他也指出:"可以看作是我们在一个反复无常的公共领域内,努力协调和将一种语言和另一种产生联想而发生的一种暴力形式。"[1]

可以认定,暴力虽在许多方面显示出动粗特性,却又是跨文化交际必备的先决条件。翻译的实际情形是非常错综复杂的,暴力的诱因也是多方面的,既可是个人的选择,也可涉及文化、政治或意识形态等因素。但总体而言,凡是对原作不忠实,便是"暴力行为"[2]。但忠实了呢,其实也是暴力行为,只是施暴的对象变了而已。故几乎可以说,翻译便是暴力。翻译的不忠比比皆是,无论译者如何小心翼翼,也难免顾此失彼,往往是顾了形式,损失了内容,或顾了内容,又破坏了形式。不是得"意"忘"形",便是得"形"忘"意"。"忘"指的是顾不上,顾不上就要造成损失,虽不一定是有意为之,那至少也是客观暴力。与主观暴力相比,性质似乎不那么严重。然而,二者之间的区别常常并不明显。翻译离不开阐释,而任何阐释都带暴力性质,因为阐释总归难免将自己的解读强加于原文,所以翻译一定摆脱不掉暴力的干系。再者,正如韦努蒂所言:"翻译是用一个目标语读者能够理解的文本去强行替换域外文本的语言及文化方面的差异。"[3]这其实是翻译的性质所决定的,暴力是翻译的存在本能,唯有通过暴力,才能扫除障碍,达到目的。从本质上看,翻译的目的论,或后来的功能主义学说,都强调为达到某种翻译目的,用什么手段并不那么重要。首当其冲的应属暴力手段——的确相当有效。翻译是一个备受制约的行为,要想摆脱桎梏,只得需要诉诸暴力。有时施暴是为了更好地忠实于原文,与其貌合神离,还不如貌离神合。了解和分析暴力的生成原因、动机、效果、影响等等,无疑有助于我们认识翻译的性质和规律。

---

[1] Colin Richards, "Aftermath: Value and Violence in Contemporary South African Art", In T. E. Smith, O. Enwezor & N. Condee (eds.), *Antinomies of Art and Culture: Modernity, Postmodernity, Contemporaneity*, Durham: Duke University Press, 2008, p.267.

[2] Wang-chi Wong, "An Act of Violence: Translation of Western Fiction in the Late Qing and Early Republican Period", In M. Hockx (ed.), *Bats: Biology, Behavior and Folklore*, Honolulu: University of Hawaii Press, 1999, pp.25—28.

[3] Lawrence Venuti, *The Translator's Invisibility: A History of Translation*, London: Routledge, 1995, p.209.

第一节 暴力类型

首先有必要考察一下翻译所涉及的暴力类型,根据性质,大致可分两类。一类可称为"柔性"暴力,属温和性质,主要的动因是克服语言或文化引起的不可译问题。另一类属操纵性改写,背后的动机各异,其目的是改变意义,有时也改变形式。就源语文本而言,通常具危害性和破坏性,不妨称之为"危害"暴力。一般而言,为使译文能让人看得懂,一定程度的偏离原文的现象是常见的。译文总归要设法给读者提供一个他们相对熟悉的文字形式,这里隐含的便是归化的翻译策略,也就是韦努蒂所称的"归化的我族中心主义暴力。"[①]柔性暴力和危害暴力的区别在于后者的强制性归化,不司周旋调停之职,径直采用替换或改造性手段,不管作者的原本意思,自作主张或越俎代庖的意味浓厚。此类大胆自信的翻译,有时不免显得攻击性十足,但也可说是主动积极的翻译——拒绝被原作牵着鼻子走,结果导致了意义的改变。

论及文学翻译,尤其是诗歌翻译,柔性暴力司空见惯。诚然,柔性暴力在任何翻译里,都难以避免。为使文本变得可译及可懂,不时会有变动和调整。估计到译本可能遭遇的阅读困难,是译者采取变动措施的主因,旨在除了使译文免遭看不懂外,也可减少阅读阻抗或负面接受的风险。具讽刺意味的是,为忠实原文的意义,只能对原文的形式不忠,这便是柔性暴力的特质。可以这样认为,就算有变动,乃至肢解性的重组,译文仍可视为真实的文本,对原文堪称总体忠实。直译固然能把暴力降至最低限度,但过度直译只能破坏意义,使之在翻译过程中丢失。另一方面,目标语读者对相关词汇和背景知识的不熟悉,不断地困扰着译者,也使得直译的空间十分有限。因此,柔性暴力必不可少,否则翻译就无从谈起。还可以据此说,只要不是直译,都会有暴力的成分。

意义的表达方式在不同语言和文化体系里是很不一样的。对于这个基本事实的判断与为所欲为、大动干戈地改动原文不能画等号。与冲撞式翻译(abusive translation)所不同的是,柔性暴力不直接干预原文,不对原文进行

---

① Lawrence Venuti, *The Translator's Invisibility*: *A History of Translation*, London: Routledge, 1995, p.61.

硬行操控,进而造成其严重损毁。其适配的性质远大于改造的性质,并无对原文进行明显的修改。翻译的流畅自然值得重视,对于形式上的制约,需要适度的改动和调整。一般而言,一篇(部)透明流畅的译作是暴力的结果,大都属于柔性暴力。为了流畅的效果,往往以消除原作的句法成分为代价,翻译尝试各种重述模式。这样的行为可视为操纵行为,但其性质是温和的。无论怎样,翻译需要采用某种重述模式,而任何重述模式,势必改变原来的意义,无论多么轻微,终究还是对源语的习惯表达方式造成了施暴。

由于表达形(方)式的限制,翻译的对象可能是解读出来的内容,由于任何解读都带暴力性质,翻译的结果总有一些微妙和间接的改造。尤其是,当遇到多种解读的情况时,只能做出一个选择,而不可能面面俱到。做这样的决定具排他性,在译文里难以保留不同的解读空间。所以说,不折不扣的翻译是不存在的。即使是直译也做不到完整,同时如果因为没有必要的译者干预,总有部分内容无法传递,就算是内容完整了,风格也不完整,反之亦然。无论怎样,总有缺失的或不充分传递的情况。多数情况下,人们对翻译的相对不完整并无苛求,也不去指责一篇(部)译者的可靠性或真实性。柔性暴力主要体现在较为大胆的干预形式,有助于提升翻译的表现水准。

应当承认,柔性暴力和危害暴力之间有时难以区分,如同难以区分异化和归化一样,二者兼而有之,倒是常态。简言之,异化翻译对目标语构成潜在暴力,而归化翻译对源语造成事实暴力,后者的即时性触发文化关切。对有些译者和学者而言,异化翻译似乎是更好的选择,因为其"寻求抑制翻译的我族中心主义暴力"①。但不管做何选择,无论是殖民性的,抑或仅是微调性的,暴力终究难以避免,主要取决于是否只是源语的直移,或是加以改造,使之能进入到目标语系统。韦努蒂在英美文化语境内,指谪翻译中的我族中心主义暴力,但漠视翻译对目标语文化的潜在暴力,当然这种可能性在他特指的语境下几乎不存在,翻译的偶然性需要结合暴力的正当性来探讨。暴力实际能开创出变通的空间,增大可译性。翻译成功与否,在相当大程度上,由整个目标语文化规范惯例网络所决定。文化的陌生感是产生紧张状况的缘由,主要由特殊和普遍,个性和共性之间的差异而生。文化的疏远隔阂造成的文化的

---

① Lawrence Venuti, *The Translator's Invisibility: A History of Translation*, London: Routledge, 1995, p. 20.

陌生感与疏离异化,也可归咎到社会和文化的位移。翻译突显的是"双向"脆弱,造成交互暴力:如欲减轻对译文的暴力,可能造成对原文的另一种暴力,反之亦然。无论是哪种取向,原文或译文的文化完整性都可受损。

强势翻译的特点是暴力行为,而殖民翻译,无论直接的或是间接的,实际的还是象征的,大抵都是如此。尼南贾纳和切菲茨审视了翻译作为殖民主义者的工具所扮演的不甚光彩的角色。殖民主义者的一些翻译手法令人生疑,成为掠夺者的有效工具。掠夺剥削自然是暴力行为,翻译助纣为虐,除了客观上助长了暴力行为,其自身的行为本身也充斥了暴力。对某些文化缺失项毫无节制的暴力操纵,致使殖民地国家的权力丧失殆尽。同样的,强势文化对弱势文化的翻译也显得较少顾忌,经常是为所欲为,甚至横冲直撞,多的是操纵,少的是协商,其特点往往是危害暴力。与此相反的是弱势翻译:自然是谨小慎微、战战兢兢、亦步亦趋,如同进了一家瓷器店,生怕碰坏了什么物件。暴力的结果势必产生受害者。但在翻译的语境下却又不尽然。有时候表面上的受害者似乎又不是真正的受害者,同时不能排除隐形的翻译暴力,造成有口难言的内伤。暴力通常理解为有意而为之的恶意行为,当然无意而为之的暴力未必出于善意,虽有意为之的也必出于恶意。需要强调的是,这不一定是译者的个体行为,其所处的历史、政治、文化和社会环境背后等因素,也是重要的相关原因。

在广义的全球化的文化语境下,跨文化交流的日益增多,一方面促使了文化杂合,但另一方面也增加了翻译的不确定性,模糊了可译性和不可译性之间的界限,折射出不同的文化实践,以及由文化、伦理、社会和精神诸方面价值中所隐含的紧张状态。从跨文化的角度看,翻译是由一个文化系统到另一个文化系统的迁移过程,一路伴随的是归属感或排斥感,或二者兼而有之。鉴于根植于由差异而生的文化政治的跨文化互动,对翻译及其接受产生多重影响,文化包容的问题尤为突出。由于异族的文化侵蚀的可能性,翻译过程中不时出现隐性或显性的文化过滤,也就不足为奇了。

第二节　暴力性质

强势译者具进攻性,有时展现出的凶狠"敌意",不免遭人诟病。的确,人们一般对暴力反感,甚至愤怒,如明显的删减;但有时人们对暴力又表示赞赏:如对原文进行调整处理,使得原本晦涩难懂的文本,变得明白易懂,同时又符合目标语读者的阅读及审美习惯。有时技术层面的暴力,经过微妙的交涉,原本让人觉得的负面暴力似乎又变成了正面暴力。暴力虽不能视为解决各类翻译问题的万全之策,但不失为可行之道,甚至不乏可取之处。无论初衷如何,由于翻译是文化位移的产物,疏离感在所难免。势必发生的异质入侵,倘若视作是对目标语文化及所属的传统方式的某种攻击的话,可能令人不安,如果其表现方式又显得咄咄逼人,那更是如此。翻译需要通过协商调解,以求调和的结果,这不仅必要,而且还相当可取,但却又难免因主观武断而生的某种形态的任意性,给人以负面暴力的印象。

  这里涉及的因素众多而复杂,包括政治、意识形态、社会、文化、习俗、审美等多方面,背后有各种原因和动机。以删减为特征的外科手术式的"暴力",表面上对身体造成伤害,但目的是为了治病救人,从一个侧面能看出,不应对暴力一概而论。表面上看,对源语文本造成了损伤,但客观上,有助于译本的接受。说到底,翻译促使两种文化的接触,只要有接触,就会有摩擦,甚至冲突。冲突容易产生暴力,一味避免冲突呢,又有可能导致损失利益,丢弃原则。翻译的伦理对暴力可产生制约,但由于翻译个中的因素太过复杂,翻译的伦理不太容易说清楚。

  翻译一定要彬彬有礼地退让吗?一味退缩当然不是好的策略,而强硬的反推,又可能造成翻译的崩盘。故此,有必要做不懈的努力去化解矛盾,规避冲突。于是有学者提出将太极里的"推手"概念引入到翻译研究。[①] 柔中带刚,收放自如,游刃有余,这当然是理想的境界。"推手"翻译是对暴力的缓冲,借力打力,在不动声色中,击退进攻。面对某种力量,译者的手与之接触,设法化解可能的冲突,改变原本紧张关系的性质。作为一种平衡术,推手理论强调的是协商、调和、让步、妥协,避实就虚,保持平衡:在保持自己不失衡倒下的前提下,设法使对方失衡倒下,障碍或阻力随之清除。对方可能是无形的势力或力量(无形的手),推手的基本策略是,既不正面冲突,也不放弃抵抗。有时是把可能造成的外伤变成了实际形成的内伤,反正里外都是伤,软刀子也能杀(伤)人,杀(伤)人虽不见血,但还是把人给杀(伤)了。含糊其辞

---

① 见张佩瑶,"从二元对立到相反相济:谈翻译史的关键问题与太极推手的翻译史研究路向",《中国翻译史专辑(下)》第二十二卷第二期,2012 年,第 21—40 页。

虽然可以避其锋芒,但也可能有后遗症,倒不如采取硬碰硬的姿态,以暴制暴,干脆利落,完全也可能收到不俗的效果。

　　太极拳的推手之道应用到翻译里成了一种比喻,但任何比喻的应用适度都是有限的,带有一定程度的含糊性。正话可以反说,当然反话也可正说。直截了当的话可以在译文里拐弯抹角地传达。原文可能引起反感的内容,若施以直接暴力,那就是删除。但也可淡化处理,以避免事态的激化。故意的模棱两可、语义不清,亦可达到"以柔克刚"的效应。香港播放的外国电影或电视剧的字幕,几乎每次 shit 皆译成了"可恶",可视作推手的妥协结果:既没让 shit"伤"到目标语观众,也没屏蔽原文信息。但需指出的是,看似化解了原文里的语言暴力,实际上也是一种间接暴力,因为毕竟造成了原文里语言力度的损失。如果强烈(硬)的语言(strong language)变得不强烈(硬)了,不可否认,效果是要打折扣的。有时为了某种修辞效果,该骂就得痛快地骂出来,否则难有酣畅淋漓之感,在文学作品里从人类原始情感中迸发出来的力度,有时非得宣泄出来,体现语言暴力也是修辞不可或缺的部分。

　　译者的手需要抓住一只代表某种势力的无形之手,也可能不止一只手,或许有若干只手,手忙脚乱的译者恐难以招架。以葛浩文翻译莫言的作品为例。他跟原作者通过推手般的协商,轻易获取授权在译文中做大刀阔斧的改动。但如遇到米兰·昆德拉这样的作者,推手这招肯定不灵。葛浩文还得跟出版社玩推手,出版社要求他对莫言的作品施暴,进行外科手术式的改动。就好似是为了美容一样:按照西方人尤其是美英读者的审美习惯整容。作为汉学家的葛浩文对此是颇为纠结的,也尽力去抗争——争取减少过多的暴力。他要坚守翻译伦理,也要顾及自己翻译家的名声。毕竟肆无忌惮地改动原文,似乎不是受人尊重的翻译家所为。有人不问青红皂白,为此向葛氏发难,实在过于武断,并有失公允。真正的施暴者是幕后的出版商,他们是始作俑者。但出版商也可能抱委屈:他们是不得已而为之的,是读者所逼。那出版商后面的目标语读者是否也是施暴者呢?那读者是不是又受翻译评论者影响呢?有鉴于此,整个社会文化的现实生态不容回避,按照理想的模式谈翻译,"规定"翻译应当如何,没有太大的实际意义。

　　何谓翻译的削足适履?这在诗歌翻译中体现得更多:有时为了达到某种"诗学"效果,竟然置译文起码的语法于不顾,实在得不偿失。壮士断腕虽属无奈,但终有几分悲壮。然而,为了换取整体的利益(效果),做出重大的局部牺牲，有时是必要的，也是值得的。事实上，译者并不一定对自己的暴力行为无动于衷，在可能的情况下，总会想找补救措施：如不能做到断指（肢）再植，至少也要止一下血。关于想象的或可预计的亏损，采取的未雨绸缪措施，是补偿性措施，补偿的最典型的方式莫过于"厚度"翻译（thick translation），亦有译为"深度翻译"的。唯有译出文化的厚度，若干意义的多个层面及多重指涉才能得以展现，否则势必发生语义亏损。厚度翻译是对可能产生亏损做预防性修补，因为一般意义的翻译，无论译者如何小心翼翼，总难免不磕碰了文本，有时甚至伤筋动骨，所以为了把文本的原貌呈现给目标语读者，那就要进行修复工作了。一般意义上的翻译都不可能是完整的翻译，就算表面上完整了，目标语读者获取不了完整的信息，实际上也不完整，故需要采取未雨绸缪的举措和行动。

一般人难以对原文里引经据典的表达方式，处之漠然，视若无睹。如照本译出，定会将目标语读者抛入云里雾里，不知所云。显然，"厚度"翻译也是无奈之举，其本身也是一种暴力形式：面对大量的注释，读者的阅读过程不断被粗暴地打断，以至于读性全无。无视注释，未必行得通，因为译文的预设是目标语读者应看注释，译文本身不一定是在足够协商的基础上完成的。"厚度"翻译旨在提供一个宏大的文化（有时是历史）语境，译文的文化重负转到了读者身上：他们不是上下其手，就是左顾右盼（有译者把注释放在文本右边，而不是下边），摇头晃脑之余，不免有些头晕，如此支离破碎的阅读，一般读者恐怕难以接受。

大多华裔美国文学作品实质上是某种程度的文化翻译，显然有别于常规翻译，即并没有一个明确的源语文本，而是多个"无形"的源语文本。中国文化提供了多种原文渠道，但由于各种原因，作品的文化失真度高得让人心惊肉跳，把我们的传统文化弄得"伤痕累累"。近年来，出现了不少华裔美国文学的中译本。在翻译"回"译成中文的过程中，有译者忍不住进行文化修复工作，但如此"归化"式的暴力改写，又把原文切割得鲜血淋淋——又是一个以暴制暴的例子。对于文化失真的关注，在"回译"里显得尤为突出，而有的"回译"也是一种文化翻译，如林语堂的《京华烟云》，原本就是英文写就，似乎谈不上是回译。但是由于书中大量的出典无疑是中国的，亦有许多文化意象和互文性关联，故在翻译成中文时暴力的必要性锐减，因为异化翻译和归化翻译差别应该不大。无可否认，这是个特例，但也再次说明暴力因差异而引起。

无容赘言，文化的旅行或放逐很容易给翻译带来麻烦。与林语堂不同的是，不少华裔美国文学的作者母语不是中文，而是英文，他们的故事来源也许是中文的，但经过了扭（歪）曲的解读，发生了赤裸裸的暴力行为。

第三节　激进改写

对于陌生部分的归化的总体倾向，集中体现在文学翻译里，也意味着暴力的使用，以达到调控译文的目的。人们常期许的翻译透明——读译文如同读原作一般——是以暴力手段换取的。因为对原作的完全忠实，极易导致译文不知所云，逐字的直译在现实中总是要妥协的。劳丽·钱伯伦（Lori Chamberlain）明确指出："作者和译者是在既合作又互为拆台的意义上的工作伙伴。"[1]这揭示出翻译活动的不稳定性质，反映的是既合作又分离并不断变化的情形。自译是最能说明原作者（也是译者），从另一全新的角度，去判断什么是改写的必要措施。在塞缪尔·贝克特（Samuel Beckett）的自译里，他甚至不顾与原文大相径庭的改写效果。张爱玲的自译也有相似的"危害"性特征，不可谓不激进。这样的翻译远非精确的复制，在某种意义上是对原文的继续，补上一些新的内容，或改了主意，又做修改。在许多方面，归化翻译呈相似的倾向，译者好似作者般，把对文本的所有权揽入手中，然后再对文本进行随心所欲的改写。

这也间接地说明，有时作者和译者之间的身份界限模糊，这表明了译者的语言僭越了源语。作为即席作者，译者想去重（续）写原作，掌控文本的支配权，其中动因可能与不可译有关。苏姗·巴斯奈特和哈里什·特里维迪（Harish Trivedi）认为："传统观念将翻译视为原作差劲的拷贝，现今翻译被当作创造行为，用另一种语言创作出一个新的原作。"[2]乍听上去，似乎言过其实，但也不失为另一个看问题的角度。尽管如此，除了自译，译者若想获取真正的作者地位或资格，绝非易事，尽管显而易见的是，翻译既是再生产，有时

---

[1] Lori Chamberlain, "Gender and the Metaphorics of Translation", In Lawrence Venuti (ed.), *The Translation Studies Reader*, London: Routledge, 2000, p. 326.

[2] Susan Bassnett & Harish Trivedi, "Introduction: of Colonies, Cannibals and Vernaculars", In S. Bassnett & H. Trivedi (eds.), *Post-Colonial Translation: Theory and Practice*, London: Routledge, 1999, p. 1.

也完全是自产。

　　激进的改写可使原文和译文转换,译文竟有了原文的地位,这方面有个颇能说明问题的例子:捷克作家昆德拉(Kundera),在20世纪80年代中期流放之后决定用法语写作,用其离散语言替代母语捷克语。他不厌其烦地把原本用捷克语写的法文版小说全都修订了。"换句话说,译本成了原文了。"[1]对他而言,如此自残式的暴力不无理由,更是一种救赎方式。由此而来的是忠实的对象彻底改变。此外,这里还牵涉到读者的问题。通过对译文的改写,作者用法文重写了自己的小说,考虑到方便法国读者阅读,原来捷克语的文化专有项就要让位了。如果一部文学作品翻译不成功,原因可能是文本的再生产出了问题,而非文本直接生产的缘由,毕竟读者对象发生了变化。考虑到读者差异,一些"改正"措施势在必行,似乎也较容易合法化。但昆德拉也受到韦努蒂毫不留情的批评,指他幼稚地设想绝对忠实是可能的。[2] 颇具讽刺意味的是,虽然昆德拉毫不容忍其他译者对其作品的不够忠实而导致对其施暴,却对他自己作品的法文翻译随意改写。一方面,他决意要摒除翻译中的不忠实的问题——他常常介入到译者翻译他作品的过程中去。另一方面,他又不忠于自己的原作,恣意改写已经译好的文本。对昆德拉而言,暴力既可接受又不可接受,一切皆由译者是否兼具作者的身份(地位)而定。

　　考虑到文本生成的自然环境,翻译以非自然的方式,把文本转移到非自然的地方。很难设想存在没经过译者参与并挪用的文学译本,译者一般倾向于对陌生的成分进行自然化改造。结果自然显得有些不自然。为使转移成为可能,必须找一个或多或少异于原作的形式,也就是在客观上强行将异质成分植入文本。似乎是,对内容的忠实总不免引致对形式的施暴。为确保重要信息不至于流失,译者不由得要诉诸暴力,有时其烈度足以形成创造性的形式改造。无可否认,对形式改造的宽容、抵制或渴求,对于以译本接受为考量而制定的相关翻译策略,至关重要。

　　面对异域文化的侵蚀,操纵性的干预可能以食人翻译的极端方式(法)出现,尤其是当暴力行为,无论是文化的、风格的、政治的、美学的,抑或是意识

---

[1] Michelle Woods, *Translating Milan Kundera*, Clevedon & Buffalo: Multilingual Matters, 2006, p. ix.

[2] Lawrence Venuti, *The Translator's Invisibility: A History of Translation*, London: Routledge, 1995, p. 5.

形态的,被视为合理的时候。事实上,我们晚清的翻译实践也颇有些食人翻译的意味。原文里的不少部分在译文里都重新调整和释义了。赛奇·加夫隆斯基(Serge Gavronsky)对此种现象有如此描述:"原作被捕获、强奸及乱伦。在这里,儿子再度成为这个人的父亲。原作被肢解得面目全非;奴隶和主人的关系发生了逆转。"①暴力的极端形式便是食人的冲动,取代并扮演原作者,作为翻译的从属地位的各种特征被减至最低程度,从而赋予译作某种原创性。

无可否认,即使一个源语文本不带政治性,译者仍可以用政治方式,通过操纵相关的政治和文化语境,把自己的声音置入到译文里。翻译的历史的偶发性,给文本解读带来政治色彩,提升了更为宽泛意义上的文化价值。译者的文化立场直接诱发叙事干预,林纾翻译《茶花女》时就做了不少删节、省略以及其他改动。译本代表了一个不同的视角,也由此产生了一个相当不同的文本。当然,这在晚清并不罕见,征用原意无疑受政治动机驱使。不用说,如此篡(作者)位的"暴"行有力地挑战了原文至上,通过自我改写授权,让翻译具备了改造的力量。但凡只要在翻译里有删节或更改,暴力的痕迹就清晰可辨。傅东华为目标语读者着想,大刀阔斧地砍掉《飘》里冗长"无关"的心理描写部分,彰显的是译者的文化身份。在翻译《格里夫游记》(*Gulliver's Travels*)时,林纾按捺不住地要表达他的伦理判断。如原文里有这一句:"Parents are the last of all others to be trusted with the education of their own children."如此大逆不道的言论,林是难以接受的,干脆不译出来。这类食人翻译或不动声色,或大张旗鼓,把原作"不合时宜"的部分给删(改)了,原作所表露的语言和文化差异也随之被抹去。

文化阉割是司空见惯的事情。翻译未必是小心翼翼地拾起和修补暴力之后的满地碎片。如果说,支离破碎的翻译话语是暴力所致,似乎是翻译又得在拾起满地碎片后,再加以重组,构成新的文本。破坏是为了构建,正所谓"不破不立","破"是为了"立",或更好地"立"。况且,"破"和"立"很多时候是同步的,并不分先后,"立"的方式和手段就是"破"。于是,"破"和"立"之间的区别也是模糊的。

---

① Serge Gavronsky, "The Translation: From Piety to Cannibalism", *Substance*, 1977, 6/7 (16), p.60.

第四节 文化疏离

同改动原作相比,因排除法而造成的不完整翻译似乎较少遭到诟病,但其实也体现了一种含蓄的暴力形式。在某个特定的历史时期,或某个特定的文化或政治语境下,目标语文化较为愿意接受排除,好处是可以避免潜在的文化摩擦和冲突。虽然在一般情况下,读者并不太情愿接受经过施暴的"节(洁)本",但也不能排除读者被激发起暴力嗜血欲望而演变成"暴民"的可能,进而强烈要求排除原文中的某些部分。林纾翻译的《迦茵小传》就曾遭遇怒不可遏的痛斥,起因是有关迦茵的婚外孕细节在译文里竟然得以保留,显然与当时的文化情势与风尚格格不入,由此引起读者的"暴力"反应。他们强烈要求对原文的不合适的部分采取暴力行为。公平地讲,林纾并非对文化差异较大的细节不敏感。在他的《大卫·科波菲尔》(*David Copperfield*)的译作里,凡是接吻、牵手,甚至握手的动作,不是删掉就是替代了,真正维护了我族"男女授受不亲"的古训。林纾类似的暴力改写还涉及政治、宗教、道德等方面。由于各种原因,词句可能遭受腐蚀、畸变以及无端的文化或政治方面的干预。屡见不鲜的是,文化解读的政治属性,在(重新)生产意义时,容易触发紧张、冲突。翻译采取迂回战术在现实中也不罕见,做出调节原文里文化、政治和意识形态诸方面的举动或至少是姿态,使翻译不至于过于差池、越轨太多,或多或少有所约束。

但有些翻译似乎不在意暴力行为。昆德拉的《玩笑》在被译成其他语言时,遭到了形形色色的暴力。他在一篇发表在《纽约时报书评》的文章里无不哀怨地写道:

> 1968 和 1969 年,《玩笑》被翻译成所有的西方语言。但是,真有让人吃惊的事!在法国,译者对我的写作风格大加点缀,把小说给重新写了一遍。在英国,出版社砍掉了所有带思考性的段落,剔除了与音乐相关的各章,变更了若干部分的顺序,并改写了整部小说。[1]

---

[1] Milan Kundera, "Key Words, Problems Words, Words I Love", *The New York Times Book Review*, March 6, Late City Final Edition, 1988, p. 1.

的确如此，对原作的修改，甚至是根本性和大幅度的修改，时有发生。实际的翻译情况复杂多变，但有时逾越了人们可接受的语义范围，无论效度如何，信度就要大打折扣。翻译暴力到了如此肆无忌惮的程度，遍体鳞伤的原作（者），该做何感想？

诚然，文化位移在为译语文化可带来新鲜和刺激感的同时，无疑也会造成某种困惑和迷失感，在目标语体系的修辞实践里显得无根无助。文化疏离的明确无误的迹象就是译文难以卒读，乃至令人费解。翻译的佶屈聱牙一般是和外域和异化联系在一起的，而归属感的问题与翻译和翻译阅读的体验亦有关联。归属感是身份认同的建立和认知的前提，但有可能带来混乱和不安。翻译牵扯到复杂的文化隶属关系，在两个文化的夹缝间，不得不面对源自原文的语言异化形式，同时还要在译文里确保意义的连贯和注重行文的脉络。翻译处于两个文化传统与思维习惯之间，显现的是其文化历史的暂时性和偶然性，以及社会地缘政治情境性等方面的特征。文化迷失感，可以通过本土的材料挑战原文至上，使之得以避免或减缓。翻译把源语文本挪到一个不同的文化环境，读者从不同的文化和政治的视角来看待由文化翻译引起的"陌生化"效果，这就为我族中心主义提供了土壤。不容否认的是，过度文化适应的策略酝酿了另一种暴力形式，因为原作里的语言和文化差异被抹掉了，就算原作在总体上并无大的改变，但抹去的行为定会留下暴力的印记。这已不是一个简单的伦理问题，开启的是一段未知的旅程，牵涉到复杂的文化或政治的位移。不容否认，译文容易受到有害的域外影响，考虑到这样的风险，有必要采取一定的预防措施，虽然有的本土文化保护措施较为极端。目标语的不安全感也表现在对翻译造成的疏离感的一种抵触态度，生怕翻译演变成滋生不良文化的土壤。

然而，就文化疏离而言，翻译有时有意要被征服，如同自我殖民般，译者因在心理和文化上陷入两个语言文化之中，其身份随之变得多重化或杂合化。文化翻译的主要目的是传递文化信息，同时还需传递文化形式。文化过滤在此过程中扮演了不可或缺的角色。为了文化生存，一定程度的文化保护是可以理解的。因此，无论译者的意图如何，为跨文化交际的效果计，需要除去文化疏离感。在许多情况下，这无可厚非，但易形成模式化形象，其负面影响显而易见，不利于文化间的互动，尽管出发点是帮助读者降低阅读难度。但未经调整的文化形式致使过多的文化差异，产生阅读异化翻译在文化意义上的陌生化效果,从而疏离读者的阅读体验。由此看来,对文化疏离的高度焦虑,导致原文部分内容的残缺和损毁,乃至肢解,主要是担心过度的文化张力致使可读性降低,可接受性受限。

翻译之所以有时被视为文化入侵,是因为受到所固有的文化暴力威胁。如果是严格的直译,目标语的习惯用法就可能遭受暴力,而实际的翻译策略显然不必一味地追求复制原文的习惯用法。文化殖民总不免让人焦虑,因目标语体系的文化价值和政治信仰可能被颠覆或破坏。出于避免批评的考虑,译者可能被迫减低或演示暴力行为。尽管各类暴力无处不在,但无所顾忌地施暴多少有些不足取。翻译提供了一个不同风格进行杂合的场所,塑造和发展翻译话语。杂合在某种意义上可说是对不可通约性所做妥协的产物,也是解决不可译性的必然表征。但这一过程一定难以弥合文化损害。人们自有不同的、相互冲突的方式来描述世界和理解事物,这在翻译里势必得以体现。我族中心主义的翻译固然是破坏性的暴力行为,但中译作品的欧化现象同样也成问题。作为折中方案,文化杂合不失为一个解决问题之道。自我与他者的杂合,使得文化身份在一个新的情况下,经过协商获得重塑的机会。

其实,文化暴力并非像想象那样不堪,因为结果并不一定是破坏性的:文化暴力具有解放功效,有时只有通过"破除"旧的本土文化,才能构建新的、更具生命力的文化体系。破除不代表彻底消除,而是一种彻底改造。文化疏离的终极价值在于破除与构建的可能性之中。鲁迅曾提倡的间接施暴方式,就是用极端的异化方式来取代和改造本土的文字与句法。在他看来,唯有付诸这样的文化暴力形式,才能让中国语言和文化重获新生。

第五节　文化改写

但凡有文化交流就有文化暴力,有时也不免是政治暴力,翻译政治的体现形式在很多情况下是暴力的。文化之间的互动虽好,但不免有摩擦:磕磕碰碰少不了。只要对异域文化持包容态度,各种冲突,只要在可控范围内,便属"合理冲撞"了,应算是善意的暴力。文化疏离及其在翻译里的表现形态带来的是文化改造,而文化改造的结果意味着某种殖民化,可能是积极的,也可能是消极的,主要取决于是强加在头上,还是自愿承受。文化移行对目标语体系内的文化实践有改造作用,无论是对不可通约的他者持包容还是抵制的态度。但不管怎样,为确保译文的可懂度或有效性,最低限度的可读性是必不可少的。但在此过程中,任何对所涉文化的厚此薄彼都能造成潜在的暴力结局。如果为了迎合目标语文化的某些期待而破坏了原文里关键性的东西,当属于极度暴力。强行把文本从其文化、历史背景移出是跨文化交际暴力本质的典型体现。然而,如果异质文化已逐渐成为本土文化的一部分,语义混乱的情形能够避免,经过暴力的译文也就不那么让人反感了。

在以男性为中心的父权传统体制之下,女性处于从属的劣势地位,在话语权力方面也处于相对弱势,甚至遭到暴力压迫。对于性别不平等,女性主义者不会奢望谁会把权利拱手相送给她们,必然以强势的态度去争取,乃至抗争。英语对与性别相关的词是很敏感的,始于前些年的做法是,不厌其烦地用 he/she,his/her 等形式,chairman 成了 chairperson,一下子显得平等多了,但似乎总有些累赘和多余。后来有些作者(其中不少是男性)索性将 he 或 him 全改成 she 或 her,这是对性别暴力的"拨乱反正",抑或是"矫枉过正",取决于人们对性别政治的态度或敏感度。好在还有个中性的 chairperson,否则愣要把一个男人称作 chairwoman,多少有些尴尬、别扭。顺便指出,由于汉语性别代词或名词不如英语多,故缺乏相应的敏感度,在翻译过程中也不易反映或表现出来。女性主义运动在中国的发展轨迹与在西方的发展轨迹很不相同,中国的女性主义者大多时候不过是隔岸观火,这也是翻译时需要面对的差异。

文化暴力跟语言暴力不同,指的是"象征性和意识形态的存在空间,用来为个人的或结构性的暴力行为做辩护。"① 以女性主义译者为例,芭芭拉·戈达尔德(Barbara Godard)的一段话常被引述:"女性主义译者确信自己关键性的差别,无休止的反复阅读与改写,并乐在其中,炫耀操纵文本的种种痕迹。妇占翻译文本就是要取代谦逊内敛的译者(形象)。"② 女权主义者"以暴制暴",一方面,她们对父权体制下对女性的暴力压迫深恶痛绝,并大加讨伐。但另一方面,却又肆意对原作按照自己的意识形态进行暴力改动,并对此行

---

① Caroline O. N. Moser and Cathy McIlwaine, *Encounters with Violence in Latin America: Urban Poor Perceptions from Columbia and Guatemala*, London: Routledge, 2004, p. 11.

② Barbara Godard, "Translating and Sexual Difference", *Resources for Feminist Research XIII*, 1984, 3(136), 1984, p. 15.

为大为赞赏。

图谋报复的"妇占"纯属强奸作者意,是对原本带暴力性质的男性化翻译实践的偏激反应。乔治·斯坦纳意识到了一点,故他称所持的论点是"不带性别歧视的",但却又是"以男性的视角"去论述的。① 显而易见,文化暴力与其所反映的源语文化和目标语文化间不平等的权利关系相关,并且与意识形态和文化政治等方面相关。分析探究翻译过程中不同形式的暴力究竟有何种影响是有意义的:涉及删减和曲解,以及文化和政治方面的操纵。出于某种意识形态或审美考量,很容易使文化暴力合法化,对原文不是造成扭曲,便是毁损。暴力的形式五花八门。删减是一种无声的暴力形式,当然还有不动声色地改动一下关键词或意象,这种暗自动手脚的做法给读者以虚假的翻译版本。当然也有"正大光明"地改动原文,并仍称自己是在进行翻译的。路易斯·冯·弗罗托(Luise von Flotow)就宣称女性主义译者"有权利,乃至责任去'冲撞'(abuse)原文"。② 目的无疑是明确的:改造原文的意图和功能,为己所用。

与此背道而驰的是另一种暴力对象,即刘易斯提出的冲撞性忠实(abusive fidelity)。关于这个术语本身的中译,有若干个译法,如"滥用的""妄想的""泛滥的"。王东风专门就这个术语写了一篇文章,进行了深入缜密的探讨,结论是"反常的",即"反常的忠实"。③ 他的译法准确地反映了这个术语的核心意义,但略显温和了一点,因为刘易斯所隐含的暴力倾向是明显的,"反常的"只是暴力的结果或效果。可译为冲撞性忠实,取"横冲直撞"之意,给目标语的表达形式带来冲击和影响。的确,按刘易斯的本意,他并不想把翻译定性为暴力行为。英语是他的母语,他当然知道 abusive 的杀伤力,犹如好不容易找到了一件利器,因有些担心它潜在的大杀伤力,所以又想弃之,却又不太甘心,后又重拾了起来。刘易斯推崇强势翻译,因是有效翻译,但确有崇尚暴力之嫌,罗宾逊也对此表达过不安。④ 按照艾迪温·根茨勒(Edwin

---

① 引自 Sherry Simon, *Gender in Translation*, New York: Routledge, 1996, p. 29.
② Luise von Flotow, "Feminist Translation: Contexts, Practices, and Theories", *TTR: Traduction, Terminologies, Redaction*, Vol. 4, No. 2, 1991, p. 80.
③ 详见"译学研究关键词",《外国语》2008 年第 4 期。
④ Douglas Robinson, *What is Translation? Centrifugal Theories, Critical Interventions*, Ohio: Kent State University Press, 1997, p. 135.

Gentzler)的解读,abusive fidelity 乃兵分两路:fidelity(忠实)的对象是原作,而 abuse 的对象是目标语文化的普遍形式与价值观念。① 冲撞性忠实主要体现在擅自改动(tamper[s] with)语言的惯用法,②此处无疑指的是目标语的惯用法,也就是说在目标语不能正常使用(use)的情况下,只能非正常使用(abuse),因为作为一个新的载体,目标语的表达形式难以体现原文的各种信息,只能靠强势介入,对其进行改造,产生自己的表达方式。③ 总之,abuse 如同冲撞一样,容易对目标语造成伤害,有破坏力。

人们对翻译暴力的看法与文本的"所有权"相关。就冲撞式的翻译而言,自译的人深谙此道,趁机对自己的"原文"大肆修改,任意重组,若论暴力,性质尤为严重,从某种意义上说,与自残无异。但人们对此似乎并不以为意,因为"自我施暴",丝毫也谈不上对原作者的不尊重,而且结果一般好像都还不错,更能适应读者,接受效果得以改善。

可以概述一下:违背任何语言或文化规范,无论是源语文本,还是目标语文本,都是暴力行为。然而,有必要承认翻译暴力的实际用处,有助于抑制疏离和隔阂。一个难以言喻的吊诡是,译者可能通过强暴原文的方式来表达尊重,有时翻译亏损的原因不在暴力,而恰恰是缺少暴力。因鲜有天生丽质的自然翻译,总是要手术整容,以控制住原本难以控制的局面。暴力背后的动机各异,类型也各不相同。有时主要得通过对原文实行柔性暴力,才能避开或减少文化冲突的可能性。如果原文的任何部分并无实质性的改变,则可算作无害暴力。通常的情况是,使用暴力的目的,原本就不是为了改变原文,而且施暴的方式也不是大张旗鼓的,无论是动机还是效果,都谈不上有任何明显的损害(毁)。简言之,这样的暴力形式不会造成冲突,属于干预的范畴,也可称为善意暴力,因为不至于"导致重大的缺损或排斥或强行置换外来文本里的语言和文化差异。"④表面上,似乎需要判决的是,翻译问题的处理方式是

---

① Edwin Gentzler, *Contemporary Translation Theories*, Clevedon: Multilingual Matters, 2001, p.39.

② Philip E. Lewis, "The Measure of Translation Effects", In L. Venuti (ed.), *The Translation Studies Reader*, London: Routledge, 2000, p.270.

③ Ibid., p.270.

④ Lawrence Venuti, *The Translator's Invisibility: A History of Translation*, London: Routledge, 1995, p.18.

灵活的还是冲撞式的。实际上,这是一个观点的问题。如果说是灵活的翻译而非冲撞式的翻译,那就意味着使用的仅仅是柔性暴力。柔性暴力的实用价值是明确无误的,使翻译的可操作性成为可能,同时也不对源语文本进行重大改动,把损毁程度降到最低。结果只是一些细微的、几乎察觉不到的变化。

总而言之,容忍乃至欣赏他者是跨文化交际的要义。因此,某种程度的政治与文化开放也是不可或缺的。文化身份决定了文化态度,但又难以做到独善其身,一切皆需要协商才能维系。用安洁利卡·巴默(Angelika Bammer)的话说,"一句话,身份政治就是一个不间断的协商过程。"[①]不足为奇,有关文化身份的混乱是紧张的文化关系的始作俑者,由于文化身份的多样性及多重性,译者只得在翻译的众多文化指涉与典故的丛林里艰难跋涉。然而,必须要承认的事实是,"身份"一词完全不足以捕捉到翻译的令人困惑的复杂之处,包括了种种难以捉摸的文化因素。

结　语

就一个具体的目的而言,翻译的施为性产生了一个揭示文化形式的现实,翻译揭示了特性突出的文化形式。从跨文化交际的角度出发,独特的文化形式是值得重构的。鉴于目标语读者缺乏足够的相关文化知识,未经斡旋的翻译不大可能畅通无阻进入到目标语系统。外来文本所固有的各种差异,决定了翻译调解不同文化的做法,否则难逃文化消亡的厄运,而翻译实践里极端的暴力行为只能使情况愈演愈烈。调解不同文化的目的就是要超越内外文化之间的界限,尤其是在处于支配地位的文化和政治风气令人生厌的时候和地方。有一些基本的文化走向不可避免地变得明显了,其独特的文化特征也显现了出来。由于文化与时间及地点的密切关系,文化"他者"能否在翻译里生存下来,始终会引起担忧。

那些被认为在跨文化层面上可取的文化形式理应在目标语文化里得以复制。与此相应的是,拓宽和重新调整视角,在对特殊细节再度表述的过程

---

① Angelika Bammer, "Introduction", In Angelika Bammer (ed.), *Displacements: Cultural Identities in Question*, Bloomington & Indianapolis: Indiana University Press, 1994, p. xv.

中,让目标语读者了解到不同的文化价值,同时优先关注目标语的规范和习俗。阅读翻译的行为本身,说明人们从一个尚未调适的视角去审视世界的同时,通常还指望某种文化调适。翻译是具有解放意义的冒险行为,目标语读者有机会通过理解别人的视角,去反思自己原有的视角。只有分享内部知情人的视角,译者方能保留或重现源语里细微无穷的独特性,并设法让目标语读者也做出识别,同时还提醒他们不可满足于只做局外人。这一切说明,在文化译者的帮助下,目标语读者可能改变或摒弃之前有明显局限性的视角,从而能够获得正宗的他者体验。

  时至今日,仍然有人沉湎于看到理想译文的幻觉:既没受损而读起来又像用目标语直接写作的一般,故此应注意到翻译实践中暴力的普遍存在。此外,弄清楚在特定情况下翻译暴力的性质也很重要,如此可以避免简单化地看待翻译的实际功效。在许多方面,翻译反映的是对文化张力的理解,可说是经由协商后的妥协结果,协商毕竟有助于减少暴力。与此同时,还应考虑到暴力的性质以及相关的环境,认识到暴力在帮助翻译挣脱不可译的束缚方面,不仅必不可少,甚至功不可没。所表明的是,语言和文化不可通约的指涉与典故与可懂度的关系,也再次说明互动协商的重要性。同样重要的是,译文里业已改变了的修辞模式之所以亦能产生魅力,大抵是因为柔性暴力的关系,从长远计,终将改造目标语系统的社会与文化价值与实践。总之,认清翻译的暴力本性,对于弄明白翻译的运作规律,不无裨益。

第十章　翻译的距离

引　言

若干年前我曾发表过一篇文章,对翻译的距离问题进行了初步的探索。① 近年来,随着跨学科的研究范式对翻译学影响的日益增大,愈加感觉到相关问题的复杂性和多重性,认为有必要对其重新认识和进一步的讨论。翻译涉及若干类型的距离:历史的、文化的、社会的、心理的、审美的、形式的以及更多的派生类别。首先,距离是"时"与"空"的概念,与翻译研究有直接的关系。翻译首先需要面对的是原文和译文之间的时空距离,随之而来的才是语言和文化的距离。对距离的认(感)知,有助于揭示源语和目标语之间在表达方式和思维结构等方面的差异,对翻译活动的认知是有启发作用的。在一定程度上,对距离的判断,也可说是对差异的判断。其次,在基本意义上,距离也意味着差距或差异(至少在中文里,距离的用法是这样的)。有时距离指的其实是差异,后者实质上是距离造成的,有时指的就是差距。② 譬如我们说文化距离,其实指的也是文化差异,据此,似乎可以说,距离即差别。但也不尽然,吊诡的是,有时拉开距离反而减少了差别,适度的距离能提供更佳的视角,更利于提供一个合理的解决之道,跨文化交际集中反映的是不同文化之间认知与审美距离。翻译是一种运动——从一种语言运动到另一种语言,并在不同的界面及层面展开接触及碰撞。这一过程自然是不断改变距离的过程。

一方面,翻译试图消解各种距离,减少疏离感,让目标语读者能贴近原文,做到近距离交流。但另一方面,翻译又不可避免地要与各类距离打交道,同时这些距离相互交叠,互为作用,组成立体的制约网络,使得整个翻译过程

---

① 见孙艺风:"翻译距离与视角转换",刘靖之主编:《翻译研究新焦点》,香港:商务印书馆,2003年,第73—111页。

② 英文里分别有 distance 与 difference 两个词,亦可合用:distance difference 距离差别(异),即差距。

充满了张力和不确定因素。翻译所涉及的各种距离,可大致划分为客观距离和人为距离。为了便于讨论,我把人为距离也称为翻译距离,就是说,只要做翻译,一方面要面对客观距离引起的翻译问题,另一方面,则要通过人为距离来解决翻译问题。一般而言,客观距离是固化的,因而也是静态的。而人为距离则相反,不可避免地带有主观色彩,是不断变化的动态距离。客观距离和人为距离形成一种互动关系:由客观距离而生的交际障碍,需要人为距离的变化去加以克服。一般而言,客观距离是静态,人为距离属动态,故也可称为静态距离和动态距离,而动态距离是对静态距离的反应。在认知和实践的层面上,有必要分别就静态距离和动态距离进行分析,进而讨论、分析二者之间的相互关系。

第一节　文本距离

　　有关翻译的最基本的距离便是因文本差异而产生的。无论怎样强调目标语与源语的"等值",译文和原作是两个不同的文本,这是不容否认的。二者之间的差异源于并产生距离,由错位而引发的差异在不同语言之间,在源语读者和目标语读者之间,显然都存在。钱锺书在《林纾的翻译》一文指出:"一国文字和另一国文字之间必然有距离……"[①]所指距离自然属于客观距离。[②] 大家知道,不同国家之间的文字距离是很不同的,所以"不可译"出现的频率,以及对翻译所构成的挑战难度,自然也是不尽相同的。既然翻译所涉及的两种语言之间有距离,那由此衍生的是:原文和译文两个文本之间必然也有距离。当然,除了语言差异之外,文本之间的距离可能涉及其他方面。但无论如何,文本距离的客观存在对阅读是有影响的。文本旅行中历经了"许多距离",所以钱锺书便称:一些读者忍受不了撩动,便想去"读原作",因为毕竟"读翻译像隔雾看花,不比读原作那么情景真切。"[③]欲达到真切效果,只得零距离地去读原文。然而,钱锺书在几十年后完全能够顺畅地阅读原著

[①] 钱锺书:"林纾的翻译",罗新璋编:《翻译论集》,北京:商务印书馆,1984年,第19页。

[②] 当然,这种性质的距离并非完全是静态的,随着时间的推进和跨文化交流的增多,两国文字的距离会发生演变。

[③] 钱锺书:"林纾的翻译",罗新璋编:《翻译论集》,北京:商务印书馆,1984年,第20页。

了,竟然还能欣赏当年读过的林译小说,看来距离的吸引力和诱惑力,实在难以抵挡。距离在翻译中扮演了一个神奇的角色。林译里众多的"讹错"其实也是距离的结果:林纾不识西文,要经助手转译,不免又多了距离,出错的概率自然大增。说到底,还是距离惹的祸。然而,因祸得福的是,如果译者妙笔生花(如林纾般),不期然地"增补原作",竟让译作变得有"吸引力",而不贴近原文的"讹",也就不期然地产出了因距离而生的美妙效果。

重要的是,在特定的情况下,文本距离的性质是如何判断和识别的? 具体又怎样体现在译文里并如何处理的? 两种语言之间的不可通约性或部分可通约性,势必产生不可译或部分不可译的问题。不可译在本质上应归咎于"把原文的文化背景和译文读者在时空方面隔绝开来。"① 唯有懂原文的人知道,翻译真正出彩的地方是译者为"不可译"的翻译问题,寻到了解决良方,不禁让人拍案叫绝! 这个中的惊险历程,不谙源语的读者浑然不知,只顾心安理得地坐享其成,而懂行的人则在一旁为译者捏了把汗。由文本距离所产生的种种不可译现象,使得译者难以贴近原文,只得另辟蹊径,绕路而行,致使距离增大。如果翻译涉及的文本距离太远,译文必须得设法摆脱原文的表达方式,故距离的产生不可避免。自然,这中间有个度的问题,否则译作与原文渐行渐远,乃至不归,终算不上翻译。据此可以说,跨文化意识和对距离的识别能力,构成了制定适当翻译策略的先决条件。

两种语言间的客观距离越远,译文越是需要摆脱原文的表达方式,也就是说,人为距离的刻意拉长是为了应对原本就不短的客观距离,这对距离的把握与调控至关重要。吉奥瓦尼·蓬蒂耶罗(Giovanni Pontiero)指出:

> 如果对距离的初始分析得当,而且译者也正确地把相关的时空参数确定下来,也就是说,根据他的能力和手头的任务,那么就有了后来可以指望得上的具体决定,而不必每次都再做决定。换句话说,时空距离把文学作品的翻译和原作的内容分隔开来,其文化协调主要取决于有关时空距离的决定。②

---

① Mary Snell-Hornby, *Translation: An Integrated Approach*, Amsterdam: John Benjamins, 1995, p. 41.

② Giovanni Pontiero, *The Translator's Dialogue*, Amsterdam: John Benjamins, 1997, p. 28.

时空是影响距离的主要因素,受制并听命于一系列解决翻译问题时必须要制定的参数。所做的决定取决于在具体情况下的其他类别的距离,毫无疑问的,任何有关解决翻译问题的决定方案,都需考虑到距离的作用和功能。

与距离紧密相连的是方向问题。距离是变化的,就算是客观距离也并非一成不变。需要指出的是,翻译是由某种方向感驱使和控制的。据施莱尔马赫所言,翻译可以朝着截然不同的两个方向运作:目标语读者要么被送往国外(作者的所居处),要么被带回国。无论何种情况,都涉及距离:离家多远算是既有意思又安全呢?乔治·斯坦纳也有相似的看法:"任何模式的交际,同时都是一种翻译的模式,是横向和纵向的意义的传递。"[1]如此一来,就把视角推向了前台,使翻译的进程有了方向,同时也不可避免地对距离产生了影响作用。而且,任何视角的转变不仅突显新的因素,同时也会改变观察的距离,并使干预行为的必要性得以确定。鉴于原文和译文读者较少有机会共同拥有同一视角,他们从不同的距离观察同一事物时,感知也可能是不同的,至少是不尽相同的。

随处可见的是,不同的译本之间,存在某种文本差异并体现在距离上。同一源语文本在不同时期的不同译本,常常呈现出不同的距离。无论是保留下来的原有距离,还是人为制造的新生距离,都以不同的方式把目标语读者和源语文本隔离开来。就时间顺序而言,任何重译与原文相距时间只能是更为久远,但时间距离并非一定增加。譬如,后来的译本可能更贴近反映源语文本的时代,因此不同的文(译)本的距离又可能是不同的。翻译处于过去和现在的交叉路口:无论何种情况,翻译都与源语文本的生产和目标语文本的再生产的各自历史语境之间的时间距离相关联。此处潜在的两难之境在于:是把过去带到当下?还是为尊重历史距离而突显差异?重塑历史氛围产生具象即时性,有助于提升阅读体验。但如果历史距离过长,文本的移情作用就要减弱,也难与目标语的文化产生关联。由此可见,文本距离的一个主要因素是时间距离。有意思的是,为了保持时间距离,有必要缩短翻译的人为差异。所基于的考虑是:目标语读者在与源语文本保持距离的同时,很难不因情感距离而生出某种疏离感。

---

[1] George Steiner, *After Babel: Aspects of Language and Translation*, New York: Oxford University Press, 1975, p.47.

第二节　时间距离

　　翻译不可避免地涉及历史距离，历史距离又可称时间距离。原文先于译文是客观事实，这中间的时间距离可长可短。如果这中间的距离足够长，不妨称之为历史距离。在两个文本距离的基础上，又增添了历史距离的考虑。时间距离把目标语读者同源语文本分隔开来（当然与源语读者的距离自不待言），这方面已有不少讨论。首当其冲的古语问题，为了理解的方便，通常情况下，在译文里都得到了不同程度的更新。在其过程中，同时出现的是语内和语际翻译，既要缩短历史距离，又要克服语言距离，二者缺一不可。有鉴于此，时间距离会不断变化，虽然译者也可能有意识地保留时间距离，有时甚至人为地去刻意制造时间距离。原文里的古语是否应在译文里保留重现，一直是争论的话题。当然，无论是过去还是现在，让所有人满意的译文是不存在的。一个不可回避的问题是，一般而言，原文对当时的读者而言，一定不是古语。倘若如此，翻译时对其进行现代化处理有何不妥？历史距离无论对源语读者和目标语读者而言，都会隔离文本，这是个不争的事实。还有一个实际问题：如果古语是刻意重造出来的并强加于目标语读者，就要冒使读者对文本不知所云的风险。这种看似零距离的翻译处理手段，虽然传递了某种历史的真实感，但从翻译功能的角度看，产生的可能是"译犹未译"的反效果。这里需要的是同时进行的双重翻译：即上面提到的，罗曼·雅科布逊（Roman Jakobson）所指的，语内翻译和语际翻译。

　　诚然，更新或更改原作可以在一定程度上缩短距离。米尔德里·拉森（Mildred L. Larson）主张："极端的古语化在翻译里是没有一席之地的，因为这使得原作对现代读者虽不是毫无意义，至少是不真实的。"① 的确，这会使译文对目标语读者减少关联度。但如果提供一个不存在历史距离的假象，不仅没有效果，而且适得其反，给历史的真实性蒙上了厚重的疑云。不难看出，翻译需要重构时间距离，为的是使过去和现在区别开来。然而，锐减了的时间距离，虽然有助于提高可读性，却有潜在的误导之嫌，并可造成混乱，因为时

---

① Mildred L. Larson, *Translation: Theory and Practice, Tension and Interdependence*, Amsterdam: John Benjamins, 2008, p.54.

间距离的缩短是以罔顾原文的历史时间设置为代价的。同样,文化借用亦可能对原文所叙述的过去事件和当下目标语读者所处的现实之间的关系,产生距离感。如果译者和原作保持一种时间距离,目标语读者的需求似乎更容易得到满足,但这样又可能引致脱离历史的译本。

有时对译文进行历史化的处理是必不可少的,但并不意味着一定要古体化,因这容易产生疏离感,造成阅读障碍。在评论 Antoine Vittoz 的哈姆雷特译本时,让-米歇尔·德帕兹(Jean-Michel Déprats)注意到:

> 维托(Vittoz)的翻译不属于某个特定时代:距莎士比亚的时代并不比距我们的时代近。主要的效果是将哈姆雷特与我们产生距离,使剧本显得旧时和古体,与我们除了怀旧的作用外业已淡忘的戏剧修辞产生联系。他在此所用的文体就是要表示我们同《哈姆雷特》的距离有多远。[1]

这个时间距离是刻意和精心维系的,译文被注入了一种历史感,对争取把握有关情节设计和展现的特别环境,是十分必要的,有助于尽可能地将哈姆雷特复杂性格里的细微之处传递到目标语,达到既历史化了《哈姆雷特》,又能让当代读者读懂剧本颇为微妙的平衡效果。

对翻译文本是进行古体化,还是现代化的处理,直接决定了源语文本和目标语文本之间的距离是拉大还是缩短。阅读历史剧或小说时,需要认识历史意识的首要性。但如果对翻译语言进行极端化的古体处理,能指和所指之间的距离就可能加大,造成阅读和理解翻译文本的障碍。众所周知,有的译者利用历史距离批评当下的事件,于是看似客观的距离不言而喻地起到了某种保护作用,从而使批评者逃脱惩罚。林纾的翻译采用的是精练的古文,其结果是,异质的东西进一步远离目标语读者,这是一段较为安全的距离。文言文的使用,事出有因,为的是缩短目标语读者对异质的审美距离。胡适认为,文言文与小说的叙事形式显然格格不入,在林纾之前,没人用文言文写小说。[2] 但我们不能仅仅把其归于林纾的复古坚守,林译的目的和功效,毕竟可

---

[1] Jean-Michel Déprats, "Translation at the Intersections of History", In M. D. Bristol & K. McLuskie with C. Holmes (eds.), *Shakespeare and Modern Theatre: The Performance of Modernity*, London: Routledge, 2001, p. 80.

[2] 胡适:"五十年来中国之文学",《胡适选集》第 2 卷,上海:上海书店,1924 年,第 121—122 页。

以诱使读者去读外国作品,从而有效地消解审美距离。他用文言文人为地重构了时间距离,易于掌控和操纵有关审美距离,更好地起到诱导作用,从而向目标语读者展示一个全然不同的新世界。

与此相关的是中国古诗词的英译该如何进行的问题:是保留古体?还是用现代体?抑或是从中寻求某种平衡?古诗的格律十分讲究,押韵、平仄还外加对仗,其明显的不可译性让人望而却步。若勉为其难地在译文里复制某种独特的诗歌形式,不免有削足适履之虞,结果有时竟出现了基本的语法错误。古香古色的古典气息如何同现代的审美情趣达到一致?这里又不免涉及时间、文化和审美距离的问题。若要让目标语读者领略且感知历史的生动和鲜活,而不是让译作散发一股霉味,并且还有做到不丧失历史的厚重感,距离的调整至关重要,否则难以满足现代人的审美情趣和对异国古典文学的向往。当代中国人对自己的文化传统的态度尚且十分不一致,是贴近还是疏远,见仁见智,何况是只能读译文的西方读者呢?时间距离终究是绕不过去的问题。

第三节　身份距离

译者身份反映出静态距离和动态距离之间的相互影响、相互作用。译者与作者之间的距离原本就有,如何看(对)待这个距离别有深意。译者的文化身份、政治身份、立场角度,与原作者可能相近,亦可大相径庭。是居高临下,还是情感沟通?是漠然行事,还是感同身受?是亦步亦趋,还是大胆重组?身份距离背后还有心理距离,并不是所有的译者都想去缩短与作者之间的距离。译者身份的定位或重新定位也是改变距离的体现,作者与译者身份的戏剧性转换莫过于作者自译了。无论是写作还是翻译,均属交际行为,但面对的是不同的读者,作(译)者的心理(态)定会有某种微妙的变化。表面上看,作(译)者之间似乎是最短的零距离,但实际上又可能是最大的距离,所谓的译本完全有可能是一个非常不同的文本——一个极端化改写的产物,全然不像一般意义的翻译。张爱玲便是这方面的突出例子,她的原作和译作有时看似是不同的两个文本。实际上,自译既是一种特殊的翻译,又是一种特殊的写作。塞缪尔·贝克特故意把写作当成"不准确"的翻译。自译似乎享有极大的自由度,如对其提出"不忠"的指控,不仅显得苍白无力,似乎根本就有些

"文不对题",所以不大有译评者去讨这个没趣。

有关译者的身份问题,近来谈得较多的是文化身份,这的确是最容易引人关注的话题。与之相关的是译入还是译出的选择——与译者的文化身份相关。译界的一般共识是,译者的目标语最好是自己的母语,把握的距离自然也就近,反之,熟悉程度相对低一些,距离也就远了,操作起来不那么自如。从作品接受的角度看,这无疑是有道理的,译者的身份代表了他/她的读者的需求。另外,译者与作者直接相关的距离:成长经历、教育背景、气质性情、写作能力、人生态度、政治观点等,这些因素的结合还可能形成心理距离和情感距离。的确,相近(似)的文化心理,可使译者更有资格代表目标语读者,进行有关文字和文化方面的协商、调剂、沟通,以达到更好的交际效果。但情感距离似乎更微妙和复杂一些,由于以目标语为母语的译者与原作的语言、文化、历史等诸方面的自然距离,其情感距离也不免拉大。

钱锺书指出:"……译者的理解和文风跟原作品的内容和形式之间也不会没有距离,而且译者的体会和他自己的表达能力之间还时常有距离。"① 此处提到的"译者的理解"所暗示的应该是目标语为母语的译者,对他/她而言,原作是外文,理解的距离一般更长一些。至于"文风"和译者的"表达能力",这个问题就更明显了。如郭沫若主张:诗人译诗,以诗译诗。② 无论如何,客观距离肯定是存在的。也不一定构成难以逾越的障碍,否则,恐怕就没人敢译莎士比亚了。大概很少有译者敢称自己的表达能力与莎翁十分接近,乃至不分伯仲。回到前面论及的时间距离,因为莎剧离我们时空遥远,需要跨(穿)越,倘若用文言文译莎士比亚,不免有些怪诞。伊丽莎白时期的英语,现在很多英国人都不大懂,他们阅读莎剧困难重重。③ 与之形成有趣对比的是,手捧莎剧译著的外国读者,反倒看得津津有味——他们的译文是当代文字。时间距离缩短了,阅读障碍也就清除了。即是说,译作离原作的语言距离远

---

① 钱锺书:"林纾的翻译",罗新璋编:《翻译论集》,北京:商务印书馆,1984年,第19页。

② 郭沫若:"雪莱诗选小序",罗新璋编:《翻译论集》,北京:商务印书馆,1984年,第333页。

③ 其实为了解决这一问题,早在19世纪英国散文家查尔斯·兰姆和他姐姐写了《莎士比亚故事集》,为儿童读物,着眼于缩短历史距离:在减少古语数量的同时也简化了故事情节。

了,而离目标语读者的距离近了。

需要指出的是,在全球化的影响下,人口的流动大为增加,国家疆界的概念也在演变,越来越多的人旅居他国,经过与当地文化杂糅,其文化身份也悄然发生改变,于是就有了离散译者的身份。这些译者与源语文化和目标语文化的心理距离也是有变化的,一方面,去国怀乡成了一种挥之不去的情愫,另一方面,对所居住国的文化也有了近距离的接触,"日久生情",心理和情感距离相应地缩短。离散译者也是文化使者,他们旅居国外,势必更能直接地从事跨文化交际,而近距离观察乃至参与同远距离观察毕竟是有差别的。另外,还有一个影响身份的因素:有些翻译家的配偶的母语是译作的源语,如戴乃迭的先生和葛浩文的夫人,对"译者的理解",无疑是大有裨益的。

此外,译者跟原作者的身份距离也需要考虑,如在写作气质、政治见解、社会角色等方面有多大程度上的身份认同。当然作者自译自己的作品情况除外(即使如此,如上所述,也有距离的情况,但性质不同)。译者完全可能在翻译的时候同原作者保持距离。如不认同其见解,行文中的情感投入,大抵就不会有了。是浓墨重彩还是轻描淡写,是避重就轻还是避轻就重,都可能是亲近或疏离的距离感使然。玛丽亚·铁木志科不无道理地指出:"……一个文学译者选择强调或特别关注需要翻译文本中的某个方面(譬如语言忠实、语气、形式、文化内容,或者这几方面的结合)。"① 为了达到某种效果,突出或淡化某些方面,在翻译实践里是十分常见的。

总之,在文化翻译的复杂而多变的过程中,距离问题无时不在。翻译离不开阐释,而且通常先于翻译行为,于是注定产生间离效果。按照约翰·斯坦利(John W. Stanley)的说法:"译者总是迫于进行阐述,因此间离了译文和原文,还间离了译文和根植于源语的语言结构里的他者。"② 也就是说,为了以最佳和准确的方式捕捉原文的内容,不仅是在字面上重现,更是立体地重现,需要引入距离的概念并对其不断做出调整,以应对源语文本可能产生的任何

---

① Maria Tymoczko, "Post-Colonial Writing and Literary Translation", In S. Bassnett & H. Trivedi (eds.), *Post-Colonial Translation: Theory and Practice*. London: Routledge, 1999, p. 34.

② John W. Stanley, "The Translator's Preface", In Gadamer, H. G. (ed.), *Heidegger's Ways*, J. W. Stanley (trans.), Albany: State University of New York Press, 1994, p. x.

挑战。无须赘言,对涉及不同语义可能性的任何一个具体的词语、短句或隐喻的多重特性的阐释,都可能造成翻译的距离变化。译者的主体性的突显莫过于阐释的行为了,其身份在一定程度上体现在阐释的结果,而后者则反过来参与塑造译者的身份,并决定其和原作的距离(包括心理、社会、审美等方面)。原文和译文的两个历史和文化语境之间,自然也存在距离。译者在阐释的过程中所进行的重新语境化,也不免要考虑到语境的距离问题,并对其进行操控。

影响翻译身份的因素众多,有时相互重叠,并有依存关系。性别距离,男作者和女译者及读者,女作者和男译者及读者,女性主义作者和非女性主义译者及读者,非女性主义作者和女性主义译者及读者等等,都能构成某种身份认同距离。另外,不容否认的是,在跨文化语境下,距离可能源于各种偏见和应对偏见的各种手段。后殖民和女性主义译者,有以非常明显的方式改写原文的"暴力"倾向,旨在达到改造的目的。斯坦纳在论及因距离而生的间离效果时指出:"迄今为止,艺术和历史记载大部分是男人留下的。'性翻译'的过程或语言交流的崩溃过程,几乎总是从男性的焦点出发的。"[1]结果再明显不过了:这样的翻译实践自动间离了女性目标语读者。女性主义译者对充斥着男性霸权的文化史深恶痛绝,原文的阐释表现出的视角与非女性主义观点截然不同,自然不足为奇。有时在政治动机驱使下的女性主义改写,与原文背道而驰,完全颠覆了原文的本意。女性主义译者的政治身份在与原作者的政治身份不一致的情况下,用极端的手法,不惜强行改写原文,对其进行"妇占"(womanhandle),即做女性化操纵(性)处理,进行逆向的"性翻译",着力凸显女性意识,就是要打破或消除原有的各种对女性不利的种种距离。直截了当地(也是最短距离)对原作"施暴",这构成了她们政治行为的主要特征。

第四节 文化距离

由各种文化差异造成的文化距离,是与翻译相关的最常见的距离。具有不同文化背景的人们各自的文化心态、阅读体验、互文资源、审美感知等等都

---

[1] George Steiner, *After Babel*: *Aspects of Language and Translation*, New York: Oxford University Press, 1975, p.46.

有差距。有鉴于此,译者的跨文化意识和对审美差异的敏感度,无疑是至关重要的。文化距离是客观存在的,所引起的不同反应,必然是动态的,且充满变数。文化距离是大多数类别翻译活动中绕不过去的核心问题,同时也是"不可译"的主因。对于不可译所造成的交际障碍,不同的译者有不同的翻译策略。翻译催生了各种距离变化,其中有些微妙,有些则不那么微妙,通过加强或削弱原作里的某些成分,力图细腻地表现出充满张力的文化差异。如前面提到的,与客观距离相反,翻译距离是译者刻意制造和实施的距离,为的是在面对形形色色的文化差异时,能有效地进行协商和干预。

人们普遍认为,在原文与译文之间建立最短距离,应是最忠实而可靠的翻译,虽不无道理,但也不尽然。因为最短距离并不总是最佳距离,所以并不一定是防范"不忠实"的保障措施。遇到不可译时,翻译距离的作用在于创造空间,以便于更好地使用目标语里可资利用的语言与文化资源。以"忠实"为动机对最短距离的追求,往往事与愿违,达不到好的翻译效果。这方面的例子,比比皆是。一般而言,距离的定位取决于如何最有效地处理实际的翻译问题。在现实中,距离表示选择、包容与排斥。明显的,距离的问题需要同其他影响翻译的相关因素结合起来分析。在实际运作里,译者可能希望与原作所主张的内容保持距离,这属于政治文化范畴的距离。在某些特定的政治敏感时期或国度,这种情况并不罕见。譬如说,译者在译作的序言里,明确提醒读者要对他们将要读到的内容持批评的态度,即保持清醒的距离。

文化距离会给译作带来陌生感和离间感,缩短文化距离的最好办法,莫过于增加对外来文化的接触,无疑有助于文化距离的消解。虽然归化翻译能帮助目标语读者避开陌生感和离间感,但客观上起到的是保持文化距离的效果,似乎违背了跨文化交流的初衷,即缩短不同文化之间的距离,以便更好地进行真切的相互了解。距离太远,看不太真切,听不大清楚,文化之间的藩篱无法冲破,交流的效果就要打折扣。于是乎,异化翻译近年来又受到相当程度的重视——毕竟这是一种相对贴近原文的翻译策略。但冒有离间目标语读者的风险,增大历史和文化距离:疏离感更强,差异性更大。但表面上,异化产生亲密,目标语读者"直接"与原文"亲密"接触,不需译者代为协商和辅助。但由于这样的亲密有强加之嫌,不免让人不舒服。另一方面,因为异化容易与不地道的翻译行文挂钩,极易滋生离间之感,降低可读性,有时甚至导致读不懂。无视原本固有的文化距离,对相去甚远的源语与目标语文化规范不加理会,会使远离自己熟悉的语言和文化家园的目标语读者,陡增无可奈何的无助感。

劳伦斯·韦努蒂针对英美翻译现状大力推崇异化翻译,提出了一个反问:"译者能够与本国规范保持一个临界距离,同时又让译作免遭被视为不可读的命运吗?"[1]诚然,从跨文化角度出发,归化无可厚非。虽然直接性和即时性值得争取,但重要的是,我们应该意识到任何译作对于可接受性的基本要求。其实,有时译者的确也鼓励读者与原文拉开距离,其中一个主要的动因是让他们后退一步,可看清更大的图景,反之,过于近距离的翻译,反而容易引致视野狭窄或模糊视线。未经调和的翻译,可能因翻译中的各种张力引爆冲突,致使交际失败。至少,不经调解的近距离接触容易加剧陌生感,同时造成目标语读者理解译作时的距离感。客观距离引致不少翻译问题,没有人为距离的介入,后果堪忧。如径直把隐喻直接移入译本:表面上看,保持了同样的距离,但效果并不好。在许多情况下,隐喻是不能跨文化直接转移的,否则,欲"近"则不达。

第五节 审美距离

文化距离所衍生的审美距离,关乎译作的接受。翻译使文本跨越时空和文化距离,与不同的读者进行交流。原作读者熟悉源语文化,故能产生文化亲密感,但这种亲密感在翻译里要么丧失殆尽,要么大打折扣。文化精髓的分享并不容易。而且,文化亲密造成的强烈生疏感,可能让人心生恐惧,反倒妨碍译者展示原文的要意。有鉴于此,需要翻译距离来启动一个重新配置的复杂过程,以捕捉原文相对不确定的意义,同时又不必受紧贴原文的句法结构及其他形式特色的束缚。这里自然涉及翻译决定的问题,而任何决定都明确地与建立相关的参照框架有关,从而对翻译语义、词汇、语法和文体等方面进行整体分析,其内容包括规范、惯例和属性。譬如,当出现词汇游戏不可译的情况时,常见的方式是置丧失某些形式特征于不顾(因不同文化的所指方式也是有距离的),主要尝试去译意义。如果因担心可能出现的不可译现象

---

[1] Lawrence Venuti, *The Scandals of Translation: Towards an Ethics of Difference*, London: Routledge, 1998, p.84.

而避开语言的游戏感,翻译的焦点就转移了,这对译文所涉及的两个语言之间的距离显然是有影响的。如果呈现的翻译单位让目标语读者看到的是不同的东西,空间距离也因此而受到影响。再者,审美的参照框架不同,阅读体验和效果自然也不同。

不同的语境化造成不同的视觉感受和观看距离,这情形颇有点儿类似摄影的对焦,具象化文本的某些部分,挑选出具有典型代表意义的部分或特色进行翻译,而不是全景式翻译,文学翻译的具象化处理有助提升阅读体验。时而模糊的淡化处理,时而清晰的重彩油墨,无不与距离的调整有关,同时对审美空间的挪用,亦具有审美移情的作用。有时,具象化是文化语境化,更确切地说是重新语境化的一个手段。通过"特写镜头"增添细节,突出译者认为是相关和重要的部分,用"以点统面"的方式作为语义或效果的补偿。杰克·伦敦(Jack London)的《野性的呼唤》(*The Call of the Wild*)中有一句:It was beautiful spring weather, but neither dogs nor humans were aware of it. 中文译文是:"时值莺呖燕啭的春日,阳光明媚,但是不论狗或者人都没有觉察到这一点。"译者刻意通过增添细节的方式,近景观察,拉近了观察的距离。原文里的 beautiful 是一个较为抽象的形容词,在译文里具象成了"莺呖燕啭",声像并茂地渲染春天的美好。此外,还有"阳光明媚",表现出译者对春天预设的审美想象。当然,春天,尤其是英国的春天,未必总是阳光明媚的,亦可是细雨霏霏,其实也不乏意境嘛。此处,作为基于原文基本意思的发挥的视觉表现是否妥当,则又另当别论。不可否认的是,译者主观想象的因素渗入了翻译,而增添的细节却又并非是添足之笔,它们确实给译文增添了活力和吸引力。从客观效果看,译者真正拉近的是审美距离,这样处理更符合中国读者审美习惯,由此产生的视觉感知也较容易感染读者。

鉴于近距离阅读能带来奇妙的亲密感,有些译者考虑用近距离的方式翻译,好让译文读者分享到原文读者近距离阅读的体验。什么在场,什么缺场,均是翻译过程中需要考虑的重要内容,要么是重点突出译者认为重要的方面,要么是淡化处理棘手麻烦的成分。对表层意义的改造性处理是必要的,但若因此而导致消除和淡化,也就谈不上近距离阅读的亲密感了。不妨看一个相关的例子:"我友有一妻,极贤惠,日日举案齐眉,家中颇有世外桃源之感。"如采用近距离翻译,保留原文的表层意义,译文也许有荒谬之嫌:My friend has a wife, who is extremely virtuous. *She holds a serving tray all the way up to her eyebrows* every day. And his home is reminiscent of a garden of idyllic beauty. 中文读者都知道个中的幽默,"举案齐眉"和"世外桃源"均属于文化互文,相关的互文知识阻止人们只看字面意义。但英文读者则不然,弄不好将此误读为"一个像仆人的妻子……",出现南辕北辙的审美效果。审美距离其实是跨文化交流中很关键的一环,考虑到审美差异而调整过的译文可以是:My friend has a loving wife who tries everything in her power to look after him. Which makes their home like Xanadu. 译文删掉了原来的具象,把特写推远,拉开距离,好让译文读者不至于产生字面解(误)读。至于丢失了的幽默感,可考虑采取补偿性措施:His every whim is indulged. 或者:His every whim is her command. 这其实也是虚与实之间的距离。

　　审美心理和审美效果是在做翻译时必须要考虑的,当然,这并不意味目标语就一定排斥异化的外来成分。人们之所以要读翻译,多少带有一些猎奇心理。有人说好的翻译读起来就像读本国文字一样,却全然忽略了人们阅读翻译的初始动机。一定程度的审美距离反倒增加译文的吸引力,由此不难看到异化翻译的价值。人们有尝试未经过度稀释和扭曲的异质体验的意愿和兴致,也就是说,适度的审美距离非但不构成审美障碍,反而有助于提高审美情趣。不容否认的是,异化翻译受制于译文读者对异质的容忍或需求的程度。自我与他者之间的距离,视具体情况而异,有时相差甚远。毕竟,自我也有和他者重叠或一致的时候,当然也不排除有人宁愿远距离地通过归化来翻译和了解他者。

　　何为适度的翻译距离?当然难有一个衡量的模式。是兼容的结果?抑或是妥协的结果?翻译距离的长短与虚实,审美习俗的流变与演替,无不左右和影响翻译的策略。以隐喻翻译为例也许可以更好地说明这个问题。隐喻一向是翻译的难题,在翻译过程中,其外在形式能否保留?如果保留了,其认知功能又该如何体现?如"她是一贯爱翘尾巴的"的一句,所含有的"尾巴"意象,促使译者考虑各种翻译策略,至少有如下几种可能的译法:

1) She tends to get swollen-headed.

2) She is too big for her britches (boots).

3) She is a bit caught up in her own self-importance.

4) She has suffered chronically an inflated sense of self-importance.

5) She has always been a self-important figure.

6) She is always insufferably cocky.

第一句把"尾巴"换成"脑袋",意象不同,意义相近。第二句也有意象,但也没保留"尾巴",而是"裤子"(或靴子)。这两句都还算"实"译,另外几句则是"虚"译,干脆不要意象了。无论虚实,在译文里不见了"尾巴",因为其功能在中英两个文字里是不同的。去掉意象,虽无可厚非,但也出于无奈,其生动性并没有表现出来。再看一句:"他那在上司面前摇尾讨好的样子让我恶心。"意象动感十足,然而又不好贴近原文译成:He behaves like a tail wagging dog. 因为这个意象在译文里不一定让人恶心。那只好又拉开距离,进行"虚"译:He is fawning and obsequious to his superiors, which just makes me feel sick. "摇尾"的生动特写镜头在译文里就只得割爱了。

第六节 操控距离

翻译离不开对距离的调整和把握,按距离的远近捕捉翻译对象,结果可让译文读者获得不同的透视感觉,乃至阅读体验。对距离的操控,无论译者出于有意还是无意,无论源于什么动机,政治的、意识形态的、文化的、美学的、心理的等等,都是翻译行为中不可或缺的组成部分。人为的翻译距离的产生及变动,是为了构成一个最佳的翻译策略,目的是确保对原作的意义的解码及复制的某种控制,所揭示的是翻译行为的定位和视觉以及在处理原文时距离的变迁。距离过短则限定性过强,因为这个缘故,"译者忍不住人为地要制造距离,为的是获取行动的自由。"[1]另外,人为距离同时也是阐释及实施距离,由翻译的功能所决定。然而,如果译文同原文之间的翻译距离过长,明显偏离原作(体现在无节制的归化翻译),可致使跨文化交流的真实感和可靠性受到严重威胁,译文读者无法近距离地体验异质他者。可以说,任何成功的翻译几乎肯定得归功于最佳的翻译距离,这是动态的距离,避免了太近或太远距离的极端取向,显示了足够的灵活性,很好地平衡了客观距离和人为

---

[1] William Arrowsmith, "Artificial Horizon: Translator as Navigator", In R. Shattuck (ed.), *The Craft & Context of Translation: A Symposium*, Austin: University of Texas Press, 1961, p.148.

距离。翻译距离是操控的结果,避开了难以解决的语言和文化专有项的纠缠,可以收到较好的翻译效果。

翻译一般所遇到两种典型的截然不同的途径,都可能十分有效,在给施莱格尔(A. W. Schlegel)的通信里威廉·冯·洪堡(Wihelm von Humboldt)写道:

> 所有的翻译似乎都仅仅是为了完成一个不可能的任务。每一个译者都一定会被两个障碍物的其中一个干掉:他要么就是离原文太近,以自己国度的品位和语言为代价,或者是过于紧跟自己国度的特色,以原文为代价。①

人为地贴近的无论是源语文化还是目标语文化,在某些时候,似乎简单方便,起到的要么是阻碍要么是促进作用。但是,这种要么/要么二分法思维首先排除了在原文和译文之间的中间距离的可能性。当然,距离的长短首先取决于关于翻译运作方向的决定,以及如何达到与源语文化和目标语文化之间的最佳平衡或妥协

距离的问题势必与观察方式和效果相关。与此相关的是对意象的处理:设计一个最佳平衡方法的结果是要么使其模糊,要么使其清晰,总之要想达到预期的翻译效果,具象和抽象之间需要有个最佳距离。有时为了回避对抗和冲突,迂回翻译的策略也不少见。通过拉大距离取得弱化效应,因有些意义的再生产唯有通过"绕行"方能实现。翻译总是意味着一定程度的改写、变形、转换,源自同时也可能促使距离的变化。如果翻译所涉及的两种语言差异明显的话,未经对表层意义进行协调的翻译是难以成功的。如果客观距离太短,以致不能有足够的空间做调整、挪用和本地化处理,就有打开空间的必要。许多修辞手法,包括隐喻、提喻及反讽是不能直译的,但可以在一定距离外翻译。为了平息对蹩脚翻译的担心,需要不断地调整距离。简言之,满足制造翻译距离解决不可译问题的迫切需求,要靠对文体的操作调整,以增添译文的美学情趣。

距离的调整,目的是有效交际,手段是灵活变通。贴近不一定匹配,贴近

---

① 引自 Giovanni Pontiero, *The Translator's Dialogue*, Amsterdam: John Benjamins, 1997, p.55.

翻译指的是寻求原文同译文之间最近似的匹配,意味着两个语义场最大限度的重叠,这是可遇不可求的。2011年时任国务院总理温家宝在谈到房地产商时,说了一句话:"你们的身上也应该流着道德的血液。"英文翻译可以用:In you should flow moral blood. 碰巧了,英文里有 moral blood 的说法,翻译时如法炮制就行了,紧贴原文,几乎分毫不差。直截了当的表达方式具有难得的即时性,如果译者并无把握,而译成了:blood of moral responsibility (courage, principles, values) 等,即时性则丧失殆尽,制造这样的翻译距离全无必要,只会削弱表达效果。但是也需要当心,"道德血液"固然有英文的 moral blood,那反过来英文的 moral fiber,中文就没有对应的表达方式了,总不能说"道德纤维"吧。Fiber 这个词只能避开,譬如用"道德力量"来替代。只能改变二者之间的直接距离,即直接由间接替代,原本的具象"纤维"就不能在译文里出现了,不符合目标语的规范。换言之,文化意义的直接和间接与距离的差异关系非同小可,克服跨文化交际的障碍靠的是距离的变通。

通过抽象与具象的空间操控,在译文里有可能显得奇怪的陌生内容,至少在一定程度上,受到了控制和归一。在美学的层面不可贴近时,去直观化不失为一个选择,理由是适度的文化整合与重构在实际操作中是可取的。译者总是在面对具体细节时,觉得无从下手或力有不逮。诚然,翻译复制原文的语义与形式并不总是可行,但如没有严丝合缝的再现机会,抽象表征不失为可行的办法:焦点的调整及创造更大的空间可体现灵活性,文化与审美的距离也随之产生变化。用基于对文化和审美距离理解而生的不同语言和文化框架,拉开译文与原文里的视觉语言距离,形成可行的替代方法,方能够应对各种翻译问题。实质上,制定一个恰当的语境框架可以更好地聚焦、解读和呈现原作里必不可少的要素。操控性的绕道而行,也是避免走进僵局、跌入陷阱并解决潜在冲突的有效手段。

结　语

本文限于篇幅,很难详尽地探讨各种不同的翻译距离类型。可以清楚地看到,距离是翻译的关键概念,翻译传递的不仅仅是基本意义,其本身也需要跨越历史、语言、社会和文化的距离。关于距离的成因和涵义的思考就是为了更好地理解翻译在跨文化的层面上究竟是如何运作的。距离的调整导致原作里某些细节模糊或清晰,影响到翻译的整体效果。距离主要指感知差异、相似、语域等,有关距离调整的协商决定了距离在翻译中的整体功能,突出的是聚焦和顺应。缩短原文和译文直接的距离而调整翻译距离,有助于更好地理解翻译的性质。翻译消除了原文里的习惯表达方式,起到了克服文化距离里的陌生感的功效。以迂为直,以退为进的做法是翻译行为里常见的变通手段。那种不紧贴原文便是违背原意的担心,恐怕过于绝对。以为偏离就要造成背离,最终只能是作茧自缚。捆住了手脚的译者,动弹不得,如何能舞动起来?差异的特征是不吻合,但细节的不叠合不代表总体的不吻合。一味追求每个细节的准确,可能适得其反。

  翻译关注偶发性或开放性,是做出翻译决定的先决条件和主要依据。鉴于任何完整的翻译都是不可企及的,其表现变化莫测、难以捉摸。翻译不断地游移于在场和缺场之间,显性与隐性之间,静态与动态之间,微观与宏观之间,外延与内涵之间,字面与比喻之间,抽象与具体之间。因客观距离产生的诸多不可译现象,可能导致隔膜,甚至隔绝,但由此产生的人为距离,则是解决这类问题的不二手段,也是认知的必要途径。遇到某种距离时,如何调适文化认同并做出应对的策略,必然在动态距离的不断变化中显现出来。通常以纯客观视觉从事翻译是不大可行的,因为翻译是在视角移位的情况下产生的,势必引起在两种语言和文化价值之间的距离变化。再者,解释的开放性难以避开使翻译文本不稳定的风险。"视角"的概念与阅读和翻译的视觉及效果相关,而影响距离的一系列变换因素决定了翻译的特点:永久的偶发性、历史性及随意性。翻译距离的客观存在和主观能动,意味着虽有未知张力与潜在冲突的实际存在,但挑战跨文化交际的极限终归是可能的。

第十一章　翻译与文本的再创作

引　言

　　文学翻译越来越体现出跨文化交际性。跨文化交际对认识文化差异和纠正对文化差异的边缘化具有重要作用。翻译中许多微妙的语义变化源于根深蒂固的文化倾向性。文学翻译把两种文化的阅读体验有机联系起来,这种尝试能有效加强文化间的相互关系,促进对文化差异性的尊重。必须指出,虽然目标语读者阅读时在情感上会有不一样的体验,可是逐渐发展的跨文化移情会使情况发生显著的变化。并且,翻译也利用重构(reconfiguration)来消除文化陌生化和不必要的异国情调。然而文化翻译是一种文化互动而不是简单的同化。翻译的衍生性和调节作用意味着跨文化翻译是阐释的具体化,而不是文化形式的直接转换。诚然,文化移位对文学翻译来说是一项巨大的挑战,改写以介入为特征,其强大的颠覆力和改造力往往被低估。介入诗学(poetic interpretation)研究词语的意义如何产生,文学翻译把这些词语挪用到全新的、不同的和经过再创作的语境中,进行充满移情作用的改写,并且通过保留文化交流中的各种语域,把互动式的阅读体验融合到翻译中,使读者得以畅游于原文和经过再创作的文学文本中。

第一节　跨文化互文性

　　文学文本的移位和换置会给译者带来无数难题,为了解决这些难题,译者必须运用切实可行的翻译策略来应对。此过程必然涉及对词语的处理,然而词语受到文化和政治的限制,增加了充分翻译或适当翻译的难度。翻译中词语的替代也显示了文化和语言移位的棘手。文学翻译要达到原作的文学性而不仅仅是语义内容。这个目的高于一切,使文学翻译的重心逐渐从文本转移到文化问题。翻译所产生的文化和语言移位导致了形式和内容之间的差异,同时由于翻译牵涉到不同的文化语境和历史语境,语境换置和可读性又重新界定文学译作的阅读效果。文化移位的其中一个重要启示在于,假如译者有机会重新描绘源语文本并从文化上进行改写,语言障碍是可以超越的。

可是由于文化知识的缺乏,无知的目标语读者会错误地认为翻译本身真实反映了原作,他们甚少质疑翻译的"本真性"及可靠性,尽管源语文本和目标语文本之间存在巨大的差异。因此,他们会把低劣的译本误认为糟糕的原作。如何评价译文是由相关的文化态度决定的:"由于原作不仅出于某个作家的手笔还来自某个文化语境,翻译往往无法脱离其所处的文化,当中不仅包括语言、读者群,还包括当前对翻译的普遍态度。"[1]虽然在原作的文化语境中移位具有潜在的扰乱作用,可是目标语读者对翻译的理解方式决定了译者处理源语文化语境的认真程度。

同时,比较研究的主要特征,跨文化互文性,是一个需要特别注意的关键问题,原因是文化互文性在置换后会引起严重的问题,产生意义的多种可能性。这种种可能性无疑是激动人心的,因为跨文化交际总会使译文焕然一新,让人有意外收获。塞吉奥·魏斯曼(Sergio Waisman)称乔治·路易斯·包加斯(Jorge Luis Borges)对翻译学的贡献在于"(他)阐述了移位发生在原文到译文的转换中并具有重要的意义,还解释了移位如何创造出意想不到的新意义。"[2]文化语境经移位后会重组意义和进行再释义。虽然这个再造文化的过程仍然会受到政治的控制和操纵,但按照跨文化或文化间交际的观点,翻译在文化移位的带动下为释义开拓新的空间,创造出全新的意义。

然而,翻译构建在相似与差异的对立两极之间,缺少任何一极则不成翻译。一方面,翻译具有模仿性,甚少译者有资格对源语文本的基本信息置之不理。另一方面,翻译不可能完全复制原文,因此必须进行同化以对应源语文本中的文化差异。而一般来说,由于模仿趋向字面翻译或逐字翻译,而这种翻译效果往往不尽如人意,模仿正逐渐失去其意义。究竟目的文本可以或应该在多大程度上保留或重现源语文本的文化特征仍然是一个重要的问题。

---

[1] Rachel May, *The Translator in the Text: On Reading Russian Literature in English*, Evanston, Ill.: Northwestern University Press, 1994, p. 11.

[2] Sergio Waisman, "The Thousand and One Nights in Argentina: Translation, Narrative, and Politics in Borges, Puig, and Piglia", *Comparative Literature Studies*, Vol. 40, No. 4, 2003, p. 353.

换置能突出文化特征,无论在模仿原文上做出多大的努力,翻译总毫不留情地采取不同的形式;翻译是一个不断要检验差异的(不)可调和性的过程,因而使得目标语系统内部关系剑拔弩张。

移位引起原文参考体系的换置,而且某些译者的确利用移位的效果来制造差异。其结果是,译文的语言在有意义、不完整意义或无意义之间摇摆不定,因此译者必须做出适当调整以降低译文艰涩难懂的机会。令人遗憾的是,此举固然可以提升译文的明晰度,却又不可避免地导致某些元素的缺(损)失。由于各种形式的语言挪用或/和文化挪用,真实度常常大打折扣,这是跨文化互文性的效应,也是长期以来质疑译文真实性和译文中修辞改变的权威性的结果。因为翻译几乎无法置换字面意义,简单的词语替代又不可能起到沟通交际的作用,所以翻译极大地改变目标语的原初文化形式并使其为新的使用者所接受。翻译中文学移位的诗学建立在对文本的系统化跨文化分析中,涉及文学的跨文化互文性。译者能否构造一个文化空间并把以陌生化重叠熟悉化的模式引入其中,是翻译成功的关键所在。此外,文化移植在有需要或偶然情况下被采用,并且需要译者施展足够的创造力和聪明才智。

尽管对翻译有太多的定义,但有一点,译文相对于原文仍需要保留一定的相似性——完全改变原文形式不是明智之举。帕特里克·皮里玛维斯高度概括了译文相似性的来之不易:

> 原文应该是固定不变的,在某种程度上,翻译应该与原文相似。译者的任务始终是自相矛盾的:他不得不改变自己的语言,尽量地去模仿外国文本——好比一个演员穿着不合身的戏服。另一方面,他不得不破坏原文,用新的文本取而代之,并且不着痕迹,让其消失得无影无踪。[①]

依照解构主义的逻辑,文本不可能是"固定不变的",这使翻译的任务更加艰巨。尽管如此,许多译者仍特意保留和重现原文的痕迹。问题是原文本不会没有历史纪录,除去其他因素不提,复译的必要性体现了原语文本意义的不稳定性。

直译不适用于诗歌翻译,这是一个普遍的看法并且引起了对译文如何能

---

① Patrick Primavesi, "The Performance of Translation: Benjamin and Brecht on the Loss of Small Details", *The Drama Review*, Vol. 43, No. 4, 1999, pp. 53—54.

完整传达原文效果的深刻思考。乔治·米勒(George S. Miller)翻译亚历山大·勃洛克(Aleksandr Blok)的诗作《十二个》的翻译策略很有启发性：

> 完整传达勃洛克原作的效果这一目的高于一切,我在我认为有必要改变语言结构的地方进行了调整,只要我感觉那不会丝毫妨碍我实现这一目的。必要时,我毫无歉意地就故意改变了字面意义,为的是更加忠实于他的其他效果。①

在某种意义上说,提供真实翻译相当于揭开事实的真相,但我们都知道有的时候隐瞒事实反而更好。隐瞒事实可以防止灾难的发生,而时间似乎也会证明其他办法往往是正确的选择。

实际上,文化移位对文学翻译提出了最直接的考验。如果译者处理方式拙劣,出现严重的风格问题,译本就会让人感到语义不清,软弱无力,平淡无奇。文学翻译读起来常常不像文学作品,因为文化特征经过消除、减少或替换,用不同的文化词语表达后,作品中的细微差别、含糊歧义、冷讽热嘲、矛盾斗争便荡然无存。因此,补偿作为一种补救措施应运而生,原文因此得以融入新的文化语境。据赫尔韦(Hervey)和希金斯(Higgins)所言,补偿就是"在TT(译文)用另外一种形式弥补ST(原文)中的文本效果"。② 这对我们理解补偿的本质具有启示意义,因为翻译的吊诡是,完全把原文翻译过来也会破坏原文,尤其是诗歌翻译。

第二节　移位与文化介入

众所周知,架设通向目的读者的桥梁是翻译的根本需要。如果没有诚挚的翻译态度,不经意间翻译顿时沦为拙劣的仿拟。直接的语言录制显然不够,因此在这个层面上必须和应当进行介入。尽管如此,我们不可否认介入也有可能受到政治或道德的驱使,拦截任何对目的文化有敌意的事物。翻译本身,特别是异化翻译是介入目的文化的一个重要方法。因此,在特定的政

---

① George S. Miller, "Thoughts on the Translation into English of Twelve, by Aleksandr Blok", *Journal of European Studies*, No. 24, 1994, p. 333.

② Sándor Hervey and Ian Higgins, *Thinking Translation: A Course in Translation Method, French-English*, New York: Routledge, 1992, p. 35.

治和文化环境下,所谓的入侵会受到本土文化的欢迎,也会受到抵制。无论如何,移位在文化上使介入成为必然,并使介入合法化。不管出于什么原因,翻译中的介入已经成为事实,并且表明了译者的文化或政治立场。文化介入也有积极意义,它可以被视为文化间对话交流的一部分。介入的方式多种多样:有微妙的,也有粗糙和入侵性的。最重要的是,译者不仅需要"正确地"解读源语文本,而且必须确保目的读者能以"正确的"方式解读译本。

最初,介入是为了防止不良后果和敌意的产生。总体来说,翻译系统地呈现出明晰化的趋势——这是由介入引起的无意识行为。究其原因是翻译的语言和文化语境经过置换后增加了阅读理解的难度,或者说成功的文学翻译需要译者的介入,来防止读者难以读懂或者无法读懂译文。译者通过介入预先解决潜伏的问题,充分表明了翻译的可靠性和可交流性这一对矛盾的普遍存在。

固然,翻译应该以促进和加强文化交流为目的。为此,在翻译中再现原文意义的各种可能是译者的职业道德和义务。然而,决定是否有必要介入和在什么时候介入对译者来说绝非易事,而如果有必要,应该在何种程度进行介入呢?关于这一点,道格拉斯·罗宾逊进一步发问:

> 这是一个棘手的问题:假如翻译家或者翻译理论家知道需以哪一种面目翻译,他或她应从哪里开始着手呢?不管我多么珍视自己的反叛(rebeliousness),不管我多么想把这种反叛底下的介入主义之风发扬光大,我仍然难以逃脱介入的暗示。介入暗含了一种道德优越感的立场或态度,指挥着介入的实施和证明介入的必要性。①

可是这种态度不只是"道德优越",尽管我们不可否认它是一个严肃的道德问题。除了译者的"反叛"还存在其他方面的原因。实施介入的决定并非都是没有缘由的。如果说一个以目的文化为导向的翻译是出于介入的必要性,这时就与"反叛"没有关系。

此外,译者不一定都是天生的介入主义者。他们经常采用文化介入来防止文化冲突等问题,有时还可以抑制文化误解等情况。介入最重要的用途是

---

① Douglas Robinson, *What Is Translation? Centrifugal Theories, Critical Interventions*, Kent: Kent State University Press, 1997, p.112.

解决语言层面上的不可译性和文化上的不可通约性。尽管拥有改造力,介入仍然是一项必要的施事行为。这是因为如果一个翻译十分具有施事性,在绝大多数情况下也具有改造性。尽管如此,如果译者能够减少文化转换时的介入,翻译将能更好地发挥推动跨文化交际的作用。言外之意即介入是某些根本变化的征兆,这些变化发生在寻求解决不可译性的有效方法中,或者在避开文化或政治问题和破坏性的特征中。

至于介入的具体方法,威利·保罗·亚当斯(Willi Paul Adams)根据参照西班牙的情况后提出了五种对"不可译性"等翻译问题的解决方法,由苏珊·伊丽莎白·拉米雷斯(Susan Elizabeth Ramírez)概括如下:

> 1)引进外来语;2)用熟悉的词语描绘和说明外国风俗;3)用熟悉的名称代替类似的风俗;4)通过借译使外来语本土化;5)自由释义。因此,西班牙语收录了 cacique 或 curaca(当地首长)等词,因为西班牙语没有这种表达方法。①

于是译者被授予权力,可以在任何必要的时候冲破交际障碍,任何东西都无法禁止或限制他们通向源语文本。释义虽然是最后一种手段,却是解决语言不可译性的有效方法。因此,译者可以化解那些不可缩小的语言差异或者绕道而行。

但是在另一方面,文化不可译性完全是另一回事。不同的文化语境提供了不同的框架和视角,用以展现独特的文化经验,或者将这些文化经验重新语境化。在评论卡特福德对文化不可译性的分类时,巴斯奈特主张:"文化不可译性实际上隐含在翻译的任何一个环节中。"②文化不可译性形式多样,纷繁复杂,无所不在,这就要求译者不停地在文化上调整翻译策略,其所具有的启发性作用有助于目的读者解码文化信息,认识背后那些看似无法攻破和费解的文化差异。语义和文化调节避免了语言或文化意义的丢失。

正如文化移植那样,文化介入也需要经常进行形式调整,然而后果是与文学语言密切相关的修辞表现力遭到削弱。如果文化特色在原文本中分量

---

① Susan Elizabeth Ramírez, "Lost-and-Found in Translation? The Practice of Translating, Interpreting, and Understanding the Past", *The Americas*, Vol. 62, No. 3, 2006, p. 307.

② Susan Bassnett, *Translation Studies*, London: Routledge, 2002, p. 40.

很重,对其完全忽略显然不是明智的做法。在跨文化交际中,建立和保留与原文的形式联系也是绝对有必要的。形式和内容有时候可以划分但也不是没有问题,因为形式特征是原文不可分割的一部分,关系到对原文文化意义的理解。翻译原文本的形式特征是对译者的主要挑战,因为译者需要仔细研究当中的语义和文化价值,以及这些特征如何形成和进一步加强内容。如果这些形式特征无法在翻译中呈现或无法充分翻译,意义和可读性必定会受到影响。因此,解决两种文本中的搭配不当成为实施介入的主要原因。翻译并非是不夹带任何感情色彩的领域。翻译不可能没有介入,在跨文化交际中应该注意平衡介入的方方面面。

如上所述,目标语通过介入拦截及排拒跨文化交际中不受欢迎的因素,以"保护"目的文化或其读者群。译者充当文化过滤者,有权力删除原文固有的文化或政治敏锐性因素。采取这种侵略性介入,译者可以绕开审查机制,避免麻烦,并同时阻止侵害目标语系统的信息。当然这也是一种反映译者文化或政治立场的自我审查方式。因此,一些明显的差异被引入到目的文本中,表现为政治或文化调整。

第三节 创造性改写

翻译不是一种简单的转换行为,而是译者面向目的读者用不同语言对原作进行的改写。必须说明的是,翻译不同于一般意义上的改写,而是改写的一种特殊形式,并受到翻译内部某些变化因素的限制。目标语的语言参数是翻译活动的核心,译者通过这些参数形成翻译策略并做出具体选择。也就是说,译者不得不进行改写以满足翻译的基本要求和遵守目标语中根深蒂固的习俗。我们不可否认任何形式的介入都是改写,虽然改写不一定与介入有关。介入与更为直接的操纵有密切联系,然而改写相对来说比较间接,而且在广义的社会和意识层面上超越了语言。改写成为翻译实践的核心,正是因为其不从属于语言对等,不受语言对等的限制,也由于改写所反映的文化政治调整与顺应是翻译中重新语境化的必然要求。

勒菲费尔曾写到翻译是"对原文的改写"。他继而总结了这种改写并延伸至其他形式,引起重大的影响:"不管出于何种意图,所有形式的改写都折射出某种意识形态和诗学。同样的,改写也操纵着文学以特定的方式在特定的社会中运作。"①虽然这并不完全正确,却预示和考虑到翻译的社会政治维度。翻译会受到外部因素的改变或影响。操纵暗示了欺骗——译者企图故意改变意思。原因是根据勒菲费尔,操纵是"为权力服务的",虽然这在他文章中的动机是良好的,因为操纵"可以促进文学和社会的发展"②。尽管如此,操纵的负面意义仍然存在,其表征为滥用性、不道德性和不可靠性。此外,改写也可能是被动的,并非迫不得已的一种恢复性行为,仅仅是为难以控制的局面提供出路。因此,翻译不一定是出于政治动机而对源语文本的目的性改写。无所不在的权力关系也许在某种程度上被夸大了。

也许我们只可以说改写为操纵创造了机会,可是很明显并非所有的改写都具有操纵性。韦努蒂把翻译看作"根据本国的理解能力和利益对外来文本的改写",虽然他反对在译文中强加"本国语言形式"来消减外来他者引起的不通顺。③ 由此看来,目的文化在一定程度上控制和影响着改写,指导改写何时实施和如何实施。主体性在改写过程中发挥着重要作用,各种目的和实现方式导致了各种形式的改写。韦努蒂突出翻译的一个实际用途:改写的作用是改善交际。然而,如果改写是为了强行推广目标语文化中的术语,那么改写则是粗暴的。用韦努蒂的话说,改写强行在源语文本中宣扬"本国的主流价值观"④。在另一方面,改写的最终目的与其说是为了改变,不如说是为了保存目的文本传达出来的整体效果。正如卡特琳娜·莱斯(Katharina Reiss)所说:"……经过数小时的试验和改写,很大机会得出更好的结果。"⑤这里的目的直接明确:仅仅是为了寻找最佳结果。这样,改写就是为了保证交际的效力。

另外,罗宾逊认为,改写的必要性不言自明,如果不进行改写,跨文化交际将无法进行:"各个国家无论在技术说明书、演说、还是广告上的写作方法

---

① André Lefevere, "Introduction", *Translation-History*, *Culture*: *A Sourcebook*, New York: Routledge, 1992, p. xi.

② Ibid.

③ Lawrence Venuti, *The Scandals of Translation*: *Towards an Ethics of Difference*, London: Routledge, 1998, p. 21.

④ Ibid.

⑤ Katharina Reiss, "Type, Kind and Individuality of Text: Decision Making in Translation", In Lawrence Venuti (ed.), *The Translation Studies Reader*, London: Routledge, 2000, p. 156.

差异很大。读者所期望的意义也大不相同,因此如果不迎合读者进行改写,译文的清晰性和有效性将大大降低。"①目标语文化公认的翻译标准是译者必须考虑的一项重要因素,因为违背标准,特别是文化标准,会遭到目的读者的抵制。由于源语文本和目标语文本许多词条很少有相同的涵义,更不必说不同的语源带来的问题,因此译者必需谨小慎微地处理翻译中极小的细节。

虽然跨文化交际没有规定翻译需绝对符合规范,某些人士更对这种做法不以为然,可是符合规范仍然是一项有利的翻译策略,尤其是在以结果为导向的翻译中。武彦良美在研究英文报纸头条的日语翻译时,发现了一种相当激进却必要的改写形式:"改写分为对英语固定表达的增词、删除和替代,以及在我们的实验体系中插入预先编辑的符号。"②虽然翻译不同于顺应,可是改写仍然意味着改动和转变原文,是一个在翻译中增加和删减的调解过程。翻译从不放弃提醒我们源语文本和目的语文本中存在相似之处的可能性。翻译不断为创作和复制这对矛盾注入新鲜的活力和紧张的气氛。改写可以是一种模仿而不是操纵,尽管这样可能产生韦努蒂所说的"拙劣模仿的"效果。③而且诗学的模仿也需要校正,因为它可以是对原作的批判。

改写主张某种程度上的创作,尤其在为了突出两种文本之间的差异以及在原文基础上改写的时候,除非译文在改写后仍然被称作或被看作翻译。因此改写一定不能过分背离原文。改写甚至是对差异的反映却同时引入新的差异,因而造成原来的差异被新的差异取而代之。翻译像原创作一样,有时候被认为是一种创造性的改写。正如巴斯奈特所观察的,一些"非欧洲"的翻译学者认为:

> 译者好比解放者,把文本从原来形式的固定符号中释放出来。文本不用屈从源语文本,而是致力于创造空间,将源语作者和文本,以及目标语读者群联系起来。这种观点强调翻译的创造性,比起之前译者"挪用""渗透"或"占用"文本的粗暴形象,新的模式把翻译置于一种更加和谐的

---

① Douglas Robinson, *Becoming a Translator: An Introduction to the Theory and Practice of Translation*, 2003, London: Routledge, p. 11.

② Takehiko Yoshimi, "Improvement of Translation Quality of English Newspaper Headlines by Automatic Pre-editing", *Machine Translation*, No. 16, 2001, p. 235.

③ Lawrence Venuti, *The Scandals of Translation: Towards an Ethics of Difference*, London: Routledge, 1998, p. 64.

关系中。翻译的后殖民视角认为语言交换在本质上是对话式的,它发生在既不属于源语又不属于目标语的模糊空间中。①

文化翻译恰恰处于这个"第三空间"。尽管如此,翻译很少是自由改写,虽然译者可以拥有一定的回旋余地,或者自由地转变源语文本,于是翻译重新展现出对源语文本的解放性改写,可是"他者"在原文本中可能被视为威胁或者具有敌意。当然与此同时,改写经常为消解差异创造机会。

改写假如没有受到限制,便会变成修正(revising)的一种形式。修正"具体指的是大量存在的文本改动——修改,其使内容、重心、结构和意义在修辞上产生巨大的变化。"②很明显,具修正性质的改写预示着一种改造。改写有助或阻碍来自源语文本的信息,取决于最终所导致的差异。我们不难发现经译者改写后,原文令人反感的部分被阻隔,受目标语系统欢迎的成分被增强或放大。

简而言之,在翻译的语境下,改写是因目标语中写作规则的不同而引起的,因为不可译性促使了另类解决方案的选择。翻译中的改写大致有两种类型:模仿型和创造型。无论如何,改写使原文的某些部分产生移位,然后把它们重新组合成新的东西。例如,文化比喻或者文化中的具体事物由于某种原因被替代,那是目标语中可以用于取代的成分,而不是一些完全不同的成分,这意味着原文中的文化特征被冲淡或者删除。阅读和改写是在具体的文化环境中的活动,改写的政治和诗学由此形成并且决定了语言和文化挪用的具体实施。

表面看来,贴近原作的翻译通常是可以信赖的。从源语文本的隐含到目的语文本的明晰化等范式的转变,证明了人们极度忧虑着翻译自然渴望让目的读者读懂译文的惯势。尽管文化中仍然盛行着这种做法,它还不能为文化翻译所认可,因为文化翻译的目的是促进文化间的交流。毋庸置疑,正面意义的介入能对抗跨文化交际中的潜在阻力,这在翻译中绝对是必要和正当的。然而必须指出的是,翻译中各种各样的行为构成了形式多样的政治或文化介入,有时也会对真正的跨文化交际造成损害。

---

① Susan Bassnett, *Translation Studies*, London: Routledge, 2002, p. 6.
② Jeanette Harris, "Rewriting: A Note on Definitions", *Rhetoric Review*, Vol. 2, No. 2, 1984, p. 102.

第四节　跨越文化疆界

　　翻译可能产生的后果是要把一种外来形式强加在目标语上,使得原文的真实性和作者身份受到质疑。译者的麻烦在于真实性或者缺乏真实性都并不难核查出来。文学翻译常常是语言和文化的杂合。只要源语文本和目的语文本不会因为大相径庭到不可通约的地步,意义便与文化接触联系起来。文学翻译不跨越任何文化疆界是难以想象的。文学翻译努力尝试利用文化体验把目的读者引领至异国他境,但文化移位却使文学翻译这项工作难以开展。跨文化翻译最大的挑战在于托马斯·G.库舍尔(Thomas G. Couser)指出的"使人们可以理解'他者'却不抹去其差异。"[①]如果一种文化知识在认知上是有共性的,即使它无法共通,翻译这种文化知识还是相对容易的。

　　文化差异的转换也有风险。翻译应该为文化差异架起沟通之桥而不是将差异抹掉,然而由于各种各样的原因,文化形式在翻译中常常不见踪影。我们太容易企图降低文化差异的重要性,用目的读者更容易认识的东西取代文化差异的做法都是不可取的。这种传送自然不利于人们认识跨文化本质。然而,文化差异通常是他者的具体化表现,导致了跨文化可译性种种问题的产生。因此,如果一个译者严肃对待文化翻译,他/她就应该认真考虑如何把文化编码语境化。目的读者对阅读的期望永远争执不下,但在翻译中却截然相反。这种情况是相当普遍的。换言之,文学翻译似乎容易令人失望:风格要么乏善可陈,要么过分矫饰;基调要么人为痕迹过重,要么太造作。读起来根本不像文学。然而,这恰恰是由于翻译太拘泥于原文才导致这种乏味的翻译。语义上准确无误但缺乏美感的翻译是不可能真正获得目的读者认同的。

　　另一方面,公开把外来他者同化到目的文化也是一种文化暴力。这种文化暴力把异质价值观嫁植到目的文化中,破坏了跨文化交际的目的。当然,模仿原文的形式是否有意义取决于所涉及的文化内容。跨文化翻译的任务是把文化信息和知识从一种语言系统转换到另一种语言系统。在许多情况

---

　　① Thomas G. Couser, "Indian Preservation: Teaching Black Elk Speaks", In John R. Maitino & David R. Peck (eds.), *Teaching American Ethnic Literatures: Nineteen Essays*. Albuquerque: University of New Mexico Press, 1996, p. 23.

下,翻译根据文化或政治的接受情况选择简单化的还原、还是文化,移入时常常摇摆不定。翻译存在着矛盾,翻译他者也是变通翻译自身——这里出现了两种自我,因此形成译者的双重文化身份。在某种意义上,译者变成了作者和改写者,进入了一种不可分割的双重状态:他/她有时候是他/她自己,有时候又变成另外一个人。此外,如果翻译代表了译者的阅读评价,在成品中也会展现出他/她的烙印。译者充当着目的系统的文化经纪人,一旦译者把意义内在化便会出现新的释义和阅读。

不管在翻译中意义是如何被解释和实现,译者都不得不重构他/她对原文的理解,实现从原文到目的文本的跨越。罗伯特·斯坦顿(Robert Stanton)认为:"然而,从译者/先知的人道和个性,我们认识到当下的文化环境如何刻画和决定翻译的手段、方法和结果。"①虽然跨文化翻译经常要进行艰辛的协调,可首要和最重要的还是在跨文化翻译的协调过程中塑造起译者的文化身份,因为译者的首要任务就是平息文化价值间的冲突。文化态度随着跨文化交流的发展不断变化,对于翻译的过程和其结果的决定至关重要。可以肯定的是,译者在重现原文时不可避免地要做出改变,并且视情况有意识地改变或保留原文的形式特征。在仔细研究了一些个案后,塔尔米·吉冯(Talmy Givón)总结出:"没有深刻的、入侵性的文化变革就没有翻译",②不断变化的文化语境会成为翻译的障碍,无法实现跨文化交流。因此,要使原文有意义必须进行文化变革。

虽然这种社会变革可能破坏原文的真实性,其仍然是跨文化交际中的重要部分和文化妥协的协调结果。但在另一方面,安托瓦纳·贝尔曼(Antoine Berman)指出:"如果译者认为作者、作品和异族语是独一无二的精品,打算把它们最纯正的异族形式强加到他自己的文化王国时,他就要冒变成异族者的风险,在同胞眼里则为叛逆者。"③尽管符合文化翻译或者跨文化交际的要求,

---

① Robert Stanton, *The Culture of Translation in Anglo-Saxon England*, Rochester, NY: D. S. Brewer, 2002, p. 174.

② Talmy Givón, *Mind, Code, and Context: Essays in Pragmatics*, Hillsdale, NJ: Lawrence Erlbaum Associates, 1989, p. 351.

③ Antoine Berman, *The Experience of the Foreign: Culture and Translation in Romantic Germany*, S. Heyvaert, Albany (trans.), NY: State University of New York Press, 1992, p. 3.

直译往往无法操作。同样的,仅仅将异质他者性和自己所熟悉的内容摆在一起也不是解决问题的办法。译者的介入程度表现在他/她对源语文本的挪用中。吉冯这样强调翻译中"文化世界观"的中心作用:"如果理解一门语言需要理解其文化世界观,跨语际翻译只有在跨文化差异相对浅显时才能够发生,也就是说不同文化背景的人所持有的世界观是具有共通性的一个先决条件。"[1]文化的普遍主义构成了跨文化交际的发展基础。交际的本质越具有世界性,就越不需要实施文化调节。由此,文化可译性和交际性的建立就更加容易。译者一直努力不懈地寻找深嵌在差异性当中的相似性,而译者正是基于这种相似性决定在翻译中对差异的处理方式,并视在具体情况中哪一方处于主导地位。此外,大致相同的语境肯定对增加可译性有绝对的帮助。

译者有必要学习通过转换视角来适应各种各样的变化。由于移位,翻译中出现了各种形式的限制,所以说,翻译是文化调解的产物。不得不承认翻译在重新创作文学文本的同时,正无形地影响着语言和文化的发展。如何使翻译跨越文化界限与译者的双文化意识和当前的文化心境密切相关。为了架构文化交流之桥梁,我们迫切地需要提出并解决跨文化(不)可译性,以解决在一种全球文化语境中文化传统的分歧。作者和译者拥有不同的政治立场和文化价值观,如果无法达成共识就会使跨文化交际不能有效实现。在任何情况下,译者通过改写剥夺目的读者亲身体验文化的机会,甚至进行公然的操纵性改写都是极不可取的。

结　语

跨文化交际中,过度的文化挪用等翻译过当的方法减少了外来感和异国情调,这样也许能暂时吸引目标语读者,但是长远来说是成问题的。另一方面,缺乏充分调解的翻译也同样会产生问题。经过翻译和不断的重译后,文化会随之以不同的方式建构和重新建构起来。翻译终究是要促进和加强文化交流而不是造成文化冲突。如果一个翻译既陌生又具有启迪意义,而且成功地使目的读者以文化他者的身份切身体验地道的文化特质,那么这从跨文

---

[1] Talmy Givón, *Mind, Code, and Context: Essays in Pragmatics*, Hillsdale, N.J.: Lawrence Erlbaum Associates, 1988, p. 324.

化角度来说就是成功的。文学翻译家必须使翻译跨越文化疆界，最终重现文学性同时成功翻译原作的文化特征。成功的翻译对文化发展有至关重要的作用，能使目的文化在跨文化交流中获益，从中实现一种批判性的自我反省以及文化的内部改革。

第十二章 翻译学的何去何从

引 言

　　跨学科虽为译学研究注入了活力、带来了生机,但毋庸置疑,不同学科之间的交叉游移及融会贯通,也使译学研究的学科界限产生了问题。翻译早已不是简单意义的从一种语言到另一种语言的转换,所以单纯的本体研究显然不足够(当然也不可或缺)。传统的等值和忠实观,其机械僵化的思维模式已经不合时宜,与日益发展的翻译学格格不入,却又纠缠不清,给翻译学带来了认知层面上的困惑和混乱。总体上,现代翻译学缺乏贯通性,学科快速扩展在一定程度上冲淡稀释了翻译学的专业特性。但原则性地规定翻译学的研究范围又势必具排他性。如果明确区分什么是翻译的本体问题,什么仅是翻译的相关问题,又可能僵化我们的研究思路。毫无疑问,跨学科的视角和方法为翻译学提供了有益的启示,无疑有助于推进理论创新,但也需要我们仔细分析跨学科及学科交叉的性质、模式、特征,以求做到合理有效的借鉴、整合及利用,从而有力地促进翻译学的健康发展。反之,如果墨守成规,不敢逾越一步,只能使翻译学科裹足不前。此外,对翻译实践中遇到的大量难题,我们应该寻求理论化的有效途径和方法,做进一步的系统化、理论化的探索。

第一节 翻译的定义

　　在本书的最后一章谈翻译的定义,大有"反其道而行之"的谬行,但也有我的考虑(苦衷)。

　　因为其实要给出一个学术界都普遍接受的完整定义是不可能的:不同的历史时期、不同的文化背景对翻译均有不同的定义。弄不好,便是强加于人,或强人所难,难免受到抵制。另外,翻译学作为一个相对年轻的学科,从其他学科借用了不少理论模式和研究方法,其学科身份较为复杂。譬如,曾几何时,奈达的翻译理论大行其道,给翻译学科带来了耳目一新的变化。从事翻译研究的人不可不谈奈达。他的翻译理论昭示了试图就如何进行翻译研究达成共识已难以实现,同时也冲破了传统思维的禁锢。在以语言学为研究途径的卡特福德,奈达,纽马克和威利斯(Willis)之后,巴斯奈特、勒菲弗尔、赫尔曼斯(Hermans)、伊文—佐哈(Even-Zoha),以及图瑞(Toury)等人所代表的各种学派轮番登场,多元系统理论、操纵学派、规范原则,女性主义批评和后殖民理论等也适时地一度影响甚至主导翻译研究。另外,性别视角拓展了有关方法论问题的位置(positions)范围,并在当下后现代和后殖民的语境里重构译者的主体性。但如此走马灯似地你方唱罢我登场的喧闹,有时不免让人有蜻蜓点水般的肤浅感觉。相关的理论光怪陆离、异彩纷呈,又常常相互对立,面对翻译的纷纭之象,何去何从亦难选择。

尽管如此,翻译学在艰难的跋涉中,仍取得了长足的进步。而随着研究的逐步深入和不断的自我否定,跨学科组合构成了翻译学的特质,这又决定了其游走于主观改写行为与客观能指实践之间,皆因不同的文化语境和翻译实践突显的翻译问题有所不同。翻译学研究的重点涉及跨文化和跨学科语境下认知、构建、冲突与改造的过程,所涉及的内容包括:意义、阐释、意指和表现。随着文化社会态度、话语空间以及各种权力形式介入到翻译研究——旨在应对翻译实践的复杂化,翻译的学科身份必然趋于跨学科性质。关于如何看待译学研究的"越界"行为,始终存有争议。究竟什么是研究范围或研究对象?谁来规定?如何规定?译学界要达成一个詹姆斯·霍尔姆斯(James Holmes)在20世纪70年代初"翻译的名与实"一文里所提出的、带有一体化的共识(consensus)目标似乎离我们渐行渐远。然而,跨学科的研究方法已呈赫然大势,并有助于克服僵化的研究思路和打破狭隘的学科限制。但值得警示的是,借助外部成果不是为了省力而简单机械地套用,而是要借此克服单一化的视野和方法论的欠缺,摒弃传统的和不那么传统的翻译观所代表的某些僵化思维模式。

广义上的翻译无处不在,其重要性不言自明,曾深刻地影响过并将继续影响着人类文明的进程。翻译在跨文化交际里发挥着不可或缺的作用,与社会生活密不可分地联系在一起,人们对这一点存有普遍共识。但专门研究翻译的学科——翻译学的发展,显出令人触目的滞后,历史也相应地较为短暂。加之,学科的定位不甚明确,身份问题成了亟待解决的课题。长期以来,有关翻译学边缘化的哀叹与惊呼不绝于耳，学科版图失守，不少翻译学者为此痛心疾首。但是，令人不免称奇的是，其边缘化十分特殊：由于边缘化的概念是在边缘罅隙间重新确立的，故引起了学界的连连关注。边缘化的自我授权特性得以重新发掘。如今的翻译学与开放的文化意识和社会实践息息相关。日渐突出的文化差异所造成的坚硬界围，是翻译学不容回避的问题，需要从人类文化发展的大趋势中加以分析和审视。鉴于文化翻译已经成为人文学科的重要内容，文化的深远含义对于翻译活动举足轻重。文化改写的动机未必是真实性的生产，改写要么是出于必要，要么是与目的性有关，或二者兼而有之。结果自然是，翻译出现的或抑或扬，一切与文化、政治、社会价值观不无关系。

一直以来，如何定义翻译，久有分歧，莫衷一是。翻译学的复杂性，可见一斑。在预测未来几十年翻译的研究领域时，铁木志科写道："翻译的首要研究领域便是尝试笼统地下一个翻译的定义……"①她的言外之意是要找一个说明构成翻译的宽泛定义。这话多少带点讽刺意味，正如铁木志科所指出："在过去半个世纪里，翻译学者们一直在为此不懈地努力，而定义翻译活动的问题显然没有解决。"尽管如此，照铁木志科看来，这样的尝试绝不是"微不足道"。② 问题在于，长期以来裹足不前的僵滞局面让从事翻译研究的人很没面子，同时也让人迷惑不解。半个世纪的时间都不足以把定义弄妥，竟可能还得花几十年功夫。③ 说到底，铁木志科也认为应有个终极的关于翻译的共识性定义。其实，也许这并没有想象的那么重要，其可能性和必要性也值得商榷。而且在根本意义上，翻译的不可定义性与翻译的不可译性，互为表里、互为因果。许多声称不可译的东西已被译了出来，而这译出来的东西是翻译吗？如果不是，是什么？不可译的译本？一定条件下，不可译性是可以向可译性转化的，反之亦然。可译与不可译的互转以及之间不断游离，对定义的内涵和方式提出了挑战，而定义的多义性势必造成游移不定。但如果定义因此显得过于含糊宽泛，其价值也就大打折扣了。凡此种种，似乎使翻译研究处于瓶颈状态，而且也附带说明，翻译学仍是一门新兴的学科，离成熟还有相

---

① Maria Tymoczko, "Trajectories of Research in Translation Studies", *Meta*, Vol. 50, No. 4, 2005, p. 1082.

② Ibid., p. 1083.

③ Ibid.

当的距离。但作为一门学科,它毕竟不能永远新兴下去。翻译学是到了穷途末路?还是将经历一次华丽转身?现实的问题是:下一步怎么走?

问题的复杂性并不至于此。翻译学的脆弱性还进一步体现在不同文化对翻译有不同的定义方式,尤其是与之相关的文化涵化(acculturation)和套用(adaptation)。此外,有关定义的问题,如安德鲁·切斯特曼(Andrew Chesterman)和罗斯玛丽·阿罗约(Rosemary Arrojo)所指出的,是基于理论的:"对于任何事物的定义都离不开理论,于是在我们开始仔细研究翻译定义之前,也就没有对'翻译'完全客观的定义,可以让我们轻易接受,因为绝不可能有包罗一切的有关翻译的任何定义。"[①]这番带后现代色彩的论述表明:翻译没理由受一个僵化定义所局限,因为翻译本质所反映的可相互替代的弹性在不同语言文化里是不一样的,有时甚至是大相径庭的。进一步而言,学者的个体差异也会从不同的角度描述和定义翻译。如切斯特曼和阿罗约所说:"不同的学者抱有不同的研究目的,于是容易产生不同的定义。"[②]另外,翻译定义欠缺准确,从五花八门对翻译的比喻中,亦可以管窥一斑。譬如大家不厌其烦地说,翻译像这个或那个,但较少说翻译究竟是什么。

然而,问题的要害在于,对于翻译的思考缺乏连贯性,亦显得有些幼稚。有关翻译的定义众多,但竟无一个完整意义上的定义,乃至究竟什么是翻译都成了不解之谜。赫尔诺特·黑本施特赖特(Gernot Hebenstreit)指出:"……大量的定义,尤其是相互对立,常被视为那些尚未发展成熟学科的典型症状。"[③]如此煽动性的言语具有警示意义,让我们意识到潜在的问题和麻烦,最终可能影响到翻译学科的身份问题。譬如说,"文化转向"引发了翻译的文化维度的有益探讨,然而身份问题又被难以界定的文化概念所困扰。凯萨·科斯基宁(Kaisa Koskinen)如此发问到:"我们需要什么样的实际依据才能证明某一文化的存在?"[④]一方面,"文化转向"将翻译学从早前的形式主义的约

---

① Andrew Chesterman & Rosemary Arrojo, Shared Ground in "Translation Studies", *Target*, Vol. 12, No. 1, 2000, p.152.

② Ibid.

③ Gernot Hebenstreit, "Defining Patterns in Translation Studies Revisiting Two Classics of German Translationswissenschaft", *Target*, Vol. 19, No. 2. 2007, p.197.

④ Kaisa Koskinen, "Shared Culture? Reflections on Recent Trends in Translation Studies", *Target*, Vol. 16, No. 1, 2004, p.143.

束解脱出来,另一方面,有人把"淡化了的翻译概念以及它在社会中的作用"归咎于文化。① 的确,放任文化调节与社会改革的疏离或脱节未必行得通。

第二节 文化操纵与改写

早些时候,翻译研究特别注重翻译的语言学观,这方面最具代表性的论文当罗曼·雅各布森(Roman Jakobson)那篇发表于1959年影响深远的"论翻译的语言学观"(On Linguistic Aspects of Translation)。在翻译学发展的60年代、70年代初期,提供了一个系统研究翻译的概念基础,而在当时,翻译学几乎和语言学画等号,因为人们普遍认为,翻译学属于应用语言学范畴,主要注重的是语言形式。故此,对翻译性质的理解主要基于相同的假设,是透过忠实和对等概念所反映出的有关相同的幻觉。最求译作与原作的等值乃至等同,反映出一个僵硬停滞的封闭概念。作茧自缚的种种弊端和难堪终于使翻译研究者开始把目光投向其他的学科,以汲取养料和获得启发。人们逐渐认识到约定俗成并非一定就是合理的,在尝试各种可能性的同时,传统意义上的狭隘忠实观遭到了质疑、颠覆、甚至推翻!

在普遍摒弃语言学意义上的对等概念后(一般认为有误导之嫌),源语与目标语文本之间的不平等问题更为突显,因此有关写作的归属或起源概念需要在跨文化改写的语境下重新定义。加之翻译里固有的有关异质性和差异性的政治与错综复杂的权力纠葛相交织,翻译是被从带异化特质的视角来审视的,并处于等级森严僵硬的关系之中。正是在这样的等级秩序中,译者艰难地应对各种性质的翻译问题:文化的、语言的、文体的,抑或是修辞的。尽管解构主义对翻译学带来挑战,消解了中心/边缘的二元对立,然而废除源语文本的权利并未得到完全认可。在传统观念中,翻译的准确是其合法生存的唯一标准,其中最简单不过的表征便是模仿。如此一来,异化翻译(把关注的焦点重新转移到源语文本)似乎是最常见的模仿形式,也似乎是一种令人信服的忠实形式。然而,模仿绝非易事,再者,模仿的对象不应拘囿于形式,否则便极易流于肤浅化的模仿。

---

① Michael Boyden, "Is Translation Studies Too Much about Translation?" *Target*, Vol. 20, No. 1, 2008, p. 151.

德里达对本雅明"译者的任务"的解读,使长期以来被奉为圭臬的原文至上观点受到了强有力的挑战。对于"不可译"问题的哲学思考更是激活了对翻译和语言本质的思考与探索。本雅明把原作内容与语言比作水果的肉与皮,深刻地揭示了跨文化翻译的难度。在 1985 年发表的《论巴别塔》(Des Tours de Babel),德里达对本雅明的讨论包含了一些新的见解和视野,并提供了有益的思路,从而在某种程度上,唤起了学术界对本雅明这篇艰深难懂的文章的关注。德里达认为原作已是翻译,译作只能是翻译之翻译。德里达呼应本雅明的观点,声称源语文本内在的异质化是不可能在译作里复制的。每个文本的生存依赖读者(他们在某种意义上就是译者)。延异的书写活动所揭示的符号意义的不确定性本质特征,无疑是对"本体"思路的有力挑战,有时译本本身又成了翻译的原版。总之,《论巴比塔》引起了人们对本雅明翻译思想的重新关注。翻译总是游离在现实和理想之间,不断设法找寻和创造新的共同点。其他文学评论家如沃尔夫冈·伊塞尔和 J. 希利斯·米勒(J. Hillis Miller)等人对翻译的论述,也使人产生别有洞天之感。所以说,翻译学后来的发展构成了以跨学科为特点的"80 年代的成功佳话",绝非偶然,结果不仅拓宽了,更重要的是赋予了翻译研究新的活力。[①] 80 年代翻译学的蓬勃发展昭示了以语言学为主导研究方法的完结,而其他相关的学科(也包括语言学)极大地丰富了翻译学,同时也为该学科带来了不同的视域。

80 年代在翻译学发展史上的一个"具里程碑意义"的成果(根茨勒语)体现在赫尔曼斯所编辑的《文学操纵》(*The Manipulation of Literature*)一书,标志着向传统意义上的翻译所处的从属地位,发起了又一次强有力的挑战,从而进一步提升了翻译学的学科地位。[②] 从跨文化交际和一个国家文化发展战略的角度看,该论文集所提的观点有着深远的历史意义。翻译对文学的操纵的长远目标是文化构建。以文化改写为主要特征的文学翻译,不断地对文学进行经典化,自然也包括去经典化和再经典化,从而促成了文学史的改写。翻译生产和接受的历史文化条件以及生存的历史环境,与对原文文化的改写

---

① Lawrence Venuti, *Translation and the Formation of Cultural Identities*. In C. Schäffner & H. Kelly-Holmes (eds.), *Cultural Functions of Translation*, Clevedon: Multilingual Matters Ltd. 1995, p. vii.

② 见根茨勒为巴斯奈特和勒菲弗尔二人所著的 *Constructing Cultures: Essays on Literary Translation* 一书所撰写的序言。

策略有直接的关系。文化形态间绝不是相互隔离的,而是相互影响、相互制约、相互渗透。文化操纵与改写,无疑受不同文化之间的互动的影响,同时又以文化政治与接受环境互动为依归。根茨勒指出"纵观西欧悠久的传统翻译思想,我们认识到近来那些将涉及翻译的讨论限于语言的制约的尝试,显然不足以说明问题的复杂性。"①于是,80年代"文化转向"顺势而生,对翻译学产生了深远的意义。

随后,翻译学的发展似乎渐入佳境,呈现出一种较为强势的势头,一些理解翻译本质的激动人心的新方法也都发轫于90年代,而每一种新方法似乎都要给出一个翻译的新定义。其中意义最为深远的是文化研究,为翻译学带来了至关重要的概念架构。以接纳"他性"(alterity)为特征的文化多元性,使研究者的跨文化心态更为开放。改写、解构主义与译者主体性的扩展为性别主体开辟了探索空间,使得以前被遮蔽了的女性身份得以彰显,具体体现在对译文的不同观点和体验的相关意识日益提高。从事将性别研究与翻译相结合的学者如谢莉·西蒙和路易丝·冯·费拉德(Louise von Flotow)等人引发了运用女性主义批评方法从事翻译研究。层出不穷、新旧交替的急剧变动使翻译学充满了生机和希望。翻译学的蓬勃发展的确振奋人心,以致让人陶醉得有些忘乎所以,如夏娃·塔沃尔·巴耐特(Eve Tavor Bannet)对翻译学的状况就做过过于乐观的解读:"打雅各布森、本雅明、德曼(de Man)和德里达以后,翻译的状况就大为改观了。翻译从边缘走到了舞台中央,成了学术工作的象征。"②虽然说翻译已经到了"舞台中央"有些为时过早,且言过其实,但毋庸置疑的是,由于翻译活动已经有意识地重新语境化,可以更加准确有效地审视其目的和功能,翻译的重要性也就日益凸显出来了,似乎也呈现了往舞台中央进发的态势。

第三节 跨学科与学科身份

译者的代理作用得以肯定,反映出翻译学的不断变化,既令人困惑,又有

---

① Edwin Gentzler, "Foreword", In A. Lefevere (ed.), *History, Culture: A Sourcebook*, New York: Routledge, 1992, p. xiv.

② Eve Tavor Bannet, "The Scene of Translation: After Jakobson, Benjamin, de Man, and Derrida", *New Literary History*, Vol. 24, No. 3. p. 578.

助于澄清一些误区。许多有关翻译本质与功能在不同的文化、社会和历史语境下,并从后殖民和后现代的视角,得以更具解释力、更为准确和清晰的重新阐述。的确,重新定义"翻译"已成由来已久的问题,棘手之处在于,每一项翻译活动背后都有不同的再现系统在起作用。罗宾逊提出了一个不容回避的问题:"翻译深植于男女之间、殖民者与被殖民者之间、学者与从业人士之间的权力关系之中。然后又该如何?"①无论答案如何,人们愈来愈清楚地认识到,十分有必要考察有关翻译及其研究的各种历史、社会、政治,尤其是文化等方面的条件和成因。

后殖民理论对翻译研究一度产生了相当大的影响,但就如何置于中国独特的历史语境中探索相关问题仍需要深入考察。在一本书的序里,根茨勒把中国归于"后殖民"国家,②如此归类似乎容易引起争论,因为中国从未被大面积地殖民过,至少很难说,在真正意义上被文化殖民过。但又不能据此断言中国没有殖民心态和后殖民心态(其中包括文化意义上的自我殖民)。外来理论的借用也存在与本土文化语境对接的问题。譬如,就翻译的政治而言,韦努蒂的主要观点是:在英美的文化语境里,传统的翻译手法是以归化为主导的,所以让其贴上了文化保守主义的标签。由于具有鲜明的现实针对性,其翻译政治意义是很不一样的。脱离这样一个相对特殊的社会与历史文化语境,单纯强调异化翻译的普世价值,非但不能提供新的思路,反倒可能引致概念的模糊与混乱,当然也有水土不服的症候,以致产生病态的理论。

此外,需要强调的是,翻译研究不可被轻率而僵硬地区隔(compartmentalization),但这恰恰是翻译学所面临的困境:不同的学科大有将它四分五裂的架势,威胁到它身份的核心主体,可是翻译学又从这些学科吸取养料。巴斯奈指出:

> ……尽管有多种方法和途径,不少翻译研究的共同点是强调翻译的文化方面以及翻译产生的语境。翻译曾被视为语言学的一个分支,而今成了跨学科的研究领域,语言和生活方式之间难以割舍的联系成了学术

---

① Douglas Robinson, *Becoming a Translator: An Accelerated Course*, London & New York: Routledge, 1997, p.3.

② Edwin Gentzler, "Foreword", In Douglass Robinson, *What Is Translation? Centrifugal Theories, Critical Interventions*, Ohio & London: The Kent State University Press, 1997, p. ix.

研究的焦点。①

一方面,自翻译学摆脱了过度依靠语言学的状态,对翻译的文化层面持续不断的关注有助于我们了解跨文化交际的复杂性。另一方面,尽管语言学对翻译的主导并无明显的"卷土重来"迹象,但对语言学的敌视也是一种狭隘学术心态的表现。值得欣慰的是,反语言学的倾向似乎在相当程度上得到了纠正。无论如何,如果将语言学从翻译研究剔除,就不必奢谈什么跨学科研究了。

由于翻译实践不断重组改造,成为重新协商相关文化差异、规范与身份的政治组成部分,翻译研究势必要跨越学科之间的壁垒,进而可以讨论和说明翻译在应对正在变化的相关政治、文化及社会形势时所引发的不断漂移的范式及优先次序。翻译学强调的是差异、杂合、流动与变化,与之相关的是展演(performance)、不确定、互文性、主体性、代理及经典构成。通过复杂的文化适应与同化吸收,翻译尝试各种方式调解或操纵跨文化差异。就跨文化参数(cross-cultural parameters)而言,有必要进行不断的调整和移位。另外,跨学科的视域使得系统地勾勒出翻译学的基础成为可能,以便有效地形成其话语。不可避免的,翻译学的身份也在不断改变,突显了跨文化和跨学科视域的重要性,或更准确地说,必然性。人们对翻译活动日益加深的认识,缘于那些可能影响身份并致使其被重新塑造的政治因素。

毋庸置疑,翻译学已成为专门的学科,其自身的学科身份逐步确立。与此同时,由于翻译学不断从相关学科吸取养料,其学科身份随着其他相关学科的发展不免生变和重新语境化。明显的,翻译学的身份受跨学科方法的影响,而且正是因为其跨学科的性质,翻译学的身份也在一定程度上随其他相关学科而变,而这些学科的身份自然也是彼此相异的。如同翻译本身一样,翻译学通常被视为从属的和派生的,于是竟多少带有些"妖魔化"的身份。而另一方面,颇具讽刺意味的是,人们又担心翻译学欠缺一个学科身份。这种状况其实又不足为怪,因为翻译学与翻译实践的多元化性质是一致的。再者,虽然相关学科带异质性却又相互重叠,到了翻译学里又达成了某种一致和连贯的模式,使得翻译学与其他学科产生了本质上的不同,毕竟它的学科重心是在跨语言、跨文化交流方面。

---

① Susan Bassnett, *Translation Studies*, London: Routledge, 2002, pp. 2—3.

从这个意义上说,跨学科特性是翻译学的活力所在。诚然,跨学科借鉴并非翻译学的专利,但令人左右为难的是,学科的专业特质与由跨学科引致的学科拓展之间的矛盾难以调和。因此,学科性与跨学科之间的疆界不断变化成了主要的关注点。一个显而易见的事实是,翻译学的杂合性,在某种程度上,需要依靠其他相关学科的发现。自 70 年代翻译学确立以来,已有许多进展,而相关学科也获取了长足的进步,于是决定了翻译学多变的客观特性。但翻译学的快速发展造成了学科的连贯性受到侵蚀,结果导致了学科"专门化"的欠缺。层出不穷的翻译问题对翻译学不断提出新的挑战,要求更好地做到认知取真和寻找更有效的解决之道,以使整个学科体系更臻严密和完整。毫无疑问,各种各样的问题要求各种各样的解决方法,透过由其他学科获取的多学科的镜头,有助于克服翻译学自身的学科限制。

然而,问题又随之而来了。如果我们接受翻译学的多学科特性,翻译学的身份问题又再度浮现。史蒂芬·杰伊·克莱恩(Stephen Jay Kline)刻意区分了多学科与跨学科:"一般而言,跨学科研究指的是将两个(有时更多)学科的知识结合起来产生综合体,更加适合某些问题的解决。多学科研究的对象是不同学科之间的适当关系及其与更大的知识范围的关系。"[①]显然,在不同学科语境下,跨学科的方法也不同。不同学科的观点和研究方法及其视域进入到某一特定学科,将不同学科的研究路径汇集在一起,以使它们能够形成一个统一的研究架构。而多学科的研究路子有助于克服处于孤立状态的单一学科的局限。

借助外来成果可以改变单一化视野和克服方法论的欠缺,然而,不同学科之间的交叉游移及融会贯通也使译学研究的学科界限产生了问题。西沃恩·布朗利(Siobhan Brownlie)总结两类跨学科方法:

大致有两类跨学科的方法:工具性的跨学科方法,涉及从另一学科借鉴概念、理论或方法(如一个研究者从另一学科借鉴一个框架);个例性的跨学科方法,指的是旨在获取探讨共性的概念统一(如两个学科背景不同的研究者合作从事一个研究项目)。[②]

---

① Stephen Jay Kline, *Conceptual Foundations for Multidisciplinary Thinking*, Stanford, CA: Stanford University Press, 1995, p. 2.

② Siobhan Brownlie, "Resistance and Non-resistance to Boundary Crossing in Translation Research", *Target*, Vol. 20, No. 2, 2008, p. 335.

任何研究者都难免受到自身学术背景的限制，打通不同学科之间的界限，是取得突破的关键所在。无论用什么方式，研究者总是不断寻求突破既有的立场和方法，而要到达这个目的，从相关学科里吸取养料，得到启发，无疑是必由之路。

第四节　学科蜕变与转型

值得注意的是，多学科视域和探索手段，如果整合不好，反而会产生问题。正如朱莉·克莱因(Julie Klein)所言："每一个学术领域都有因从别的学科借鉴所产生的方法论和认识论方面的问题。"[1]因此，尽管多学科的专门知识有用，也有价值，简单的借用策略，由于其不可通约的性质，常常难以令人满意。范式的冲突可能发生，不可轻易认为同质性的普遍存在。不同的学科如何才能展开"合作"？这是一个不容回避的问题。首先需要关注的是不同学科之间的界面，然后再审视不同的学科如何相关，便于做到对翻译学有个大致的总体把握。无论如何，与翻译学相关的不同学科之间的界面，实际上指的就是互动，结果就是若干个"转向"，其中意义最为深远的是"文化转向"——如果我们承认这是个转向的话，使得翻译学研究的学科关注点大为扩展。其他的"转向"包括了语言学转向、文本转向、社会心理转向、认知转向、社会学转向等等，不一而足。翻译学是否真的经历了或经受得住如此多的转向，实在有待商榷。实际情况是，恐怕很少有学科经得起这么多的转向。这个现象本身也说明了学科自身的不稳定，以及发展过程中的浮躁空疏和无的放矢。如果认为几个学者出个论文集或一个学刊冠以某个主题的专辑，就可以起到"振臂一呼"、催生出一个转向的作用，学术似乎也过于轻率武断了。

尽管如此，社会学与翻译研究的关系得到持续的关注，而这一发展与"文化转向"不无关系。切斯特曼认为"文化转向"与社会学关系紧密，虽然他没使用"社会学转向"的字眼，但提到"翻译的社会学"，[2]并指出"文化转向"更像

---

[1] Julie Klein, *Interdisciplinarity: History, Theory, and Practice*, Detroit: Wayne State University Press, 1990, p.14.

[2] Andrew Chesterman, "Questions in the Sociology of Translation", In J. F. Duarte, F. A. Rosa & T. Seruya (eds.), *Translation Studies at the Interface of Disciplines*, Amsterdam & Philadelphia: John Benjamins, 2006, p.23.

是"社会文化转向",因为社会成分无疑多于文化成分。① 根据他的观点,政治影响也是社会影响。② 他就"翻译的社会学",并根据他们的功能,进一步提供了更为详尽的划分,即"三个子领域":翻译作为产品的社会学;译者的社会学;翻译的社会学,即翻译的过程。③ 此外,他还指出与翻译相关的三种特殊语境:文化语境,社会学语境和认知语境,代表了翻译研究的主要方面。④ 但他也有焦虑的流露:"在过去的几十年翻译学的焦点大为扩大"。⑤ 问题在于焦点扩大过度,也就无所谓有焦点了。这里所基于的假设是,从事翻译研究的人应有一个统一的焦点。但由于不同的视域被带入了翻译学,不同焦点的存在也是可能的,也是必要的。

与此相关的是,有学者主张整合性的研究方法,但亦有人持反对意见,如M. R. M. 鲁阿诺(M. R. M. Ruano)着重强调指出这种方法的排他性质是危险的。譬如区分什么对于翻译学是"基本的、本质的"和什么"仅仅是相关"的,就足以表明有学科的排他性存在。⑥ 问题在于,由谁来决定什么是基本和本质的或相关的,好似有个一成不变的尺度一样。整合性的研究方法善于将其他学科的发现吸收到翻译学来,排除那些被认为不相关的东西,同时也把看似不相关或不太相关的内容改造成相关的内容。从这个意义上说,整合也是一种操纵的手段,通过翻译学与其他学科的可操作综合,增加翻译学解释各种翻译现象的功能,使翻译学者更有效地考察翻译的各个方(层)面。但是,在吸收与整合后面的动机可能是就翻译学的实质达成一个共识。需要指出的是,由于翻译学者的学术背景和角度不同,他们的研究兴趣和关注的地方相差甚远。有鉴于此,试图就翻译学共识达成统一的意见终究是徒劳的,结果只能是事与愿违。

尽管翻译学经过了多次蜕变与转型,就目前西方翻译界的所谓"主流"而

---

① Andrew Chesterman,"Questions in the Sociology of Translation", In J. F. Duarte, F. A. Rosa & T. Seruya (eds.), *Translation Studies at the Interface of Disciplines*, Amsterdam & Philadelphia:John Benjamins, 2006, p.10.

② Ibid., p.15.

③ Ibid., p.12.

④ Ibid., p.11.

⑤ Ibid., p.9.

⑥ M. R. M. Ruano,"Conciliation of Disciplines and Paradigms:a Challenge and a Barrier for Future Directions in Translation Studies", In J. F. Duarte, F. A. Rosa & T. Seruya (eds.), *Translation Studies at the Interface of Disciplines*, Amsterdam & Philadelphia:John Benjamins, 2006, p.44.

言,翻译学占主导地位的是描写(实证)的方法。这与当年霍尔姆斯指出的"纯翻译研究的两个分支关注的目标可以特指描写翻译学或翻译研究和理论翻译学或翻译理论"有相当多的关联。① 霍尔姆斯显然并未把研究走向拘泥于"描写翻译学",虽然在当时的历史环境下,"描写"有助于克服制约翻译学研究的认知瓶颈:忠实论的纠缠与困扰,为翻译研究的学科突破提供了驱动力。但令人遗憾的是,"描写翻译学"被一些学者奉为金科玉条。描写(实证)的要义似乎是"存在的就是合理的",被奉为霍氏真传,不可违反。然而,这种导向本身就是规定的,而非描写的,好似是固定不变的,为大家所普遍采纳。但如不少人指出,这其实只是一个假象,只能导致封闭静态的框架体系,而非开放、动态的体系。仅是报告和"描述"业已发生的事情,对潜在的、可能发生的事情心生退却,唯恐避之不及。但不容回避的是,并非所有的环节都是直观的、表层的,而表层的直接感知所形成的往往是具体的感性认识,故此,有必要超越表层,对相关问题进行深度挖掘。如上所言,描述自然有其价值,对传统翻译学的僵硬教条形成了有力挑战,但据守新的成规,沿袭不变的僵硬轴线,只能使我们的关注过于单一、教条,如此自设藩篱,显然不利于翻译学的建设和发展。

所幸的是对"描写"的局限性似乎已有所认识,2008年出版的一本论文集《超越描写翻译学》(*Beyond Descriptive Translation Studies*)似乎预示着在经过相当长一段时间的努力和沉淀后的蓄势待发。② 但真正意义上的突破,还有待证实,因为在相当程度上,译学研究仍处在孰虚孰实、孰是孰非的混沌之中,尚存在着某些方面的研究盲区和不足,还有拿几个例句,或几段"删节和改动"的翻译片段反复"分析"的现象。长此下去,只会步入死胡同,导致学科自杀。虽然现在学者们把研究的关注目光投向了描写之后,但严格地说,纯理论的研究不可能囿于并受制所谓的描写模式,实在不应把理论和描述性研究混为一谈,而后者其实更适合翻译史的研究,否则对某些翻译现象进行

---

① James Homes, "The Name and Nature of Translation Studies", In Lawrence Venuti (ed.), *The Translation Studies Reader*, London: Routledge, 2000, p.176.

② *Beyond Descriptive Translation Studies: Investigations in Homage to Gideon Toury*, Anthony Pym, Miriam Shlesinger & Daniel Simeoni (eds.), Amsterdam & Philadelphia: John Benjamins, 2008. 这本论文集更多的是回顾"描写翻译学"的成就,对于"超越"着墨并不多。

理论化时,恐怕难以下手,更谈不上产生什么理论价值。需要进一步指出的是,虽然描写翻译学曾盛极一时,但后来跨学科研究的进展,包括对后殖民理论和性别研究等的借鉴与吸收,就不是其范围所能涵盖的。显然的,描写翻译研究也不适合在哲学和认知层面上探讨翻译的性质、规律等基本问题。其实不难看出描写所特有的局限性(在某种意义上是历史的局限性),其对于形形色色的翻译现象和问题解释的深度和力度均显不足。个中复杂的内在张力需要多维度和多向度的考查和阐释,所以有必要关注和吸收其他学科的进展成果,并进行相应的加工改造,产生出有效的分析范式和研究话语,有力地促进翻译学的健康发展。

结　语

翻译研究亟须突破原有的研究思路,实现新的突破。体验式和印象式的评论固然不足够,但过度抽象化、概念化,流于空泛缥缈,不着边际,对翻译学发展也只有害而无益,而制定僵硬的条条框框更会造成视域狭窄。重要的是对翻译现象和经验的理论化,并在认知和实证两方面取得平衡,同时探索、发现理论的产生、途径、过程和其范式的发展变化规律。各个学科有各自的实践方式和研究方法,唯有通过真正意义上的跨学科对话,翻译学才有望摆脱目前的学科困境。有关取什么舍什么所构成的形形色色预期,形成了不同的跨学科形式,而这样的形式绝非一成不变,取决于译者所关注的对象和偏好。因为学科的迅速发展,翻译学遭受到了一定程度的僵硬区隔。现在人们广泛认为,统一观点(一个共享的根基)无疑是不足为凭的,虽然在一些翻译学者眼中,缺乏这样的统一观点,暗含着学科的合法性危机。达到学科整体的协调是一个长期而棘手的任务,故此跨学科研究需要自律。一般而言,借用愈多意味着更多的跨学科成分和多学科介入,翻译学科需要的是找出不同理论的共通点,而不是任其彼此格格不入,并且要以其他学科为借鉴,逐步重建新的学科界域,达到改善学科知识改造的目的。总之,只要能做到多元吸纳,熔铸新体,真正形成不同学科之间的良性互动,翻译研究就会有巨大的发展空间。

跋 语

全球化的发展迅猛势头,尤其是互联网的普及,已经并且正在深刻地改变着人们的生活。我们谈论多年的翻译范畴内的文化交流"逆差",也在不知不觉间经历了变化:"走出去"的文化战略,不再流于政策层面,已经开始付诸实施,大量的中译外(主要是中译英)活动正在蓬勃展开。国际社会对中国文化的兴趣和热情也不断升温。与此同时,学术界(尤其是翻译界)非常重视研究如何使中国文化走向世界,一批相关的学术成果相继问世。事实上,中国的科技界已在国际刊物发表大量的论文。在去年的全球自然指数排行榜上,中国高质量科研论文全球第二。毫无疑问,这一令人瞩目的成绩离不开英文论文的发表。相比较而言,我们的人文学科和社会科学在走向世界的方面,显然是严重滞后了。当然,二者几乎不具有可比性,因为对语言的要求是截然不同的。不可否认,能够用英文直接写作的并不太多——由于论文写作的性质很不一样,科技工作者用英文发表的人数要多得多(包括通过翻译)。所以就人文社科而言,对翻译也就提出了更高的要求。

影响翻译的质量,尤其是中译外,除了译者的语言功底不够之外,最主要的原因恐怕还得归咎于跨文化知识的严重匮乏。随处可见的公示英语,虽多年来饱受诟病,仍然错误百出。更有甚者,如今许多学术刊物,包括不少大学或学院的学报,都时兴把所刊登论文的标题和摘要译成英文,有的所犯错误之低级,已到了触目惊心的程度了。在面红耳赤之余(如果知道脸红,都应算是进步),我们应该刻不容缓地思考解决之道。对翻译专业学生的培养,除了语言能力以及基本技巧外,必须要加强跨文化意识的提升,着力培养和提升他们的相关学养。我们有的教授,针对目前许多学生母语能力的低下,大声疾呼要加强这一方面的教学。对此我深有同感,并举双手赞成,但亦有人称,中文都不好的人,外语一定也学不好,就有些武断了,因为二者之间并不存在必然的因果关系。如果外语不达标,中文程度再高,就翻译而言,也无济于事,尤其是中译外。

语言和文化原本就不可分离。大抵是我们多年来主要重视科技翻译,似乎冲淡了对文化价值的认知,也就导致了对翻译的文化层面一定程度的忽略。主要表现在,外译中的时候,望文生义,即只顾字面意义,全然不顾所译文本的文化意义。以我工作的地点香港为例,虽是一个国际大都市,然而一般港人的英语水平远没有人们想象的那么高。(当然,这也是相对而言,世界的很多地方还远不如香港,包括在一些欧洲国家,如果只讲英语,也只能两眼一抹黑)。香港有大量的外籍人士常年居住,许多电视频道是全英文的。为了顾及不谙英语的香港民众,所播的绝大部分节目都配有中文字幕。翻译质量良莠不齐,极为参差不齐。好的译作真是不错,有时看到难译的地方,不禁为译者捏把汗,但竟有神来之笔,让人拍案叫绝!恰是因为难译,方显译者的高超技艺和处理方式。毋庸讳言的是,粗制滥造的"译作"也为数不少,讹谬舛错,此起彼伏。我曾看过一部 BBC 拍的有关英国政界的电视剧,其中一个情节是首相觉得是时候要 go to the country。结果译成了:到乡间去。诚然,这句话原本是有这个意思,孤立地这么译自然无可厚非,但在剧中的情节里,就是大谬了,完全莫名其妙,与剧情毫无关系。应为:得要举行大选了。

　　问题出在哪儿?自然是相关的文化背景知识。人们常说:要想做好翻译,广博的知识面是必不可少的。这俨然已成了常识,但在具体实践操作时,情况却往往不那么简单。跨文化知识的重要性自不待言,文化的不可译性是翻译的最大挑战,主要源自文化间的差异和不可通约性,主要表现在操作层面上的束手无策,以及在理论层面上的浑然不知。翻译恰恰彰显的就是差异,但人们往往忽略文化的核心价值和作用。中译外,不能一厢情愿,自己摇头晃脑地认定妙不可言的东西,在翻译中生硬地照搬,目标语读者未必买账。要透过协商来突破交际的壁垒,充分考虑到文化的可接受度,从而做出相应的调整和改造。正是出于这样的观察和考虑,本书的各章都与文化翻译相关,无论是直接或间接的关联,都在讨论的范围内。

　　毋庸讳言,眼下翻译研究似乎进入了沉寂期,主要体现在缺少大的范式突破,虽早已产生了跨学科态势,但学科壁垒仍顽固地存在。描述性翻译观对传统的翻译观产生了巨大的冲击,虽然一开始便表明要超越描述,但似乎到目前为止并没做到真正的超越。反之,画地为牢、因循守旧,在一定程度上还有相当市场,呼唤翻译研究的回归本体便是其中一例。当然需要对此语境化,可能针对的是翻译研究的过度泛化,有些研究只是与翻译沾点边儿,也打着翻译研究的旗号。很多人声称要学术创新,但观念还是摆脱不了传统的认知模式。潜在的危险是,盲目地主张回归,可能导致回头走老路。我们注意到最近有一些译(议)论,其实是在老调重弹,不顾有关话题这些年已取得的进展,连基本的文献回顾都没有。这种重复式的、原地打转的"研究",对于人们认识翻译的本质和规律,大抵是没什么用处的。

另一方面,随着翻译研究的跨学科进程,不同学科背景的学者从自身的学科视角切入到翻译领域,给我们的专业注入了活力,带来了启发。但这些学者对翻译学科的发展走向缺乏把握,对一些翻译理论的讨论流于表面和空泛,并没有真正地结合到自己讨论的文本问题。难怪有些翻译学者对此难以容忍,指责他们没有做好相关的准备功课。的确,存在的问题不容否认,也不应回避,但毕竟从跨学科角度讨论翻译还是产生了不少洞见,不让别的学科背景的学者染指的狭隘学科态度是不健康的。不如就事论事,耐心地、心平气和地探讨所涉及的问题。既然是跨学科研究,就难免暴露其短,我们也应直面短板,找到克服的办法。一味地扬长避短,难以有所进步和突破。推动学科的发展是需要学术勇气的,包括承受必要的风险,甚至付出一些代价。

近几年来我国的翻译学科地位终于得以确认和进一步的巩固。总体而言,我国学者的探索意识还是很强的,研究的范围也相当广泛,从各个方面与众多的视角探讨翻译的问题,发表了大量的论文。一方面,虽然我们专门的翻译学术期刊少得可怜,与我们的学科发展极不相称,但另一方面,许多外语类和其他文科刊物(包括大学学报)刊载了为数众多的翻译论文。有这么多的学者在从事翻译研究,而且还取得了不俗的成绩,很令人鼓舞。我们的翻译研究在积蓄力量,蓄势待发,发展潜力巨大。我们中国学者完全有理由对翻译学科做出应有的贡献。

然而,这些年积累的一些问题也日渐显现,如不加重视和警惕,很可能要影响和妨碍学科的发展。诚然,有些问题是大的环境造成的,翻译学科无法独善其身。对论文发表的量化追求所引致的学风浮躁,使得许多学术论文短得不像论文。刊物的容量有限,又有那么多的论文要发,那就只能进行"瘦身",但过度瘦身有碍健康,甚至危及生命。当然把一篇论文拆分成几篇,四处开花结果,制造多产的假象,追求效益的最大化也时有发生。常见的症状是:题目相当诱人,内容却空洞贫乏,让人失望叹息。还有就是,虎头蛇尾,文章的开头气势如虹,似要大展拳脚,但刚要展开,又难以为继,于是草草结束,让人不免沮丧失意。当然不是说,文章越长越好,一定要言之有物。但基本的篇幅总是该保证的吧，否则难以深入讨论问题。

表面上看，翻译是个特别"大众化"的学科，似乎什么人都能发一通议论。读书人谁不知道信达雅？但吊诡的是，翻译研究要做好，却又特别难。难就难在其学科特性要求很强的综合素质。如果我们接受翻译研究的发展方向是跨学科的话，随之而来的挑战是对研究者综合素质的要求。现代翻译学以描写为特征，早期的描写翻译学孕育和预示着学科突破。吉迪恩·图里早年出了《描述翻译学及其他》(*Descriptive Translation Studies and Beyond*) 一书，但这么些年过去了，翻译学在"其他"（此处我用的是现成的译法，将 beyond 译成"其他"并不准确，应为"超越"）方面的工作其实远远不够。不可否认的是，的确开拓了不少新的疆域，给翻译学注入了活力。但问题是：如何进一步超越？翻译学近些年来出现的若干个"转向"，实质上是让人追逐不同的方向。但终究要"殊途同归"，否则大家各走各的路，缺乏对话和交流的机制，就可能沦为自说自话，并导致学术话语的狭隘和分散性。

指望一个放之四海而皆准的理论框架问世，然后简单直接套用就行了，绝对是认识上的误区。我国招收的翻译方向的研究生越来越多，如何提高质量已呈刻不容缓之势。有翻译学院相当比例的专业硕士研究生的学位论文都是以"目的论"为所谓的理论框架，然后将各种搜到的语料"倾泻"其间。如此把理论庸俗化的做法实在不可取，但凡是翻译活动都有目的，对理论进行"万金油"式的应用，对学术能力的培养应该说是百害而无一利，亦是对理论本身的摧残或谋杀。大学要求担任本科生教学的老师做研究是有道理的，从事研究的人，需要了解掌握学科发展的前沿，才能真正为学生答疑解惑。指导研究生的导师更应做高质量的研究，给研究生们做出足以令人信服的表率。无论如何，我们需要增强学术勇气，做深入扎实的学问，使翻译研究做"走出去"文化战略的先行者，并让翻译事业在中国取得长足的发展。

索 引

B

巴巴(霍米)(Bhabha, Homi) 3—6,8,9, 11,13,14,43,44,72,79,116

巴赫金(米哈伊尔)(Bakhtin, Mikhai M.) 100,102

巴斯奈特(苏姗)(Bassnett, Susan) 69,146, 180,183,190,194

暴力 33,56,63,73,105,109,118,138—156, 166,185

本土化 16,23—40,52,55,75,93,119—121, 134,135,180

本土文化 3,17,24,25—29,32—34,36, 38—41,46,51,56,57,64,91—93,99,100, 109,150—152,179,196

本土语境 32,40

本土知识 29,30—32,34,40

本雅明(Benjamin, Water) 3,4,6,54,55, 194,195

本真性 14,15,62,176

变通 5,21,22,65,67,76,96,141,172—174,186

变形 65,88,111,112,138,172

表述行为(performativity) 16

伯曼(安托尼)(Berman, Antoine) 4,108

不可通约 78,151,156,159,180,185,199, 204

不可译性 17—20,54—56,59,69,70, 72,73,75,142,151,163,180,184,191,204

C

操控距离 171

操纵 20,31,70,77,79,87—89,103,107, 111,116,117,130,136,138,140—142, 147,148,152,153,163,166,176,181—183,187,190,193—195,197,200

冲突 12,22,24,27,28,31,34,37,38,41,45, 56,78,79,83,89,92,98,100,106,109, 126,127,143,149,151,154,168,172—174,179,186,187,190,199

冲撞式翻译(abusive translation) 140

冲撞性忠实(abusive fidelity) 153,154

创造性改写 181

错位 14,82,83,110,112,118,119,125,158

D

德里达(雅克)(Derrida, Jacques) 6,54,71, 194,195

德曼(保罗)(de Man, Paul) 73,74,195

第三空间 5,12,44,184

典故 21,39,122,155,156

多元共存 45

多元互补 41,45

多元化 12,26,38,39,42,52,57,58,84,104,

107,115,120,197

多元性 4,17,98,99,195

F

翻译策略 14,20,23,29,35,36,46—48,55,66,68,69,79,81,83,85,88,99,100,106,107,110,116,118,122,127,140,147,151,159,167,170,171,175,178,180,181,183

翻译单位 169

翻译概念 3,7,193

翻译角色 88

翻译腔 14

翻译实践 8,9,20,29,32,35,64,66,77,78,81,89,106,108,118,136,137,148,153,155,156,165,166,181,189,190,197

翻译态度 122,123,125,126—128,134,178

翻译文化 1,2,5,6,19,83,92

翻译学 2,7—11,17,18,21,71,77,110,157,176,189,190—202,206

妇占(womanhandle) 152,153,166

G

改写 13,14,28—30,40,55,63,68—71,73,78,89,111,119,128,140,145—149,151,152,163,166,172,175,176,181—184,187,190,191,193,194,195

干预 18,47,71,119,122,123,134,136—138,140,141,147—149,154,160,167

葛浩文(Goldblatt,Howard) 65—67,144,165

根茨勒(艾迪温)(Gentzler,Edwin) 153,194—

196

功能主义 4,43,56,71,80,139

共享性(shareability) 16,17

沟通方式 12

古语化 161

关联度 29,52,87,107,127,161

归化 14,15,29,32,34,35,43,61,63,64,66,72,73,83,88,104,107,112,117—119,121,138,140,141,145,146,167,168,170,171,196

郭沫若 131,164

过滤 77,117,142,150

H

哈金 4

厚度 16,20,21,145

后殖民研究 6,44,112

胡适 162

互为参照 45

互文性 49,145,175—177,197

华裔美国文学 4,145,146

换置 68,69,175—177

J

间离效果 165,166

交际策略 59

焦虑 24,26,91,92,94,101,151,200

接受 3,4,7,11,12,15,20,26—28,30,35,47—54,57,59,61,62,64—66,71—73,76,77,79,80,81,83,85,90,94—97,99—102,104,105,111,113,116,119,120,

122,124,126,128,138,140,142,143,
145,147,148—150,154,164,168,177,
186,189,192,194,195,198,206

解构主义 46,71,80,97,177,193,195

《京华烟云》145

局外人 10,15,54,76,127,156

距离 16,68,85,126,127,130,134,137,
157—174,192

K

卡特福德(Catford,J. I.) 18,69,180,190

可达性 15,16,26,29,30,34,35,63,73,104,
107,112—114,121,125,133

可懂度 152,156

可读性 20,32,35,51,59,62—66,68,69,71—
76,115,120,122,135,151,152,161,167,
176,181

可接受性 54,64,151,168

可译性 1,4,16,17,19,21,72—75,141,142,
185,187,191

客观距离 158—160,164,167,168,171,
172,174

跨文化阐释 5

跨文化范式 10,11

跨文化交际 3,4,9—12,15,20,21,22,50,
51,57,59,62,63,65,67—69,71—73,75,
76,78—80,85,88,89,94,98—100,103,
123,125,127,133,135,137,139,150,152,
155,157,165,173—176,180—187,190,
194,197

跨文化态度 38,133

跨文化心理 4,17

昆德拉(米兰)(Kundera,Milan) 144,147,
149

L

勒菲弗尔(安德鲁)(Lefevere,André) 1,14,
190,194

离散 7,9,10,14,30,37,43,104,107,109—
112,114—116,118—121,147,165

理解 1,3,9,12,15—18,20,21,29—32,34,
37,43—45,50—54,56,63,69,75,77,78,
80—82,87,88,91—94,96,97,99,100,
102,104,105,108,109,111,112—115,
117,119,121,124,125,128,130—132,
139,142,150,151,156,161,162,164,
165,168,173,174,176,178,179,181,
182,185,186,187,193,195

理论创新 189

林纾 34,148,149,159,162

刘易斯(菲利普)(Lewis,Philip) 118,153

鲁迅 120,151

罗宾逊(道格拉斯)(Robinson,Douglas)
35,111,112,128,129,153,179,182,196

M

矛盾心理 95,115,127

描写 69,148,201,202,207

民族主义 19,35,37,38,42,45,57,62

目的论 4,43,139,206

N

挪用 5,12,14,19,20,23,32—34,36,53,68,70,75,80,89,95,98,101,103,128,133,134,137,138,147,169,172,175,177,183,184,187

P

排他性 18,21,39,100,118,141,189,200
庞德（艾兹拉）(Pound, Ezra) 16,85—87
皮姆（安东尼）(Pym, Anthony) 4,9,27,32,33,35
普遍主义（universalism）23,32,39,45,75,93,94,98,129,187

Q

迁移（transfer）7,11,14,15,18,35,96,104,130,133,142
钱锺书 158,164
切斯特曼（安德鲁）(Chesterman, Andrew) 7,192,199
情感反应 122,125,127,128,130—133
情感体验 125,127,131,133
去区域化（deterritorialization）25,36
去语境化 16,20,21,81
全球本土化 23,25,26,34,37,39

R

人类学 3,6,8—10,42
人为距离 158,159,168,171,174
人文学科 41,191,203
人种学 3,6
柔性暴力 140,141,154—156

S

善意暴力 154
身份距离 163,165
身份嬗变 111
身份政治 56,77,155
审美距离 157,162,163,168—170,173
审美空间 169
审美效果 170
审美心理 170
审美移情 169
诗歌翻译 46,67,69,86,131,140,144,177,178
施莱尔马赫（Schleiermacher）3,11,105—107,160
施为性（performative）33,155
时间距离 160—164
视角 4,10,11,17,23,31,38,39,51,55,57,69,77,81,83—85,89,93,99,102,108,109,111,130,148,150,153,155—157,160,166,174,180,184,187,189,190,193,196,205
世界主义（cosmopolitism）9—11,17,19,20,37,94,125,133
释义 48,77—81,88,89,105,148,176,180,186
双重文化身份 15,112,186
双语作家 3
思维模式 3,12,13,55,189,190

斯泰纳(乔治)(Steiner,George) 13

T

他性(alterity) 14,15,195

他者 5,10,11,13,14,18,24,25,29,32,34,37,39,42,56,71,91—104,107,109,111,112,114,119,122,125,127,129,130,131,133—135,151,155,156,165,170,171,182,184—187

他者性 91,94,95,97,99—103,111,118

特殊主义(particularism) 39

调解 70,84,87,88,120,122,123,127,134,137,143,155,168,183,187,197

调适 14,25,32—34,39,156,174

铁木志科(玛丽亚)(Tymoczko,Maria) 7,19,165,191

同化 19,31,39,53,68,75,77,78,85,87,88,94,95,98,101,119,120,175,176,185,197

同质化(homogenization) 12,16,24—26,36,38

W

外来文化 3,25,28,34,38,46,51,53,55—57,64,85,92,167

危害暴力 140—142

韦努蒂(劳伦斯)(Venuti,Lawrence) 4,29,31,34,35,61,63,70,83,84,107,108,114,117,118,138—141,147,168,182,183,196

文本距离 158—161

文化暴力 56,151—153,185

文化(不)可译性 9,17,19,21,69,75,180,185,187

文化参照(cultural references) 12,18,21,51

文化差异 1,3,5,6,10,11,13,15—18,22,23,27,32,35,38,40,44—46,68,69,77,82,84,87,88,92,93,99,118,120,121,125,128,131,133,148—150,154,157,166,167,175,176,180,185,187,191,197

文化翻译 1—23,37,39,41—46,49,55—57,68,78,92,93,104,111—113,122,127,128,130,133,145,150,165,175,184—186,191,204

文化放逐 115,120,121,130

文化改造 13,17,22,33,38,54,56,57,151

文化过程(cultural processes) 5,42

文化涵化(acculturation) 36,192

文化嫁接(transculturalism) 9

文化间(intercultural) 11,12,17—19,21,22,26,29,45,51,56,68,72,78,85,88,101,104,109,127,150,153,175,176,179,184,204

文化疆界 21,37,81,105,107,109,185,188

文化焦虑 24,91

文化接受 53,97

文化介入 178—180,184

文化距离 16,157,166—168,174

文化跨越 10,89

文化跨越性(transculturality) 36

文化内涵 15

文化偏见 81,125

文化普遍主义 45

文化身份 13,15,26,27,31,42,52,57,77,

83—85,87,89,94,95,104,107,109,111—113,148,151,155,163—165,186

文化适应（acculturation）9,14,15,22,80,150,197

文化疏离 149—151

文化调适 34,156

文化特殊论（cultural particularism）53

文化特质 29,54,57,187

文化信息（cultural information）17,18,22,23,31,44,53,69,71,75,76,84,112,150,180,185

文化意义 1,5,6,11,12,14,15,18,20,21,30,31,36—39,42,45—47,49,54,57,69,71,75,99,116,120,150,173,180,181,196,204

文化杂合 8,9,12,13,38,39,44,45,87,88,104,142,151

文化知识 5,11,16—19,50,52,95,115,155,176,185

文化殖民 151,196

文化转向 1,2,41,43—45,192,195,199

文化转移（transculturation）19,39

X

西蒙（雪莉）(Simon,Sherry) 37,82,123,195

吸收 17,33,34,53,90,101,112,119,121,197,200,202

系统 14,30,31,33,35,37—39,44,55,70,75,81,85,88,92,94—96,99,105,110,114,116,118,120,134,137,141,142,155,156,181,184—186

相交互性（reciprocity）27

协商 1,3—5,12,15,16,21,22,29,31,36,37,40,53,56,59,65,67,88,114,128,134,142—145,151,155,156,164,167,174,197,204

心理距离 163—165

修辞 49,56,70,72,108,133—135,144,150,156,162,172,177,180,184,193

学科 1,2,6—10,41,60,77,78,85,89,90,189—206

学科身份 6,8—10,78,90,189,190,195,197

Y

雅各布森（罗曼）(Jakobson,Roman) 193,195

严复 64,102,110,111,119

杨宪益 59,60,67,132

伊塞尔（沃尔夫冈）(Iser,Wolfgan) 19,101,194

移情 31,54,68,75,102,124,125,127,128,130—132,136,160,169,175

移位 24,68—70,83,112,174—179,184,185,187,197

异国情调 62,68,175,187

异化 12,15,29,47,49,59,61—63,72,74,75,80,83,84,91,92,97,104—108,111—116,118—121,133,141,142,145,150,151,167,168,170,178,193,196

异己视角 108,109

异质 2,5,9,11,14—16,27—30,32,36,41,49,51,63,71,92,94,96—102,105,107,108,110—113,115,116,118—121,143,147,162,170

异质化（heterogenization）24,194

异质他者 11,29,32,71,91−96,100,101,104,125,129,130,131,133,135,171

异质文化 27,30,94,122,126,152

译学传统 3

意识形态 20,32,44,48,53,54,57,71,78,79,81,83−85,89,92,98,103,107,134,135,139,143,149,152,153,171,181

意图 11,48−51,78,80,81,129,150,153,181

英国人类学 3

雨果(维克多)(Hugo, Victor) 138

语际翻译 161,187

语境化 6,12,19−21,32,52,53,69,81,99,127,166,169,180,181,185,195,197,204

语内翻译 104,161

阅读体验 46,49,68,101,108,124,151,160,166,169,171,175

Z

杂合 8,9,12−14,17,22,23,28,39−41,45,56,57,75,77,87−90,109,151,185,197

杂合化 71,88,150

再区域化(reterritorialization) 25

张力 23,24,26,37,38,40,45,46,56,57,79,135,151,156,158,167,168,174,202

政治冲突 24

政治路线图 81,84

指涉 10,23,37,39,52−54,92,99,145,156

指涉维度(referential dimension) 16

指涉意义(referential meaning) 5,16

中间状态(in-betweenness) 45,119

种群中心主义(ethnocentrism) 23

种族中心主义 19,83,118,132

准确性 35,59,66,96,97

字面意思 77,80

自我 11,13,14,19,24−26,62,67,76,86,92,95−97,100−103,111,112,117,119,131,148,150,151,154,170,181,186,188,190,191,196

"走出去" 59−61,71,76,203,206